Der Weg der Hizbullah

Manuel Samir Sakmani

Der Weg der Hizbullah
Demokratietauglichkeit, Konflikt- und Stabilisierungspotenziale im Libanon

Studien zum modernen islamischen Orient
Band 10

KLAUS SCHWARZ VERLAG · BERLIN

Bibliographische Information der Deutschen Bibliothek:
Die Deutsche Bibliothek verzeichnet diese Publikation
in der Deutschen Nationalbibliographie;
detaillierte bibliographische Daten sind
im Internet abrufbar unter: *http://dnb.dbb.de*

Gedruckt mit freundlicher Unterstützung der Hochschule Bremen

Alle Rechte vorbehalten.
Kein Teil dieses Buches darf in irgendeiner Form (Druck, Fotokopie oder einem anderen
Verfahren) ohne schriftliche Genehmigung des Verlages reproduziert oder
unter Verwendung elektronischer Systeme verarbeitet werden.

All rights reserved.
No part of this publication may be reproduced, stored in a retrieval system, transmitted or
utilized in any form or by any means, electronic, mechanical, photocopying, recording
or otherwise, without permission in writing from the Publishers.

© 2008 Klaus Schwarz Verlag
Erstausgabe
1. Auflage 2008
Druck: buch bücher dd ag, Birkach
Fotos: ©2007 Manuel Samir Sakmani und Matthias Alexander Büscher
Printed in Germany

ISBN 978-3-87997-651-5

Inhaltsverzeichnis

Vorwort und Danksagung..7
Einleitung...9
   Zur Behandlung und Kategorisierung islamistischer Organisationen........12
   Präzisierung der Fragestellung 15
   Wissenschaftliche Relevanz der Thematik.......................................15
Methodik und Vorgehensweise...17
Materialbasis..21
Hizbullah: Genese und Wandel..25
   Rahmenbedingungen und Vorgeschichte 25
      Politisches System und Demografie des Libanon..........................25
      Formierung der Hizbullah..27
      Die französische Mandatszeit...27
      Die arabische Identitätskrise und das schiitische Trauma 28
      Die Marginalisierung der schiitischen Libanesen........................29
      Die Konsolidierung der islamistischen Kräfte.............................30
      Der Zirkel des Lernens in Nadjaf...32
      Die Islamische Revolution im Iran...33
      Krieg, Besatzung und Invasionen...33
      Die syrisch-iranischen Beziehungen..37
      Gründung und erstes öffentliches Auftreten der Hizbullah............39
   Identität der Hizbullah..40
      Zielsetzung..41
      Ideologie und Organisationsstruktur.......................................45
      Militär und Sicherheit..53
      Die soziale Komponente..57
      Parlamentarische Parteiarbeit und Regierungsbeteiligung...............58
      Medien..59
      Autonomie von Iran und Syrien?..63
   Integration und Transformation der Hizbullah...............................67
      1982-1988: Dogmatisch-autoritäre Anfänge und Revision 68
      Bewaffnete Konflikte, 1985-1990..69
      Der Frieden von Taif...70
      Kooperation und staatliche Legitimation 72
      Anerkennung als politische Partei..73
      Der Nationalisierungsprozess der Hizbullah..............................75
      Militärische Erfolge gegen Israel, 1990-2000.............................77
      Regierungsbeteiligung..80

Der Sommerkrieg 2006..84
Die Hizbullah zwischen Integration und Eskalation.....................87
Stand der Integrations- und Nationalisierungsprozesse...................95

Hizbullah und der Libanon..101
Konflikt- und Stabilisierungspotenziale der Hizbullah................101
  Terrorismus...102
  Kampf gegen Israel...114
  Staat im Staat 124
  Nationallibanesische politische Partei..130
  Vermittler und Brückenrollen..133
  Wirtschaftsunternehmen..142
Demokratietauglichkeit der Hizbullah 144
  Islamische Gesetzgebung..145
  Gewalt 148
  Politischer Pluralismus...154
  Zivilrechte..155
  Frauenrechte..158
  Religiöse Minderheiten..162

Fazit...164

Ausblick und Perspektiven...171

Zeitleiste..175

Quellen- und Literaturnachweise...182
Bücher...182
Artikel und Aufsätze...185
Offizielle Dokumente und Stellungnahmen...............................189
Zeitungen und Zeitschriften...192
Internetseiten..198
Interviews...199

Glossar..201

Vorwort und Danksagung

Die Situation im Nahen Osten ist in ständiger Bewegung. Kaum ein Monat vergeht ohne die Initiative des einen oder die militärische Offensive des anderen; ohne eine wichtige Konferenz oder ein Gipfeltreffen wenigstens einiger der diversen, direkt oder indirekt am Konflikt beteiligten Akteure und Entscheidungsträger. Bei einer Auseinandersetzung mit dieser Thematik ist es daher kaum möglich, einen runden Abschluss zu finden. Mit der Fokussierung auf die Hizbullah kommt der ausgesprochen dynamische Habitus dieser Organisation hinzu, durch den es oft schwer auszumachen war, ob und wann Prozesse abgeschlossen sind.

Was für den Forscher eine kleine Hürde darstellt, die doch relativ leicht zu überwinden ist, bedeutet für die Menschen im Libanon und der Region eine gravierende Barriere im Alltag: Eine konstante Planungsunsicherheit, die sich auf alle Lebensbereiche erstreckt und selbst banalste Aufgabenstellungen zu zeitaufwendigen Projekten anwachsen lässt. Dies im Blick, scheint der Aufwand für ein Buch vergleichsweise gering und die Arbeit unter Friedensbedingungen in Mitteleuropa geradezu als Privileg.

Das vorliegende Buch soll einer adäquaten politischen und wissenschaftlichen Einschätzung der libanesischen Hizbullah und ihrer Bedeutung für den Libanon und die Region zuträglich sein. Es richtet sich an Studierende, Forscher und Lehrende, die vorhaben oder bereits dabei sind, sich wissenschaftlich mit der Hizbullah zu beschäftigen, sowie an den von allgemeinem weltpolitischem Interesse angetriebenen Leser, der sich schlicht persönlich informieren oder weiterbilden möchte.

Weil Wissenschaft niemals völlig ohne Standpunkt ist und dies auch hier nicht vorgegeben werden soll, sei das folgende zu meiner Person und Perspektive erwähnt. Zunächst ist anzuführen, dass ich als Deutsch-Libanese mit deutscher Staatsangehörigkeit, der auch seinen Lebensmittelpunkt praktisch immer hier, in der Bundesrepublik hatte, eine entsprechende Sozialisierung erfahren habe.

Gleichwohl ist mein Einblick in das Leben der Menschen im Libanon durch meine verwandtschaftliche Bindung sicherlich persönlicher und exklusiver, als wenn dies nicht der Fall wäre. Dieser mir vergönnte Einblick hat meine Wahrnehmungsweise der libanesischen Politikszene, des Nahostkonfliktes und der internationalen Beziehungen nicht unerheblich beeinflusst. Letztlich war er aber zugleich auch der Ausgangspunkt meines wissenschaftlichen Interesses an der Organisation, deren Präsenz und Verhalten einen so maßgeblichen Einfluss auf das Alltagsleben der Libanesen hat und deren Erscheinungsbild und Akzeptanz in der libanesischen Gesellschaft der westlichen Wahrnehmungsweise von Islamismus im Allgemeinen und der Hizbullah im Speziellen in vieler Hinsicht zu widersprechen schienen.

Vor dem Hintergrund dieser generellen Beobachtung, begann ich vor einigen Jahren meine Recherche zur libanesischen Hizbullah, dabei insbesondere zu ihrer Verankerung in der libanesischen Gesellschaft und ihrer Rolle im Nahostkonflikt. All dies stets im Hinblick auf die Frage, wie sich ihr Agieren und der Umgang mit ihr, durch andere Akteure auf die Sicherheitslage der Menschen im Libanon und der Region auswirken.

Im Bewusstsein der Sensibilität, die der Umgang mit dem politisch umstrittenen, gewählten Gegenstand erfordert, war der Anspruch, eine ausgewogene Darstellung abzuliefern stets maßgebend. Auch erschien es mir notwendig, die Binnenperspektive der Hizbullah und ihrer Klientel bei allen entscheidenden Fragestellungen möglichst mit zu berücksichtigen, weshalb bei der Materialauswahl auch insbesondere auf Stellungnahmen der Organisation selbst sowie auf Werke solcher Autoren zurückgegriffen wurde, die den Standpunkt der Partei ausführlich untersucht und ihn zu einem wesentlichen Element ihrer Analyse gemacht haben.

Dank gebührt vor allem meiner Liebe und besseren Hälfte Manja, die mich über alle Phasen der Entstehung und Fertigstellung nicht nur liebevoll und moralisch, sondern stets auch tatkräftig unterstützt hat und dabei alle meine Launen auch während der schwierigeren Arbeitsphasen uneingeschränkt in Kauf genommen hat. Ebenso danke ich von ganzem Herzen meiner Mutter für ihre Korrekturlesungen, meinem Bruder für seine vielfachen technischen Hilfestellungen sowie meinem Vater für seine umfangreiche Beratung und Unterstützung vor Ort. Des Weiteren möchte ich mich herzlichst bei Herrn Dr. Bernhard J. Trautner, Frau Dr. Beate Zimpelmann sowie Herrn Dr. Stephan Rosiny für ihre kompetente Expertise und engagierte Unterstützung und letzterem insbesondere für das freundliche und vertrauensvolle Zurverfügungstellen der benötigten Materialien bedanken. Ferner bin ich meinen guten Freunden und Kollegen Jenin Abed, André Schumacher und Matthias Büscher aus Deutschland sowie meinen Verwandten, Freunden, Gesprächs- und Interviewpartnern aus dem Libanon zu Dank verpflichtet, die mir allesamt in unterschiedlichster Hinsicht, teilweise unter widrigen Umständen, mit Rat und Tat zur Seite standen.

Bremen im Juni 2007   Manuel Samir Sakmani

Einleitung

Islamistische Gruppierungen im Nahen und Mittleren Osten sind vor allem in den letzten beiden Dekaden zu einem unübersehbaren Faktor der politischen Realität geworden. Während säkulare und liberale Bewegungen in der islamischen Welt kaum öffentliche Beachtung finden, können die verschiedenen islamistischen Vereinigungen einen starken und weiter zunehmenden Zulauf verzeichnen. Neben den Staatsoberhäuptern und Regierungen stellen solche Organisationen heute oft die wichtigsten – weil gesellschaftlich einflussreichsten – politischen Akteure ihrer Heimatländer dar.

Wurde diese Entwicklung auch lange Zeit weitgehend übersehen, so hat sich während der letzten Jahre eine primär in der Disziplin der Friedens- und Konfliktforschung anzusiedelnde wissenschaftliche Denkrichtung entwickelt, die dieses Phänomen berücksichtigt und teilweise in den Mittelpunkt ihrer Analyse stellt. Aus dieser Sicht, die auch der vorliegenden Arbeit zugrunde liegt, wird nunmehr die Möglichkeit anerkannt, dass tatsächliche demokratische Reformen in der islamischen Welt auch effektiv über die politische Einbindung islamistischer Massenbewegungen gefördert und partiell erreicht werden könnten. Zugleich wurde damit begonnen, diese These der empirischen Überprüfung auszusetzen.[1]

Trotz verbleibender Zweifel hinsichtlich der Motive islamistischer Beteiligungen an demokratischen Prozessen scheint es nicht hilfreich, sich in einer Beurteilung von im Einzelfall oft empirisch nicht überprüften Vermutungen leiten zu lassen. Die Befürchtung, dass religiöse Fanatiker in muslimisch geprägten Staaten über die rein pragmatische Nutzung demokratischer Strukturen die Macht an sich reißen könnten, um sich danach gegen die Demokratie zu richten und eine Islamisierung der jeweiligen politischen Systeme einzuleiten, ist sicherlich nicht auszuschließen. Jedoch haben gerade jüngere Forschungsansätze der Friedens- und Konfliktstudien aufgezeigt, dass viele islamistische Gruppierungen derartigen Vorstellungen nicht entsprechen. Eine völlige Negierung solcher – eher moderaten – Bewegungen senkt nicht nur die Chancen auf stabilisierende, demokratische Reformen in den betroffenen Staaten, sondern endet auch meist in gesteigerter Konfliktbereitschaft und Desintegration. Es gilt daher, die vorhandenen Stabilisierungs- und Konfliktpotenziale solcher Gruppen zu identifizieren und wissenschaftlich unvoreingenommen auszuwerten, um letztere möglichst verbindlich in die politischen Prozesse ihrer jeweiligen Heimatländer und

---

[1] Als Vertreter dieser Denkrichtung sind Julia Choucair, Mustapha K. Al-Sayyid, Lara Deeb, Stephan Rosiny, Amr Hamzawy, Nathan J. Brown, Marina Ottaway und teilweise auch Judith Palmer-Harik aufzuführen.

-regionen einbinden zu können bzw. um sie nicht weiter in die Isolation und somit oft in die militante Defensive zu treiben.

Nun haben von allen Gruppierungen des islamistischen Spektrums nur die wenigsten einen derart starken Einfluss auf nationale – in diesem Fall: libanesische –, gesamtarabische und internationale Angelegenheiten wie die libanesische *Hizbullah* (arab.: *Hizb Allah*, dt.: Partei Gottes). Das hat sich auch durch die jüngste – offiziell als Akt der Selbstverteidigung gegen diese Organisation geführte – massive israelische Militäroffensive *Just Reward* (dt.: Gerechter Lohn) im Libanon vom 12. Juli bis zum 14. August 2006[2] auf tragische Weise anschaulich bestätigt.

Von der Mehrheit ihrer Landsleute wird die Hizbullah teilweise konfessionsübergreifend als legitime Widerstandsbewegung und politische Mainstreampartei akzeptiert. Die ihr entgegengebrachte Akzeptanz verdankt sie dabei nicht zuletzt ihren aufgrund mangelnder Alternativen wohl unverzichtbaren sozialpolitischen Leistungen und Aktivitäten. Dass die Hizbullah in diesem Teil der Welt bereits seit dem Abzug der Israelis aus nahezu dem gesamten Libanon im Jahre 2000 von vielen als die bisher einzige erfolgreiche Partei im Kampf gegen die regionale Supermacht Israel – im Sinne eines militärischen Sieges – betrachtet wird,[3] hat sie zudem zu einem modernen arabischen Mythos werden lassen.[4]

Wie in dieser Arbeit aufgezeigt werden wird, verhält sich die Hizbullah heute in vielerlei Hinsicht moderat und loyal gegenüber der libanesischen Staatlichkeit. Obgleich sie ihre parlamentarische Rolle aufgrund ihrer starken Kritik am herrschenden politischen System des Libanon bisher prinzipiell als Oppositionspartei verstand, hat sie seit den Parlamentswahlen 2005 erstmals in ihrer Geschichte gar zwei Ministerposten und somit die Möglichkeit einer Regierungsbeteiligung wahrgenommen. Des Weiteren beteiligt sie sich aktiv an nationalen Demokratie- und Reformprozessen.

Dem scheinbar diametral gegenüber stehen ihre Militanz und offensichtliche Gewaltbereitschaft im Umgang mit dem israelischen Staat. Ihre Bewaffnung und die hieraus resultierende Unterminierung des staatlichen Gewaltmonopols stellen auch eines der größten inneren Spannungsfelder im Verhältnis Staat-Hizbullah sowie im regionalen und internationalen Um-

---

[2] Seit dem 14. August herrscht lediglich Waffenruhe zwischen Israel und der Hizbullah. Vgl. Ladki, Nadim: Truce goes into effect to end war, Reuters, Beirut, 14.08.2006.

[3] In offiziellen Darstellungen der USA und Israels wird der Rückzug Israels aus der Sicherheitszone im Südlibanon nicht als Sieg der Hizbullah interpretiert. Vgl. Jorisch, Avi: Beacon of hatred: inside Hizballah's Al-Manar Television, The Washington Institute for Near East Policy, Washington DC 2004, S. 14.

[4] Palmer-Harik, Judith: Hezbollah. The changing face of terrorism, London/New York, I.B. Tauris & Co. Ltd, 2004, S. 2f.

gang mit diesen Akteuren dar. Bereits durch den umstrittenen, im April 2005 vollendeten Truppenabzug Syriens aus dem Libanon, spätestens aber seit Beginn der neuerlichen Eskalation des Konflikts zwischen der Hizbullah und Israel im Sommer 2006 und der seither im Libanon herrschenden Staats- und Regierungskrise[5] gelangte das Thema wieder verstärkt in den Fokus internationaler Aufmerksamkeit.

Darüber hinaus steht die Hizbullah auf Platz zwei[6] – direkt hinter *Al-Qaida* (dt.: Die Basis) – auf der Liste der von den USA als Terrororganisationen eingestuften Gruppierungen[7], die es aus dieser Warte im Zuge des *War on Terrorism* zu bekämpfen gilt. Israels offizielle Einschätzung ist hier weitgehend deckungsgleich.[8] Die Europäische Union (EU) hingegen stuft die Hizbullah bis dato nicht als terroristische Vereinigung ein. Allerdings führte sie den erst im Februar 2008 in Syrien getöteten Imad Mughniyyah, als „*Senior Intelligence Officer of Hizballah*"[9] in ihrer Liste der Terroristen und Terrororganisationen auf und kritisiert an anderer Stelle einzelne Aktivitäten der Organisation, dabei vor allem ihre bisherige Weigerung, sich zu entwaffnen oder entwaffnen zu lassen.

Jene kontroversen Wahrnehmungen werfen einige signifikante Fragen auf: Kann man die Hizbullah heute als in das politische System des Nachkriegs-Libanon integriert bezeichnen und hat sie darüber hinaus vielleicht sogar eine integrierende Wirkung auf die fragmentierte politische Landschaft des Landes? Wenn dem so sein sollte, in welchem Ausmaß und in welchen Bereichen stellt sie dann heute einen Stabilitätsfaktor dar? Oder stellt sie durch ihr Konfliktpotenzial eher ein Sicherheitsrisiko für den Libanon dar? Wie sollten oder könnten die verschiedenen, auch regionalen, betroffenen Akteure mit der Hizbullah umgehen, wie die Hizbullah mit ihrem Umfeld?

Einer wissenschaftlichen Bearbeitung dieser Fragen und Sachverhalte kommt nicht nur im Hinblick auf die derzeit höchst fragile Sicherheitslage

---

[5] Vgl. Hackensberger, Alfred: Die Hisbollah zeigt sich gelassen. Die politische Situation im Libanon vor dem UNIFIL-Einsatz, in: Das Parlament, Nr. 38, Berlin, Bundeszentrale für politische Bildung, 18.09.2006, S. 3; Fisk, Robert: Hizbollah warn that Lebanon will see more violence, in: The Independent (Online), 25.01.2007.
[6] Nach einer Äußerung des US-Deputary of State, Richard Armitage ist die Hizbullah sogar das *A-Team of Terrorism*. Diese Aussage impliziert die Annahme, dass die Hizbullah eine noch größere internationale Bedrohung darstellt als Al-Qaida. Zitiert nach Jorisch, 2004, S. xvi.
[7] Die offiziellen Bezeichnungen der USA lauten: *Specially Designated Global Terroristentities (SDGTs)* und *Foreign Terrorist Organizations (FTOs)*. Vgl. Ebd. S. xv.
[8] Vgl. Israelisches Informationszentrum (Hrsg.): Israel, der Konflikt und Frieden. Antworten auf oft gestellte Fragen, Keter Publ. Ltd., Jerusalem, November 2003, S. 19f.
[9] Siehe EU-Council of Ministers (EU-Rat) (Hrsg.): Council Common Position 2006/380/CFSP vom 29.05.2006, in: Official Journal of the European Union L144, EU, Brüssel, 31.05.2006, S. 25ff.

und den Demokratisierungsprozess des Libanon sowie auf die weitere Entwicklung und zukünftige politische Rolle der Hizbullah eine hohe Bedeutung zu. Auch für den festgefahrenen israelisch-arabischen Konflikt, in welchem die Partei Gottes unumstritten ein gewichtiger Spieler ist, sowie im Makrokontext der gesamten aktuellen Spannungslage zwischen westlicher und islamischer Welt ist diese Thematik von großer Wichtigkeit.

Zur Behandlung und Kategorisierung islamistischer Organisationen

Im Nahen und Mittleren Osten stehen sich hauptsächlich zwei unterschiedliche Konzepte staatlichen Umgangs mit islamistischen Organisationen gegenüber:

a) Isolation und/oder Repression (bis hin zu gezielten Exekutionen von Schlüsselfiguren und dem grundsätzlichen Verbot betroffener Organisationen)

b) Integration und Annäherung (bis hin zu Regierungsbildungen oder -beteiligungen islamistischer Parteien)

Als von den Entscheidungsträgern angewandte Methoden lassen sich einerseits Eliminierung oder Eindämmung bzw. Kontrolle von Differenzen für Konzept (a) und andererseits Akzeptanz – nicht notwendigerweise unter prinzipieller Gutheißung – von Differenzen für das hier präferierte Konzept (b) identifizieren und klar voneinander abgrenzen.[10] Für eine politische Einbindung islamistischer Organisationen wie der Hizbullah, also Konzept (b), als möglichen Weg zu demokratischen Reformen, Stabilität und Sicherheit bzw. zur Eindämmung oder Prävention von ethnischen Konflikten in der islamischen Welt sprechen vor allem drei entscheidende Argumente:

1. In ihrer potenziellen Funktion als handlungsfähige Oppositionsbewegungen zu den post-kolonialen, mehrheitlich autoritären und repressiven arabischen Regimen gibt es, aufgrund der angesprochenen marginalen Rolle säkular-liberaler Reformbewegungen einerseits und des Rückgangs der Popularität sozialistisch-arabischer Reformbewegungen spätestens seit dem Fall der Sowjetunion 1991/92 andererseits derzeit keine realistischen Alternativen.

---

[10] Vgl. Schneckener, Ulrich: Auswege aus dem Bürgerkrieg. Modelle zur Regulierung ethno-nationalistischer Konflikte, Frankfurt a.M., Suhrkamp 2002 (1), und Politiken der Anerkennung (Aufsatz zum Buch), 2002 (2).

2. Die Erfahrungen der vergangenen Jahre haben belegt, dass eine politische Einbindung islamistischer Bewegungen durch Partizipationsmöglichkeiten in den jeweiligen politischen Systemen ihrer Heimatländer stets zu einem gewissen Grad pragmatischer Adaptierung demokratischer Prinzipien und somit letztlich zu generell moderateren Haltungen führte. Andersherum führten staatliche Repressionen, Marginalisierung und Verbot bzw. Ausschluss von politischer Partizipation nahezu ausnahmslos zu gesteigerter Gewaltbereitschaft, Militanz und Radikalität der betroffenen Gruppierungen.

3. Das sicherlich schwerwiegendste Argument für eine externe wie interne politische Einbeziehung islamistischer Bewegungen bleibt letztlich der Fakt, dass die Negierung derselben zugleich die Negierung der Meinung eines großen Teils der betroffenen Bevölkerungen, in vielen Fällen sogar derer deutlichen Mehrheit, implizieren würde.

Da der Terminus „Islamismus" – insbesondere unter Muslimen – nicht unumstritten ist und zudem aktuell eine großenteils eher unreflektierte Konjunktur in den Massenmedien erlebt, scheint eine vorausgehende Begriffsklärung an dieser Stelle unerlässlich. Die in ihrer wissenschaftlichen Verwendung nicht als wertende, sondern ausschließlich der Kategorisierung dienende Bezeichnung „Islamismus" versucht, nach Prof. Dr. Peter Heine einerseits „das ideologische Moment der radikal-islamischen Vorstellungen" festzuhalten[11] und sich andererseits von unzureichenden, weil nicht in letzter Konsequenz präzisen Titulierungen, wie etwa „islamischer Fundamentalismus" oder „politischer Islam", eindeutig abzugrenzen.[12] Stephan Rosiny postuliert konkreter:

„Unter Islamismus wird [...] die zeitgenössische Variante einer religiösen Ideologie verstanden, die eine ganzheitliche, alle Bereiche des gesellschaftlichen und politischen Lebens durchdringende, an die heutigen Umstände angepasste Neuinterpretation des Islam anstrebt." [13]

---

[11] Siehe Heine, Peter: Islamismus – Ein ideologiegeschichtlicher Überblick, in: Texte zur inneren Sicherheit: Islamismus, Bundesministerium des Inneren, Berlin, BMI, 2004 (2003), S. 7.
[12] Der Begriff „Fundamentalismus" stammt in seinem Ursprung nicht aus dem islamischen, sondern aus dem christlichen Kontext, weshalb sich dessen Verwendung als übergeordneter Terminus für die hier gemeinten Akteure als besonders problematisch darstellt. Vgl. ebd.
[13] Siehe Rosiny, Stephan: Islamismus bei den Schiiten im Libanon. Religion im Übergang von Tradition zur Moderne (Studien zum Modernen Islamischen Orient, Band 8), Berlin, Das Arabische Buch, 1996, S. 2.

Demzufolge kann man zusammenfassend sagen, dass Islamismus vor allem durch zwei entscheidende Attribute, nämlich (1) eine (radikale) holistische Auffassung des Islams und (2) eine reformistische und/oder revolutionierende Interpretation, die nicht zwangsläufig auf Modernisierung ausgerichtet sein muss, gekennzeichnet ist. Die in der Wissenschaft in diesem Sinne als islamistisch deklarierten Organisationen aller Spektren weisen derweil die folgenden determinierenden Gemeinsamkeiten auf:

Die Rechtfertigung und Legitimierung des eigenen Handels durch islamische Normen und Gesetze.

Die Proklamierung einer islamisch orientierten Gesellschaft als ultimative ideologische Idealvorstellung.

Unzufriedenheit mit der aktuellen soziopolitischen Realität ihrer Regionen und Heimatländer.

Die Identifizierung von herrschenden einheimischen Eliten und „westlicher" Einflussnahme als Hauptursachen jener soziopolitischen „Missstände".[14]

Abgesehen von diesen generellen Gemeinsamkeiten, unterscheiden sich die einzelnen islamistischen Gruppierungen in vielen Bereichen fundamental voneinander. Solche Unterschiede resultieren vor allem aus den verschiedenen strukturellen, sozialen, politischen und kulturellen Kontexten, in denen die jeweiligen Gruppierungen agieren und manövrieren müssen. In der Politikwissenschaft wird hierbei in erster Instanz zwischen moderaten und gewaltbereiten Organisationen einerseits und zwischen sunnitischen und schiitischen Gruppierungen andererseits unterschieden.[15]

Die Komplexität des islamistischen Spektrums sowie die Schwierigkeit einer akkuraten Einordnung spezifischer islamistischer Bewegungen werden besonders deutlich an den Beispielen der palästinensischen *Hamas* (dt.: Eifer) und der hier relevanten libanesischen Hizbullah. Diese beiden Organisationen stellen trotz ihrer unterschiedlichen konfessionellen Zusammensetzung (Hizbullah primär schiitisch/Hamas sunnitisch) durch ihre sich überschneidende direkte Einbindung in den israelisch-arabischen Konflikt einen

---

[14] Vgl. ebd., S. 167; Hamzawy, Amr: The Key to Arab Reform: Moderate Islamists. Carnegie Endowment for International Peace, Policy brief Nr. 40, August 2005, S. 1ff; Brown, Nathan J./Hamzawy, Amr/Ottaway, Marina: Islamist Movements and the Democratic Process in the Arab World: Exploring the Gray Zones. Carnegie Endowment for International Peace/Herbert-Quandt-Stiftung, Paper Nr. 67, März 2006, S. 3ff.

[15] Vgl. Hamzawy, 2005, S. 6.

prägnanten, gemeinsamen Sonderfall dar. So ist es für die Analyse dieser Gruppierungen unbedingt notwendig, zwischen internem und externem Gebaren und Handeln zu differenzieren.

Sowohl Hamas als auch Hizbullah verhalten sich seit ihrem Auftreten als parlamentarische Fraktionen nach innen weitgehend moderat. Sie beteiligen sich aktiv an den säkularen und demokratischen politischen Systemen ihrer jeweiligen Heimatterritorien und unterwerfen sich, zumindest in allen vitalen internen Belangen, staatlicher Gesetzgebung. Auf der anderen Seite sind beide Organisationen bewaffnet und gewaltbereit in ihrem externen Kampf gegen Israel. Darüber hinaus genießen sie maßgeblich aufgrund der verbindenden palästinensischen Sache in weiten Teilen der arabischen und der islamischen Welt großes Ansehen wegen ihres militanten Vorgehens. In diesen Regionen – und nicht nur auf der „arabischen Straße", sondern teilweise auch innerhalb elitärer Kreise – wird der Kampf von Hizbullah und Hamas trotz ebenso vorhandener Kritik (zumeist an spezifischen Methoden) überwiegend als legitimer Widerstand wahrgenommen.[16]

Präzisierung der Fragestellung

Die vorliegende Arbeit ist eine Fallstudie über die Bedeutung der libanesischen Hizbullah für die Demokratie und Sicherheit des Libanon sowie im Kontext des israelisch-arabischen Konflikts teilweise implizit für die Sicherheitslage der gesamten Region. Meine zentrale Fragestellung lautet daher: Welche Stabilisierungs- und Konfliktpotenziale birgt die libanesische Hizbullah für die Demokratie und Sicherheit des Libanon, wo sind diese anzusiedeln und wie sind sie einzuschätzen und zu bewerten?

Ebenfalls berücksichtigte, nicht weniger relevante Folgefragen lassen sich folgendermaßen zusammenfassen: Wie könnten zukünftige Entwicklungen und wie die Interaktion mit dieser komplexen Organisation im Hinblick auf Frieden und Stabilität im Libanon sowie im gesamten Nahen und Mittleren Osten vorzugsweise aussehen?

Wissenschaftliche Relevanz der Thematik

Die wissenschaftliche Relevanz der Thematik erschließt sich vordergründig durch den vergleichsweise großen infrastrukturellen Umfang und die bemerkenswerte Handlungsfähigkeit der Hizbullah als islamistische Organisation, Konfliktpartei und politische Massenbewegung sowie durch ihren hieraus resultierenden, entscheidenden Einfluss auf nationale, regionale, trans- und in-

---
[16] Vgl. ebd., S. 1ff, 4.

ternationale Angelegenheiten. Des Weiteren und nicht weniger bedeutsam muss sich die Hizbullah im Libanon innerhalb eines politischen Systems bewegen und behaupten, welches nicht nur die älteste Demokratie des Nahen Ostens darstellt, sondern auch in vielerlei Hinsicht westlichen Vorstellungen von einer liberalen Demokratie am nächsten kommt.[17]

Die sich aus der Korrelation dieser und nachgeordneter Phänomene ergebende Sondersituation stellt somit einen signifikanten Indikator für die folgenden Forschungsfelder der Friedens- und Konfliktstudien dar:

Die Sicherheitslage des Libanon im Kontext des Faktors Hizbullah – mit all seinen Implikationen.

Die weitere Entwicklung der Hizbullah und ihres Integrationsprozesses im Spannungsfeld zwischen libanesischer Staatlichkeit, Demokratie und Gesellschaft einerseits und militantem, bewaffnetem Kampf andererseits.

Der israelisch-arabische Konflikt und die Sicherheitslage der gesamten Region.

Die wissenschaftliche Einordnung islamistischer Gruppierungen, dabei insbesondere die der Sonderfälle.

Die Interaktion islamistischer Organisationen und demokratischer Staatsstrukturen.

---

[17] Vgl. Hanf, Theodor: Koexistenz im Krieg: Staatszerfall und Entstehen einer Nation im Libanon, Baden-Baden, Nomos Verlagsgesellschaft, 1990, S. 18; Choucair, Julia: Lebanon: Finding a Path from Deadlock to Democracy, Carnegie Endowment for International Peace, Paper Nr. 64, 2006, S. 3.

Methodik und Vorgehensweise

Um der zu betrachtenden, komplexen Thematik gerecht zu werden, sind einige Vorbedingungen zu schaffen. Zuerst müssen die Rahmenbedingungen, in diesem Falle Demografie und politisches System des Libanon und dessen unmittelbare Ursprünge und relevante Implikationen zumindest in den Grundzügen bekannt sein. Des Weiteren ist eine kompakte Akteursanalyse der Hizbullah inklusive der Ursachen und Begleitumstände ihrer Entstehung, ihrer Organisations- und Kommandostruktur sowie ihrer Ideologie und ihrer Ziele unerlässlich. Im Zuge dieser Analyse soll nicht zuletzt auch der aktuelle Stand des Integrationsprozesses der Partei Gottes in das politische System und die Gesellschaft des Libanon sowie ihres damit unmittelbar einhergehenden Transformationsprozesses herausgearbeitet werden, um folgerichtige Aussagen über den Grad ihrer gesellschaftspolitischen Legitimation zuzulassen.

Danach wird zur Bearbeitung der eigentlichen Fragestellung nach der Demokratie und Sicherheit des Libanon im Kontext der Hizbullah übergegangen. Dabei werden die verschiedenen Rollen der Hizbullah identifiziert und jeweils separat auf ihr spezifisches Konflikt- bzw. Stabilisierungspotenzial für die Sicherheitslage des Libanon überprüft. Bei dieser Analyse, vor allem aber bei der abschließenden Gesamtbewertung der Hizbullah, ihrer Potenziale und ihres Verhältnisses zur Demokratie – im Fazit der Abhandlung – werden dann vornehmlich Teile von Ulrich Schneckeners Arbeit „Auswege aus dem Bürgerkrieg. Modelle zur Regulierung ethno-nationalistischer Konflikte in Europa" als wissenschaftliche Bemessungsgrundlage herangezogen.

Schneckeners Modelle stellen makropolitische Top-down-Ansätze für den Umgang mit nationalen, ethnischen Minderheiten dar, die sich konkret auf ethno-nationale Problemlagen in Europa beziehen. Unabhängig von der geografischen Eingrenzung (Europa), die Schneckener selbst als theoretisch ausweitbar beschreibt,[18] fragt seine Untersuchung also primär nach dem jeweils erfolgversprechendsten staatsorganisatorischen Regelungsmodell zur Prävention, Beilegung oder Aufarbeitung eines real oder nur abstrakt drohenden, stattfindenden oder bereits zurückliegenden Bürgerkrieges in ethnisch pluralen Gesellschaften.

Die vorliegende Arbeit fragt im Unterschied zu Schneckeners Analyse nicht primär nach einem makropolitischen Regelungsmodell zur Friedenssicherung oder Konfliktprävention in einem nach-bürgerkriegerischen Staat, sondern vielmehr nach den inhärenten Konflikt- und Stabilisierungspotenzialen einer Gruppierung und Organisation, so wie sie sich in ihrer aktuellen

---
[18] Vgl. Schneckener, 2002 (2), S. 2.

Manifestation unter den gegebenen Einflüssen und dem herrschenden politischen System ihrer Heimatnation darstellt. Ferner ist der zu betrachtende Akteur, nicht in diesem Sinne als ethnische Minderheit, sondern als nur eine – wenn auch stärkste – ideologische Strömung innerhalb einer „konfessionell-ethnischen"[19] nationalen Bevölkerungsgruppe, namentlich der der libanesischen Schiiten, zu verstehen. Somit ist die Hizbullah zwar einerseits von sämtlichen, die libanesischen Schiiten als solche betreffenden staatlichen Eingriffen und Regelungen unmittelbar mitbetroffen, andersherum können aber ihre Handlungen und verbalen Stellungnahmen nicht zwangsläufig – und wenn überhaupt, dann nur bedingt – stellvertretend als solche der geschlossenen Gruppe der libanesischen Schiiten behandelt werden.

Der im Kern zu untersuchende Faktor bleibt aber in letzter Konsequenz derselbe: Real oder nur potenziell vorhandene, in den meisten Fällen korrelierende Umstände, Ereignisse, Eigenschaften und/oder Handlungen, die sich auf vermeintliche sowie konkrete Konfliktlagen oder Konfliktentwicklungen entweder begünstigend (hier Konfliktpotenziale) oder präventiv bzw. eindämmend oder sogar friedensstiftend (hier Stabilisierungspotenziale) auswirken.[20] Somit wird sich die Analyse substanziell auf Schneckeners Bemessungs-Parameter stützen können, nur dass dabei an Stelle eines Konfliktregulierungsmodells die Hizbullah und ihre Rollen evaluiert werden.

Schneckener liefert hierzu sieben Faktorenbündel zur Erfolgsauswertung, sowie Kriterien zur Bewertung von Dauerhaftigkeit und Qualität eines potenziell angewandten Regelungsmodells, wobei letztere zwar mit in die generellen Überlegungen eingeflossen sind, in dieser Arbeit aber keine unmittelbare Anwendung erfahren, zumal sie sich sehr spezifisch auf die erwähnten Modelle beziehen. Für die Verwendung jener erstgenannten Erfolgsfaktoren gilt derweil nach Schneckener selbst stets: „Je mehr Faktoren erfüllt sind, desto wahrscheinlicher ist der Erfolg einer Regulierung."[21] „Erfüllt" bedeutet in diesem Kontext wiederum, dass sich die verschiedenen relevanten, durch die Faktorenbündel angesprochenen Einflussgrößen und Akteure positiv zu den spezifischen Erfordernissen des jeweiligen Regelungsmodells verhalten. Schneckeners Bezeichnungen für diese Faktorenbündel lauten:

(A) Strukturelle Merkmale der Gruppe (Gruppengröße, Grad an Territorialität, sozioökonomische Lage, etc.)

(B) Internationaler Druck

---

[19] Mit dieser Bezeichnung wird in etwa Rosinys Begriff der „konfessionellen Ethnizität" gefolgt, der sich dabei wiederum an Abu Khalils (1989) *sectarian ethnicity* anlehnt. Siehe Rosiny, 1996, S. 14.
[20] Vgl. Schneckener, 2002 (1) u. (2).
[21] Siehe Schneckener, 2002 (1), S. 474.

(C) Verhältnis Mehrheit-Minderheit

(D) Verhalten von Eliten

(E) Regelbefolgung und Status-quo-Orientierung

(F) Beteiligung aller Konfliktparteien

(G) Verhältnis von Konfliktregulierung und politischer Kultur

Als Nächstes wird das Verhältnis der Hizbullah zur Demokratie bzw. zu demokratischen Strukturen hinterfragt. Dabei wird maßgebend, wenngleich nicht ausschließlich auf Hamzawys, Browns und Ottaways „Modell der sechs Grauzonen" im Verhältnis von islamistischen Organisationen und demokratischen Prozessen abgestellt:

1. Islamische Gesetzgebung: Scharia
2. Gewaltbereitschaft (und -anwendung)
3. Politischer Pluralismus
4. Zivile und politische Rechte
5. Frauenrechte
6. Religiöse Rechte[22]

Die jeweiligen Standpunkte und das reale Verhalten der Hizbullah hinsichtlich dieser Punkte sollen so der Reihe nach auf ihre Demokratietauglichkeit hin überprüft werden.

Im Fazit werden dann sämtliche Ergebnisse dieser Arbeit vornehmlich anhand Schneckeners Faktoren und Kriterien bewertet, miteinander in Bezug gebracht und gegeneinander abgewogen werden, um so zu einer Beantwortung der zentralen Frage zu gelangen.

Die untersuchten Ereignisse fallen im Kern in den Zeitraum vom 1. Juni 1982 bis zum 1. Februar 2007. Ausnahmen sind einige Rückgriffe, sowohl auf die Geschichte des Libanon, des israelisch-arabischen Konflikts sowie auf die des radikalen schiitischen Islamismus, als auch Anmerkungen und Erläuterungen zu besonders einschneidenden jüngeren Ereignissen.

Der hier für die Sicherheitslage des Libanon verwendete Sicherheitsbegriff ist als „erweiterter" bzw. „umfassender" Sicherheitsbegriff zu verstehen, wie er seit Ende der 1980er Jahre in der internationalen Entwicklungszusammenarbeit verwendet wird. Gemeint ist, dass er über die „von der Schule

---

[22] Vgl. Brown/Hamzawy/Ottaway, 2006, S. 8ff.

des Realismus geprägten, staatszentrierten Konzeption 'nationaler Sicherheit'" im militärischen/polizeilichen Sinne hinausgeht und dabei auch die soziopolitischen, gesellschaftlichen, ökonomischen und ökologischen Dimensionen gleichwertig mit einbezieht.[23]

Wenn in dieser Untersuchung von „libanesischen Schiiten" gesprochen wird und dabei keine weiteren Spezifikationen vorgenommen werden, so ist darunter die Gruppe der Zwölferschiiten zu verstehen, die die deutliche Mehrheit sowohl aller libanesischen Schiiten als auch deren weltweiter Gesamtheit repräsentiert.[24]

---

[23] Siehe Jung, Dietrich: Globale Sicherheitspolitik und staatliche Herrschaft. Die aktuelle Entwicklung im Mittleren Osten seit dem 11. September 2001, S. 93, in: Informations- und Medienzentrale der Bundeswehr (Hrsg.): Reader Sicherheitspolitik. Die Bundeswehr vor neuen Herausforderungen, Bonn, Streitkräfteamt, 15.06.2003, S. 89-104.

[24] Mit der Ermordung des vierten Kalifen (bzw. ersten Imams) Ali, Schwiegersohn Muhammads, spaltete sich die muslimische Glaubensgemeinschaft 661 in die zwei Lager der Sunniten (von arab.: *sunna*, dt.: Gewohnheit [hier gemeint: des Propheten]) einerseits und der Schiiten (von arab.: *shiat Ali*, dt.: [die] Partei Alis) andererseits auf. Während die Sunniten den Führungsanspruch des Kalifats postulieren, den sie von der Befolgung religiöser Prinzipien und der anerkannten Tradition ableiten, berufen sich die Schiiten auf die persönliche Erblinie des Propheten Muhammads. Dessen einzig legitime Nachfolger stellen nach Auffassung der Schiiten daher die Imame dar, denen eine solche, direkte Abstammung zugesprochen wird. Ein Imam gilt ihnen nach Thomas Schweer zudem als „göttlich inspirierter, fehlerloser Leiter, der den Koran nicht nur der äußeren Form nach kennt, sondern darüber hinaus auch über ein geheimes religiöses Wissen verfügt, dass es vor seinem Tod persönlich an seinen Nachfolger weitergibt". Von den verschiedenen schiitischen Gemeinden ist die der Zwölferschiiten zahlenmäßig die bedeutendste. Nach ihrer Lehre starb der elfte Imam im Jahre 874. Seitdem wird die Wiederkehr des zwölften, des sog. Mahdi, erwartet. Dieser soll dem Glauben nach sein Wissen noch vom elften Imam erhalten haben und seither im Verborgenen leben, bis er sich eines Tages wieder zeigen und die Gläubigen erlösen wird. In seiner heutigen Bedeutung - seit der Lehre Ayatollah Ruhollah Khomeinis - bezeichnet der Begriff Imam bei den Schiiten aber auch einen „obersten religiösen Führer", der quasi stellvertretend für den Mahdi bis zu dessen erwarteter Wiederkehr die Geschicke der Gemeinde zu lenken hat. Auch Ayatollah Khomeini wurde in diesem neueren Sinne von vielen gläubigen Schiiten als Imam betrachtet und verehrt. Siehe Schweer, Thomas: Vorwort, in: Der Koran. Vollständige Ausgabe, Heyne Verlag, München 2003 (1992), S. 11f. Vgl. Ruthven, Malise: Der Islam. Eine kurze Einführung, Stuttgart, Reclam, 2000 (1997), S. 75ff; Antes, Peter: Der Islam als politischer Faktor, Bonn, Bundeszentrale für politische Bildung (BPB), 1997, S. 58ff.

Materialbasis

Das Thema Hizbullah ist kein unbeschriebenes Gebiet. Vom arabischen und persischen abgesehen, sind vor allem im angloamerikanischen Sprachraum über die letzten zehn Jahre hinweg einige bemerkenswerte monografische Werke erschienen:

Hezbollah. Born with a vengeance, aus dem Jahr 1997, von der freien Journalistin Hala Jaber.

Hizb'allah in Lebanon. The Politics of the Western Hostage Crisis, aus dem Jahr 1997, von einem der frühesten und bis heute führenden, international anerkannten Hizbullah-Experten, Magnus Ranstorp.

Hizbu'llah. Politics & Religion, aus dem Jahr 2002, von der britisch-libanesischen Analystin Amal Saad-Ghorayeb von der Lebanese American University in Beirut.

In the path of Hizbullah, aus dem Jahr 2004, von dem libanesischen Hizbullah-Spezialisten Ahmad Nizar Hamzeh von der American University of Beirut.

Hezbollah. The changing face of terrorism, aus dem Jahr 2004, von der US-Amerikanerin Judith Palmer-Harik, ebenfalls von der American University of Beirut.

Hizbullah. The story from within, aus dem Jahr 2005, vom derzeitigen stellvertretenden Generalsekretär der Hizbullah, Naim Qassem.

Hezbollah. A Short History, aus dem Jahr 2007, von dem US-amerikanischen Wissenschaftler und ehemaligen militärischen Beobachter für die UN im Südlibanon, Augustus Richard Norton von der Boston University, USA.

Hala Jabers und Magnus Ranstorps Arbeiten beleuchten außer dem seinerzeit aktuellen Stand der generellen Identität, Entstehung und Entwicklung der Hizbullah akribisch die Rolle der Organisation während der libanesischen Geiselkrise (1982-1992) sowie – mit vielleicht etwas mehr Gewicht in Jabers Analyse – die Problematik der Selbstmordattentäter/Märtyrer-Kontroverse. Hinsichtlich jener Vertiefungen reflektieren beide dieser früheren Untersuchungen den damaligen Hauptfokus des öffentlichen, politischen und wissenschaftlichen Interesses an einer bis dahin noch spärlich untersuchten Hizbullah.

Die Werke Saad-Ghorayebs, Hamzehs und Palmer-Hariks stellen in allen Fällen umfangreiche wissenschaftliche Standardwerke dar, jedoch mit unterschiedlichen Schwerpunkten und teilweise abweichenden Schlussfolgerungen. So betont Hamzeh das Ziel der Hizbullah, eine islamische Theokratie im Libanon errichten zu wollen, was er zugleich als akute Bedrohung einschätzt. Dementsprechend widmet er der spezifischen islamischen Ideologie der Gruppierung und den seiner Auffassung nach vor allem hierin begründeten, potenziell wie real vorhandenen Dissonanzen zwischen der Hizbullah und ihrer Umwelt, besondere Aufmerksamkeit. Eher die Wichtigkeit ihrer sozialen Rolle und Dialogbereitschaft sowie die Integrations- und Transformationsprozesse der Organisation in den Vordergrund stellend, geht dabei Palmer-Harik vor. Was etwa die Frage einer islamischen Theokratie, aber auch andere Kernproblematiken betrifft, kommt sie in ihrer Analyse in direkter Gegenüberstellung mit Hamzehs Ergebnissen zu kontroversen Schlussfolgerungen. Während Hamzeh also vornehmlich das Konfliktpotenzial der Partei Gottes fokussiert, kann man sagen, dass Palmer-Harik ihr Stabilisierungspotenzial hervorhebt, gleichwohl die wissenschaftliche Unvoreingenommenheit in beiden Fällen ungemindert scheint.

Das etwas frühere Werk von Saad-Ghorayeb zeigt nur wenig solche Tendenzen, was auch daher rührt, dass hier vor allem philosophische und ideologische Konzepte der Hizbullah untersucht und beschrieben werden und eine Gesamtbewertung der Organisation eher nur am Rande geschieht. Im Zuge dessen wird auch ausführlich auf den ideologischen und rhetorischen Umgang der Hizbullah mit den Begriffen Zionismus, Judaismus und Israel eingegangen; ein Schwerpunkt, durch welchen sich Saad-Ghorayebs Arbeit von den anderen hier relevanten Abhandlungen unterscheidet.

Die Arbeit von Naim Qassem bietet einen umfangreichen Einblick in die internen Strukturen der Organisation und liefert zugleich, in vielen Fällen erstmals, präzise Daten zu spezifischen, mit der Hizbullah in Zusammenhang stehenden Ereignissen. Selbstverständlich ist der Autor – als direkt Betroffener – als in seinen Bewertungen voreingenommen einzustufen. Dennoch behandelt sein Werk die politischen Positionierungen der Hizbullah zu nahezu allen entscheidenden Fragestellungen, was es zu einer ebenfalls bedeutsamen Quelle macht.

Augustus Richard Nortons Abhandlung ist ihrer Namensgebung entsprechend eine konzise Zusammenfassung der Entstehungs- und bisherigen Entwicklungsgeschichte der Hizbullah. Aufgrund ihres späten Erscheinungsdatums deckt sie als einzige der aufgeführten Monografien sowohl den letzten Krieg zwischen Israel und dem Libanon bzw. der Hizbullah vom 12. Juli bis zum 14. August 2006, als teilweise auch dessen innenpolitische Nachwirkungen und andere spätere Ereignisse mit ab. Wegen einer zeitlichen Überschneidung ihres Erscheinens und der Fertigstellung der vorliegenden Arbeit konnte sie allerdings nur eine begrenzte Berücksichtigung erfahren.

Eine umfangreiche und sämtliche relevanten Punkte adressierende wissenschaftliche Monografie über den legendären TV-Sender der Hizbullah, *Al-Manar* (dt.: Der Leuchtturm), liefert uns aus US-amerikanischer Perspektive der ehemalige Regierungsberater für arabische Medien und Terrorismus, Avi Jorisch, in seinem 2004 erschienenen Buch „Beacon of Hatred. Inside Hizballah's Al-Manar Television". Diese als Einschätzung für das Washington Institute for Near East Policy verfasste und publizierte Arbeit bietet zugleich einen präzisen Überblick über die aktuelle Positionierung der USA und teilweise Israels zur Hizbullah im Ganzen. Aus derselben Perspektive ist der ebenfalls am Washington Institute for Near East Policy sowie zusätzlich beim israelischen Äquivalent, dem Institute for International and Middle Eastern Studies, beschäftigte Politikwissenschaftler Martin Kramer zu benennen. Kramer gilt in den USA und Israel als einer der führenden Hizbullah-Experten und hat hierzu zahlreiche Publikationen verfasst.

Neben Stellungnahmen und Veröffentlichungen der israelischen und US-amerikanischen Regierungsbehörden selbst, stellt Jorisch (und teilweise Kramer) den Hauptreferenzpunkt dieser Arbeit bezüglich der Positionierungen dieser beiden Staaten gegenüber der Hizbullah dar, die sich zwar nicht in ihrer Gänze identisch, jedoch zu den meisten relevanten Fragestellungen, weitgehend deckungsgleich gestalten.

Des Weiteren ist hier „Fadlallah. The Making of a Radical Shi'ite Leader" von Jamal Sankari aus dem Jahr 2005 anzuführen. Wie der Titel bereits deutlich macht, stellt diese Arbeit primär das Leben und die Lehre Ayatollah Muhammad Fadlallahs, des höchsten schiitischen Würdenträgers im Libanon, vor. Bezüglich der Beziehung Fadlallahs zur Hizbullah, deren Qualität und Intensität in der Vergangenheit stark unterschiedliche Momente erlebten, aber auch bezüglich Fadlallahs generell imperativer Rolle hinsichtlich schiitischer Politisierung und Radikalisierung beinhaltet Sankaris Publikation viele in den anderen Werken nur marginal behandelte oder bisher völlig ausgelassene Hintergrundinformationen.

Die meisten der erwähnten Autoren haben über die erwähnten Monografien hinaus noch ergänzende oder aktualisierende Diskurse und Einschätzungen sowie oftmals bereits zu früheren Zeitpunkten verfasste Abhandlungen publiziert. Ferner sind die ungezählten Beiträge der verschiedenen libanesischen sowie teilweise der größeren weltweit ansässigen Universitäten und Institute und nicht zuletzt der Hizbullah selbst zu erwähnen.

Als deutsches Standardwerk zum Thema gilt Stephan Rosinys „Islamismus bei den Schiiten im Libanon. Religion im Übergang von Tradition zur

Moderne" aus dem Jahr 1996 (Studien zum Modernen Islamischen Orient, Band 8),[25] in welchem die Hizbullah nahezu monografisch, äußerst akribisch und umfassend behandelt wird. Die wichtigsten deutschen, auch international anerkannten Standardwerke zum Makrothema Gesellschaft und Politik des Libanon stammen – trotz teilweise eher weit zurückliegender Neuauflagen – von Theodor Hanf. Überdies gibt es noch einige (selten auch monografische) deutschsprachige Aufsätze zur Hizbullah von verschiedenen Wissenschaftlern – allen voran erneut Rosiny –, deutschen Universitäten und staatlichen wie nichtstaatlichen politischen Forschungseinrichtungen und Instituten.

Neben der spezifischen Literatur zur Hizbullah ist für die vorliegende Untersuchung die allgemeine Islamismusforschung relevant. Nun würde es aber den Rahmen dieser Arbeit sprengen – selbst bei einer Eingrenzung auf den Bereich der Friedens- und Konfliktstudien – den Forschungsstand auch nur annähernd akkurat anzuführen. Das quantitative Aufkommen an Schrifttum zum Thema Islamismus ist seit den Terroranschlägen vom 11. September 2001 selbst für Experten kaum noch zu überblicken.[26] Berücksichtigt wurden neben einigen signifikanten Veröffentlichungen der verschiedenen bundesdeutschen Behörden und Institute vor allem zahlreiche Publikationen der US-amerikanischen Carnegie-Stiftung für Friedens- und Konfliktstudien (engl.: Carnegie Endowment for International Peace) – dabei insbesondere der Autoren Nathan J. Brown, Amr Hamzawy, Marina Ottaway und Julia Choucair –, der International Crisis Group sowie der Informationsplattform Middle East Review of International Affairs (MERIA), aber auch weitere Untersuchungen anderer Wissenschaftler und Forschungsstellen.

Hinsichtlich adäquater Bemessungsparameter wurde, wie bereits erwähnt, vorwiegend auf Ulrich Schneckeners 2002 veröffentlichte Abhandlung „Auswege aus dem Bürgerkrieg. Modelle zur Regulierung ethno-nationalistischer Konflikte in Europa" rekurriert. Sein ergänzender Aufsatz „Politiken der Anerkennung" wurde dabei ebenfalls berücksichtigt.

Schließlich sind noch die persönlichen Erfahrungen, Beobachtungen, Gespräche sowie vereinzelte Interviews des Verfassers im Libanon anzuführen, die insbesondere hinsichtlich der jüngsten Entwicklungen eine wichtige Alternativquelle zu den bisher überwiegend journalistischen Dokumentationen dieses Zeitabschnitts darstellen.

---

[25] Vgl. Steinberg, Guido: Der Islamismus im Niedergang?, S. 24 (FN 18), in: Bundesministerium des Inneren (Hrsg.): Texte zur inneren Sicherheit: Islamismus, Berlin, BMI, 2004 (2003), S. 19-42.
[26] Vgl. ebd., S. 19ff.

Hizbullah: Genese und Wandel

Rahmenbedingungen und Vorgeschichte

Politisches System und Demografie des Libanon

Der Libanon ist eine säkularisierte[27] und liberal-demokratische parlamentarische Republik. Die Hauptstadt ist Beirut. Amtssprache ist Arabisch. Das Wahlrecht gilt für libanesische Staatsbürger ab 21 Jahren (für Frauen nur nach Abschluss der Grundschule).[28] Das Parlament wird alle vier Jahre in allgemeinen Wahlen, das Staatsoberhaupt und der Staatspräsident alle sechs Jahre durch das Parlament gewählt. Eine unmittelbare Wiederwahl ist nicht möglich.[29] Der Staatspräsident ernennt – nach Empfehlung und Konsultation des Parlaments – den Ministerpräsidenten, der in dieser Funktion die faktische Regierungsführung inne hat und beauftragt ihn mit der Kabinettsbildung (was wiederum unter Konsultation des Parlaments zu geschehen hat). Die Besetzung des im Libanon wichtigen Postens des Parlamentssprechers wird ebenso wie der des Präsidenten durch Wahl der Parlamentarier bestimmt.[30]

Die Grundzüge der heutigen libanesischen Verfassung und des politischen Systems haben sich seit ihrer Einsetzung durch die damalige Mandatsmacht Frankreich im Jahre 1926 nur wenig verändert (erwähnenswerte Verfassungsänderungen wurden 1943 und 1989 vollzogen). Eine zuletzt 1932 durchgeführte Volkszählung ergab, dass die damals stärkste konfessionelle Gruppe des Landes die der maronitischen Christen war. Die zweit- und drittstärksten Konfessionen stellten in dieser Reihenfolge – Sunniten und Schiiten.[31] Auf dieser Grundlage wurde 1943 mit Beginn der libanesischen Unabhängigkeit im ungeschriebenen Nationalpakt (arab.: *Al-Mithaq al-Watani*)[32] beschlossen, das von Frankreich etablierte konfessionelle Proporzsystem beizubehalten. Dieses stellt sich bis heute wie folgt dar:

---

[27] Trotz des konfessionellen Systems gibt es im Libanon keine Staatsreligion.
[28] Vgl. Gresh, Alain: Libanons Demokratie ohne Demokraten, in: Le Monde diplomatique Nr. 7686, 10.06.2005; Augstein, Rudolf (Hrsg.): Spiegel spezial. Das Magazin zum Thema. Allahs blutiges Land. Der Islam und der Nahe Osten. Hamburg, Spiegel Verlag Rudolf Augstein GmbH & Co. KG, 2003, S. 44, 125.
[29] Von Baratta, Mario (Hrsg.): Der Fischer Weltalmanach 2003, Frankfurt a. M., Fischer Taschenbuch Verlag, 2002, S. 501.
[30] Siehe Carnegie Endowment for International Peace/Fundación para las Relaciones Internacionales y el Diálogo Exterior: Arab Political Systems: Baseline Information and Reforms – Lebanon, Washington D.C./Madrid, 2006, S. 3ff.
[31] Hamzeh, Ahmad Nizar: In the path of Hizbullah, New York, Syracuse University Press, 2004, S. 17.
[32] Ebd., S. 12.

Staatspräsident: Maronitischer Christ.
Premierminister: Sunnitischer Muslim (Stellvertreter: Griechisch-orthodoxer Christ).
Parlamentspräsident: Schiitischer Muslim (Stellvertreter: Griechisch-orthodoxer Christ).[33]

Während die Verteilung der höchsten politischen Ämter nach Konfessionszugehörigkeit geschieht, teilt man die Parlamentssitze in einem Verhältnis von 50:50 zwischen Muslimen und Christen auf.[34] Das heutige Parlament (die Nationalversammlung) hat 128 Sitze.[35]

Wandgemälde von Schulkindern in Tyros zeigt libanesische Bürger mit verschiedenen konfessionellen und kulturellen Hintergründen: „Geliebter Süden"

Die Demografie des Libanon hat sich seit der bisher einzigen Volkszählung von 1932 dramatisch verändert. Am signifikantesten ist hierbei das

---

[33] Hanf, 1990, S. 98ff, 118ff. Vgl. Steinbach, Hofmeier und Schönborn (Hrsg.): Politisches Lexikon Nahost Nordafrika, München, C.H. Beck'sche Verlagsbuchhandlung, 1994 (1979), S. 161ff; Informationszentrum Dritte Welt/Freiburg (Hrsg.): Der Palästina-Konflikt und was wir damit zu tun haben, Freiburg i. Br., Prolit Vertriebs GmbH, 1983, 1983, S. 99.
[34] Hamzeh, 2004, S. 17.
[35] Von Baratta, 2002, S. 501.

Wachstum der schiitischen Bevölkerung: Obwohl die Zahl der libanesischen Schiiten bereits zwischen 1921 und 1956 von ca. 100.000 auf 250.000 anstieg, blieb ihr Anteil an der Gesamtbevölkerung bis dahin noch stabil bei ca. 19 %. Dies änderte sich jedoch schlagartig mit einer Verdreifachung ihrer Bevölkerungszahl von 250.000 auf 750.000 zwischen 1956 und 1975, nach der sie nunmehr 30 % der Gesamtbevölkerung ausmachten. Um 1980 stellten die Schiiten mit einer Bevölkerungszahl von damals ca. 1,4 Mio. die klare Mehrheit im Land. Die Zahl der Maroniten und Sunniten wurde damals auf nur jeweils ca. 800.000 geschätzt. Bis heute hat sich diese Tendenz deutlich fortgesetzt und es ist zu erwarten, dass dies weiterhin der Fall bleibt.[36]

Neben den erwähnten konfessionellen Gruppen des Landes gibt es noch 15 weitere anerkannte religiöse Minderheiten, von denen die muslimischen Drusen mit ca. 7 % der Gesamtbevölkerung die zahlenstärksten sind. Obwohl das Taif-Abkommen von 1989 eine relative Angleichung der schiitischen Repräsentanz an die der Sunniten und Maroniten bewirkte, fühlen sich viele Schiiten angesichts der deutlichen Mehrheit ihrer Bevölkerungsgruppe nach wie vor unterrepräsentiert.[37]

Formierung der Hizbullah

Die libanesische Hizbullah hat sich konkret als Reaktion auf die israelische Invasion von 1982 formiert. Dennoch wäre es eine grobe Verkürzung, dieses trotz seiner ausschlaggebenden Dramatik eher als finalen Anlass einzustufende Ereignis mit den mittelbaren Ursachen, begünstigenden Begleitumständen und Vorbedingungen jener Formierung gleichzusetzen. So ist die Hizbullah letztlich auch als Konsequenz aus dem Zusammenspiel verschiedenster und nicht in allen Fällen unmittelbar zusammenhängender Begebenheiten entstanden. Zwar würde eine komplette Darstellung ihrer Entstehungsgeschichte hier zu weit führen, da aber dieses Thema für eine Beurteilung der Hizbullah und ihrer Potenziale zugleich wesentlich ist, sollen hier im Folgenden zumindest die entscheidenden Katalysatoren ihres Formierungsprozesses genannt und entsprechend ihrer jeweiligen Komplexität gegebenenfalls näher erläutert werden.

Die französische Mandatszeit

Nachdem die Osmanen im Ersten Weltkrieg letztlich die Kontrolle über die gesamte Levante an die Alliierten verloren hatten, erhielt Frankreich 1920

---
[36] Siehe Hamzeh, 2004, S. 13.
[37] Ebd., S. 12f.

ein Völkerbundsmandat über Syrien, inklusive der vormals halbautonomen Provinz *Mont Liban*. Frankreich teilte sein Mandatsgebiet nun eigenständig neu auf und trennte den Mont Liban unter Zuschlag der ehemals phönizischen Küstenstädte Tripoli, Beirut, Sidon (arab.: *Saida*) und Tyros (arab.: *Sur*), der Bekaa-Ebene sowie diverser Randgebiete und Kommunen völlig von Syrien ab. Der muslimische Bevölkerungsanteil des nunmehr sogenannten *Grand Liban* (dt.: Groß-Libanon), der in etwa dem Libanon in seinen heutigen Staatsgrenzen entspricht, stieg durch diese Maßnahme von vormals 25 % auf 45 % an.[38]

Frankreich verfolgte diese Teilungspolitik, um nicht die dominierende Position der Maroniten zu gefährden, die in einem großsyrischen Staat nur eine verschwindend geringe Minderheit gestellt hätten. Diese Politik spiegelt sich in vielen Elementen des durch Frankreich eingesetzten und in seinen wesentlichen Ausprägungen bis heute erhaltenen politischen Systems des Libanon wider, das durch seine Ungleichbehandlung der unterschiedlichen konfessionellen Gemeinden des Landes – aktuell wie in der Vergangenheit – einen der potentiell brisantesten Konfliktpunkte darstellt.[39]

Die arabische Identitätskrise und das schiitische Trauma

Bereits seit der Kolonialzeit, spätestens aber seit der Gründung des Staates Israels im arabischen Palästina erlebt die islamische Welt eine durch das Zusammenwirken sozialer, politischer, kultureller und ökonomischer Missstände hervorgerufene Identitätskrise.[40] Die Schiiten waren darüber hinaus, primär aufgrund ihrer mit der sunnitischen Interpretation konkurrierenden – und aus sunnitischer Sicht daher oppositionellen – Auffassung hinsichtlich der legitimen Herrschaftsnachfolge des Propheten Muhammads, schon seit jeher immer wieder der Verfolgung und Unterdrückung durch die meist

---

[38] Hanf, 1990, S. 90; Rosiny, 1996, S. 46, S. 353. Abweichenden Angaben zufolge unternahm Frankreich die Aufteilung Syrien/Libanon bereits 1920, erhielt aber erst 1922 nachträglich das entsprechende Völkerbundsmandat. Vgl. Steinbach, Hofmeier und Schönborn, 1994 (1979), S.160f.

[39] Bei Choucair heißt es hierzu: „Das konfessionelle System des Libanon kann vielleicht am besten als eine chronische Erkrankung umschrieben werden, die regelmäßig ausbricht und zu einer Krise führt". Siehe Choucair, 2006, S. 3.

[40] Manche Wissenschaftler gehen sogar von einer durch die spezifische Beschaffenheit des Islams geradezu zwangsläufig produzierten Identitätskrise aus, die sich bereits seit Wirken und Lehren des Propheten Muhammad nachvollziehen lasse. Vertreter dieser Ansicht begründen dies vor allem mit der alle Aspekte des privaten und öffentlichen Lebens abdeckenden Bedeutung des Islams für die muslimische Gemeinde, welche die Herausbildung (individueller wie kollektiver) untergeordneter Identitäten von Anfang an schwierig, wenn nicht sogar unmöglich gemacht habe. Siehe Hamzeh, 2004, S. 6f.

sunnitische Herrscherklasse ihrer Heimatgebiete ausgesetzt.[41] In der Praxis bewirkte dies vor allem ein bis heute bestehendes, gravierendes soziopolitisches Gefälle zwischen Sunniten und Schiiten, wobei letztere überwiegend das unterste Ende stellen (eine Ausnahme bildet hierbei der Iran). Zudem führte es zu einem kollektiven psychischen, durch Existenz- und Bedrohungsängste gekennzeichneten Trauma der schiitischen Gemeinde,[42] was in einem dementsprechenden „kollektiven Gedächtnis" sowie einem stark ausgeprägten „Myth-symbol-complex" seinen Ausdruck findet.[43]

Der moderne schiitische Islamismus (und Fundamentalismus) lässt sich somit auch teilweise mit der komplementären Wirkung der beschriebenen Krisen begründen, von denen die erste aus schiitischer Perspektive als Makro- und die zweite als Mikro-Krise erlebt wurde. Dies wird durch das Streben schiitisch-islamistischer Strömungen nach Repräsentanz und sozialer Sicherheit ihrer Gemeinden als vordergründiger Motivation[44] und durch ihre Proklamierung des Islams als oftmals einzigen, insbesondere aber eigenen (geografisch-arabischen und kulturell-islamischen) Ausweg aus der Hoffnungslosigkeit der Makro- und Mikro-Krisen – nachdem alle weltlichen und/oder westlichen (westlich-liberale Demokratien/Kapitalismus) und östlichen (vornehmlich sozialistischen) Wege aus dieser Perspektive versagt zu haben scheinen – deutlich reflektiert.[45]

Die Marginalisierung der schiitischen Libanesen

Die schiitischen Ballungszentren des Libanon – namentlich der Südlibanon, die Bekaa-Ebene, und die südlichen Vorstädte Beiruts – sind bis heute die wirtschaftlich am wenigsten entwickelten Regionen des Landes. Insbesondere die Bevölkerung des Südens hat zudem bereits seit Jahrzehnten die Last bewaffneter Konflikte und regelmäßiger israelischer Vergeltungsoperationen – früher vor allem hervorgerufen durch Israels Konfrontationen mit der PLO und anderen palästinensischen Kommandos auf libanesischem Terrain, und heute durch die Auseinandersetzung mit der Hizbullah – zu tragen. Diese regionale Diskriminierung bei einer zugleich (spätestens seit dem letzten Bürgerkrieg) relativ kompakten Siedlungsform der schiitischen Gemein-

---

[41] Eine signifikante Ausnahme bildet die Epoche vom 10. bis zum ausgehenden 12. Jahrhundert. In dieser Zeit herrschten verschiedene schiitische Dynastien über weite Teile der islamischen und der arabischen Welt. Ebd., S. 6ff.
[42] Vgl. Rosiny, 1996, S. 99.
[43] Siehe Schneckener, 2002 (1), S. 45.
[44] Hamzawy, 2005, S. 6.
[45] Das Phänomen, dass Menschen sich im Angesicht von Krisen grundsätzlich eher der Religion zuwenden, ist in der Wissenschaft gemeinhin anerkannt. Palmer-Harik, 2004, S. 9ff, 18, 23ff.

de,[46] die hohe und stetig wachsende Zahl ihrer Bevölkerungsgruppe und die soziale und politische Benachteiligung zu Gunsten der anderen großen konfessionellen Gruppen des Landes[47] stellen in ihrer Kombination geradezu ideale Ausgangsbedingungen für die Gründung einer lokalen, radikalen, schiitisch-islamistischen Organisation (wie der libanesischen Hizbullah) und deren potenziell kontinuierlich gesicherten Zulauf dar. Die kollektive Wirkung zuvor erwähnter Krisen begünstigt dies zusätzlich.

Die Konsolidierung der islamistischen Kräfte

Die 1974 durch den charismatischen Imam Musa al-Sadr begründete Bewegung der Beraubten (arab.: *Harakat al-Mahrumin*) und die zu Beginn des zweiten libanesischen Bürgerkrieges 1975 ursprünglich als deren bewaffneter Arm erdachten Bataillone des libanesischen Widerstands (arab.: *afwaj al-muqawamat al-lubnaniyya*; besser bekannt unter ihrem arabischen Akronym *Amal*; dt.: Hoffnung) als erste nennenswerte, radikale, politische Organisationen libanesischer Schiiten, waren eine ebenso direkte wie unmissverständliche Antwort auf Benachteiligung innerhalb des politischen Systems.[48]

Der islamisch-orientierte Flügel jener Bewegungen sollte sich 1982, einerseits nach dem vorhergegangenen, mysteriösen Verschwinden Musa al-Sadrs 1978 in Libyen[49], andererseits als Folge und unter dem direkten Eindruck der zweiten israelischen Libanoninvasion, unter der Führung von Sayyid Husayn al-Musawi von Amal abspalten. Al-Musawi – gefolgt von ca. 500 ihm treu ergebener Anhänger – begründete daraufhin eine direkte Ge-

---

[46] Die zuvor vergleichsweise heterogene Siedlungsweise der verschiedenen konfessionellen Gemeinden des Libanon wurde durch gewaltsame Vertreibungen und teilweise ethnische Säuberungen vereinzelter Milizen während des zweiten libanesischen Bürgerkriegs, 1975-1990, weitgehend homogenisiert. Siehe Hanf, 1990, S. 439ff. An diesem Ergebnis hat sich bis heute trotz der Rückkehr einiger ehemaliger Bewohner in ihre einstigen Wohngebiete nicht viel verändert.
[47] Vgl. Rosiny, 1996, S. 58ff, 95ff.
[48] Hamzeh, 2004, S. 21; Steinbach, Hofmeier und Schönborn, 1994 (1979), S. 159ff.
[49] Mit Imam Musa al-Sadr war letztlich auch der zumindest nach Auffassung des islamistischen Flügels ohnehin verschwindend geringe islamische Inhalt des politischen Programms der Amal weggebrochen. Al-Sadr war damals auf persönliche Einladung Muammar al-Qaddafis nach Libyen gereist. Kontaktpersonen al-Sadrs aus dem Libanon geben an, dass direkt im Anschluss an das geplante Treffen mit al-Qaddafi jegliche Verbindung zu al-Sadr abgebrochen sei. In der Wahrnehmung einiger gläubiger Schiiten des Libanon offenbarte sich durch dieses mysteriöse und plötzliche Verschwinden ihres charismatischen Imams erst dessen eigentliche Identität: Nämlich die des *Mahdis*, der nach traditionellem, zwölferschiitischen Glauben im Jahre 874 in die Entrückung verschwundene und seither zur Erlösung der Gläubigen wiedererwartete, zwölfte unfehlbare Imam, welcher sich in Form der Person Musa al-Sadr kurzfristig der Welt gezeigt hatte. Vgl. Sankari, Jamal: Fadlallah. The Making of a Radical Shi'ite Leader, London, Saqibooks, 2005, S. 169.

genbewegung, die Islamische Amal (arab.: *Harakat Amal al-Islamiyyah*) in seiner Heimat, der Bekaa-Ebene. Diese erste nennenswerte militante islamistische Gruppierung libanesischer Schiiten ging nur wenig später gemeinsam mit kleineren islamistischen Splittergruppen und islamisch orientierten Mitgliedern anderer Bewegungen in der Hizbullah auf.[50] Sie wurde so, vor allem im Hinblick auf ihre überwiegend schiitische Anhängerschaft, zum wichtigsten Konkurrenten der nunmehr säkularisierten Amal.

Nach Husayn al-Musawi folgten nur kurze Zeit später u.a. Sayyid Hasan Nasrallah, Sayyid Ibrahim Amin al-Sayyid, Shaykh Muhammad Yazbak und Shaykh Naim Qassem von Amal. Von der libanesischen Zweigstelle der Partei des islamischen Rufes (arab.: *Hizb al-Da'wah al-Islamiyyah*) stießen zudem u.a. Shaykh Subhi al-Tufayli und Sayyid Abbas al-Musawi dazu. All diese Männer sind zu den frühesten, wenn nicht sogar zu den Gründungsmitgliedern der späteren Hizbullah zu zählen.[51]

Auf rein ideologischer Ebene – dies in klarer Abgrenzung zu einer vermeintlichen Mitgliedschaft – ist in diesem Zusammenhang unbedingt auch Sayyid Ayatollah Muhammad Husayn Fadlallah, der bis heute höchstrangige schiitische Würdenträger des Libanon zu nennen.[52] Ohne Amal jemals negiert oder gar offen angefeindet zu haben, bevorzugte Fadlallah aus im Hinblick auf seine Person und Position wohl nachvollziehbaren Gründen prinzipiell den islamisch orientierten, jüngst ehemaligen Flügel der Organisation. So kommt es, dass viele der spezifischen ideologischen Konzepte der sich damals gerade im Entstehen befindlichen neuen islamistischen Bewegung originär von Muhammad Fadlallah stammen oder zumindest stark von dessen Lehren beeinflusst sind. Was die Gründungsphase betrifft, so muss man ihn daher trotz seiner bereits damals geäußerten Bedenken – hauptsächlich bezüglich der Gefahr einer politischen Spaltung der schiitischen Gemeinde – durchaus zu den prominentesten und somit gewichtigsten aktiven Unterstützern Amal al-Islamiyyahs bzw. der frühen Hizbullah rechnen.

Der Iran entsandte noch im Jahr der Gründung Amal al-Islamiyyahs eine

---

[50] Nominell besteht die Islamische Amal bis heute als eigenständige Fraktion. Sie ist zwar definitiv der Hizbullah zuzurechnen, verfügt aber offensichtlich auch über einen gewissen autonomen Aktionsspielraum, da sie auf lokaler Ebene sogar bei Wahlen antritt. Vgl. Carnegie Endowment for International Peace/Fundación para las Relaciones Internacionales y el Diálogo Exterior, 2006, S. 16.
[51] Hamzeh, 2004, S. 20ff.
[52] Ayatollah Fadlallah war nie formelles Mitglied der Hizbullah (oder sonstiger islamistischer Fraktionen). Er steht aber als Mentor einer nicht unerheblichen Zahl ihrer Mitglieder sowie in seiner generellen Eigenschaft als höchster schiitischer Würdenträger des Libanon in einem zwar je nach Situation und Thematik wechselhaft starken oder „herzlichen", aber durchaus regelmäßigen Kontakt mit der Organisation. Vgl. Qassem, Naim: Hizbullah. The Story from Within, London, Saqibooks, 2005, S. 16f.

nicht unerhebliche Zahl politischer Offizieller, gefolgt von ca. 1.500 Revolutions-Wächtern (pers.: *Pasdaran*) in die libanesische Bekaa-Ebene. Diese begannen in der Folge vor allem mit der militärischen Ausbildung ihrer libanesischen Klientel. Nach Abschluss der ersten Trainings-Session im September 1983 konfiszierten die Rekruten und einige ihrer iranischen Ausbilder in einer wohl weitgehend unblutigen Aktion[53] die Shaykh Abd-Allah-Kaserne der libanesischen Armee in Baalbek, und verwandelten sie in ein getarntes und durch syrische Flak und Raketen abgesichertes militärisches Hauptquartier. Bei einer Rede in den Unterkünften brachte Sayyid Abbas al-Musawi das gemeinsam angestrebte Schicksal der Anwesenden in folgenden Worten auf den Punkt: „Wir sind bereit, Israel zu bekämpfen, wir streben nach Märtyrertum *(shahadah)* und wir werden sie noch aus dem Grab bekämpfen."[54]

Der Zirkel des Lernens in Nadjaf

Der gemeinsame Ursprung der zwar nicht identischen, aber in signifikanten Punkten weithin deckungsgleichen religiösen Ausrichtung all jener schiitischen Kleriker findet sich wie auch bei Sayyid Ayatollah Ruhollah Musawi Khomeini, Ayatollah Baqir al-Sadr, und sogar Imam Musa al-Sadr,[55] im Zirkel des Lernens (arab.: *al-Hawzat al-Ilmiyyah*) in Nadjaf, Irak. Hier entstand in den späten 1950er Jahren die Hizb al-Da`wah al-Islamiyyah, deren Zielsetzung von Beginn an die Propagierung eines wiederbelebten politischen (schiitischen) Islams beinhaltete. Nachdem Khomeini 1978 wegen seiner feindlichen Haltung gegenüber dem Schah aus dem Irak verbannt worden war und dann im Februar 1979, aus seinem zwischenzeitlichen französischen Exil zurückgekehrt, die Macht im Iran übernommen hatte, sicherte sein irakischer Weggenosse Ayatollah Baqir al-Sadr ihm und der neuen islamischen Theokratie im Iran öffentlich seine uneingeschränkte Unterstützung zu.

---

[53] Nach Hala Jaber handelte es sich bei der Übernahme des Stützpunktes eher um eine Art (maßgeblich von Frauen durchgeführter) Besetzung als um eine militärische Eroberung durch Waffengewalt. Hamzeh schildert den Verlauf dieses Ereignisses im Detail zwar etwas anders, gibt aber sinngemäß auch an, dass die Inbesitznahme ohne jegliches Feuergefecht vonstatten ging. Vgl. Jaber, Hala: Hezbollah. Born with a Vengeance. New York, Columbia University Press 1997, S. 108; Hamzeh, 2004, S. 100.
[54] Siehe al-Musawi, Sayyid Abbas: Man antum Hizbullah? no.1, Beirut, 2000, S. 23-25, zitiert nach Hamzeh, 2004, S. 25.
[55] Imam Musa al-Sadr stellt hier insofern eine Ausnahme dar, als dass er im Gegensatz zu den meisten der anderen. Akteure stets eher libanesisch-nationalistisch als islamisch-transnationalistisch orientiert und – auch wenn dieser Punkt streitbar ist – nicht so radikal war wie viele seiner Glaubensbrüder aus Nadjaf. Dies lässt sich u.a. auf einen Generationswechsel der dominierenden Lehren in Nadjaf von Ayatollah Mohsen al-Hakims Lehre zu Musa al-Sadrs Zeiten zu Ayatollah Ruhollah Khomeinis und Muhammad Baqir al-Sadrs Lehren zu Zeiten der meisten anderen erwähnten Kleriker – zurückführen. Ebd., S. 17ff.

Diese offene Positionierung führte zur gemeinsamen Hinrichtung al-Sadrs und dessen Schwester durch Saddam Husseins Baath-Regime. Sowohl al-Hawzat al-Ilmiyyah als auch Hizb al-Da'wah al-Islamiyyah wurden im Irak in der Folge grundsätzlich verboten.

Beteiligte Ausländer wurden (sofern sie auszumachen waren) mehr oder weniger gezwungen, zurück in ihre Ursprungsländer umzusiedeln. Hierdurch verlagerte sich das Epizentrum der schiitischen Politisierung nach Qom im Iran, in die Geburtsstadt Khomeinis. Aber das Gedankengut des Zirkels des Lernens wurde auch von vielen libanesischen Klerikern in ihre Heimat exportiert. In Qom sollten sich jetzt enge Bande zwischen späteren Gründungsmitgliedern der libanesischen Hizbullah und militanten iranischen Geistlichen bilden und vertiefen.[56]

Die Islamische Revolution im Iran

Der Einfluss des post-revolutionären Iran, im Speziellen aber der Lehre Ayatollah Khomeinis auf die Hizbullah war stets bestimmend für ihre eigene religiöse Ideologie. Zudem bildete die massive finanzielle Subventionierung der Gruppierung durch den Iran vor allem zu ihrer Anfangszeit, als es noch keine nennenswerten Quellen der Selbstfinanzierung gab, die Basis für ihren Kampf gegen Israel und für die Durchführung groß angelegter Sozialprogramme im Libanon. Dies wiederum hatte und hat entscheidenden Einfluss auf den hohen Grad der gesellschaftspolitischen Legitimation der Hizbullah, ohne die ihre Etablierung sowie ihr vergleichsweise rapider Aufstieg von Beginn an, wenn auch nicht zwangsläufig zum Scheitern verurteilt gewesen wären, sich doch ungleich schwieriger gestaltet hätten.

Krieg, Besatzung und Invasionen

Die aus Sicht der arabischen Welt katastrophalen Auswirkungen der Gründung Israels 1948 sind hinlänglich bekannt. So hatten die meisten arabischen Staaten, im Besonderen der Libanon, seither neben weiteren problematischen Auswirkungen einen anhaltenden Exodus palästinensischer Flüchtlinge erlebt. Die Bevölkerung im Gebiet des heutigen Südlibanon hatte derweil schon seit der faktischen Autonomie eines Judenstaates 1920 in Palästina kontinuierlich die Last der Auseinandersetzung zwischen Israelis und Palästinensern mittragen müssen.[57] Am ersten israelisch-arabischen

---

[56] Ebd., S. 17ff; Saad-Ghorayeb, Amal: Hizbu'llah. Politics & Religion, London, Pluto Press, 2002, S. 13.

Krieg 1948/49 hatte sich der Libanon beteiligt, seither herrscht Waffenstillstand mit Israel. Bis heute existiert kein Friedensvertrag.[58]

Im Zuge des jordanischen Bürgerkrieges 1970/71 wurde die Palestine Liberation Organisation (PLO) unter Yasser Arafat komplett aus Jordanien vertrieben und ihre Machtbasis von dort in den Libanon verlegt. Die PLO-Führung tat diesen Schritt auf der Grundlage des Kairo-Abkommens von 1969,[59] das den bewaffneten palästinensischen Widerstand gegen Israel von den Grenzregionen im Südlibanon aus ausdrücklich legitimierte. Die PLO breitete sich dabei letztlich allerdings weit über die südlibanesischen Grenzregionen hinaus bis nach West-Beirut und in Teile der Bekaa-Ebene aus, wobei sie nicht nur das Kairo-Abkommen verletzte, sondern auch de facto einen Staat im Staat errichtete.[60]

Während nun viele libanesische Muslime in der PLO einen willkommenen Verbündeten im Kampf gegen die christliche Hegemonie sahen, versuchte die überwiegend christliche libanesische Führungsschicht mit aller Kraft sie zu disziplinieren. Die zahlenmäßig schwache Armee des Libanon erwies sich dessen jedoch schnell unfähig,[61] weshalb vor allem maronitische Politiker ab 1975 den Aufbau unabhängiger Milizen forcierten. Die PLO ihrerseits unterstützte die Formierung und Bewaffnung verbündeter linksgerichteter und/oder muslimischer Milizen.[62] Insgesamt entstanden während des nun folgenden zweiten libanesischen Bürgerkriegs 1975-1990 über 30 verschiedene bewaffnete Konfliktparteien. Praktisch jede konfessionelle Gruppierung des Landes stellte dabei mindestens eine eigene Miliz auf. Darüber hinaus gab es noch zahlreiche säkulare Fraktionen. Die libanesische Armee spaltete sich spätestens ab 1976 nahezu komplett in hauptsächlich christliche und muslimische Einheiten auf. Diese wiederum fielen überwiegend ab und wechselten zu den verschiedenen Milizen. Dennoch blieb die

---

[57] Großbritannien erhielt 1920 ein Völkerbundsmandat für Palästina. 1948 wurde hier durch Ben Gurion, den damaligen Vorsitzenden des Jüdischen Nationalrats, der Staat Israel ausgerufen. Siehe Geiss, Imanuel (Hrsg.): Geschichte im Überblick. Daten, Fakten und Zusammenhänge der Weltgeschichte, Rowohlt Verlag, Reinbek bei Hamburg, 2006 (1986), S. 413ff und S. 554/555 (Schematische Skizzen: 28).

[58] Der Libanon beteiligte sich nicht mehr an den folgenden drei israelisch-arabischen Kriegen. Kinder, Hermann und Hilgemann, Werner (Hrsg.): DTV-Atlas Weltgeschichte. Band 2. Von der französischen Revolution bis zur Gegenwart, München, DTV GmbH & Co. KG, 2002 (1966), S. 575.

[59] Vgl. Hanf, 1990, S. 164.

[60] Der gesamte Südlibanon wurde damals oft zynisch als „Fatahland" bezeichnet. Vgl. Hamzeh, 2004, S. 15; Palmer-Harik, 2004, S. 34.

[61] Bei Ausbruch des Bürgerkriegs 1975 lag die Stärke der libanesischen Armee bei unter 15.000 Mann. Siehe Steinbach, Hofmeier und Schönborn, 1994 (1979), S. 161.

[62] Vgl. Ebd., S. 161ff; Palmer-Harik, 2004, S. 21ff.

Armee bis zum Ende des Bürgerkriegs als mehrheitlich christliche, der Regierung ergebene Truppe stets als Rumpf erhalten.

Die brutalen Kämpfe der Bürgerkriegsparteien untereinander wurden hauptsächlich in und um Beirut geführt. Die PLO hatte sich derweil überwiegend im Südlibanon verschanzt und führte von dort aus grenzüberschreitende Guerilla-Operationen gegen Israel durch. Diese Angriffe und die schwerwiegenden israelischen Vergeltungsaktionen führten zu einer Massenflucht von Schiiten aus dem Süden Libanons ins überbevölkerte Dahiyeh, einen extrem armen Vorort Beiruts. Hier fristeten sie ihr Dasein jahrelang, und in vielen Fällen bis heute, ohne jegliche Regierungsunterstützung.[63] Mit dem Argument, Israel und den westlichen Staaten zuvorkommen zu wollen, intervenierte nun Syrien im Juni 1976 auf Seiten der christlichen Milizen gegen die PLO und drängte diese weit zurück. Noch im Oktober desselben Jahres erhielt es dann unter Zustimmung Israels, der USA und Westeuropas ein offizielles Mandat der Arabischen Liga, als Ordnungsmacht im Libanon zu fungieren. Die Präsenz Syriens im Libanon dauerte bis 2005 an und es ist derzeit noch nicht absehbar, inwieweit sie tatsächlich endgültig vorüber ist.[64]

Im März 1978 fand die erste große israelische Invasion in den Südlibanon, Operation Litani, statt. Dabei wurde ein ca. 800 km² großer, im Norden bis an den Fluss Litani reichender Kontrollbereich für die mit Israel verbündete und mit der maronitischen *Phalange* assoziierte Miliz des Majors Saad Haddad geschaffen.[65] Im Zuge dieser Operation, deren vordringliches Ziel es war, die PLO aus dem unmittelbaren nördlichen Grenzbereichs Israels zu verdrängen, waren erneut Tausende von überwiegend schiitischen Südlibanesen nach Beirut – dabei wiederum mehrheitlich ins Dahiyeh – geflüchtet. Für viele von ihnen bedeutete die Invasion die erste direkte Begegnung mit dem israelischen Militär.[66]

Im Juni 1982 führten die Israelis dann unter dem Titel Operation Frieden für Galiläa ihre zweite groß angelegte Libanon-Invasion durch. Unter dem Oberbefehl Ariel Scharons drangen sie diesmal innerhalb kürzester Zeit bis Westbeirut vor und zerschlugen die Machtbasis der PLO. Zugleich

---

[63] Palmer-Harik, 2004, S. 18f.
[64] Syrien hat zwischen Februar und April 2005 nach erhöhtem internationalem Druck auf die Regierung Assad (insbesondere durch die USA) offiziell sämtliche Truppen aus dem Libanon abgezogen. Vgl. El-Gawhary: Mehlis-Report belastet Syrien schwer. In taz, 14.12.2005; Gresh, 2005.
[65] Die Zerstörung des besetzten Gebietes erst durch die Israelis und danach durch die Südlibanesische Armee war von verheerendem Ausmaß. Steinbach, Hofmeier und Schönborn, 1994 (1979), S. 161ff.
[66] Obwohl es zu Beginn der Invasion noch eine nennenswerte Zahl libanesischer Schiiten gab, die Israel als Kraft gegen die PLO eher begrüßten, führte die Operation Litani im Ergebnis zu einer nachhaltigen Entfremdung der Mehrheit der libanesischen Schiiten von Israel. Vgl. Hamzeh, 2004, S. 16.

zwangen sie die Syrer, komplett aus dem Süden abzuziehen, und blieben letztlich bis ins Jahr 2000 als Besatzungsmacht präsent, wobei sie sich ab 1985 – nach einem Rückzug aus dem Rest des Landes – auf ein 1100 km² umfassendes Terrain des Südlibanon (55 % des Südlibanon und 11 % der gesamten libanesischen Landesfläche), die selbst deklarierte Sicherheitszone, beschränkten.[67]

In der Sicherheitszone operierte, wie bereits angesprochen, schon seit 1978 eine erst von Saad Haddad und nach dessen Tod von Antoine Lahad befehligte, mit Israel verbündete und der rechtsgerichteten, maronitischen Phalange nahe stehende, überwiegend christliche Miliz. Dieser ab 1984 als Südlibanesische Armee (SLA) bezeichneten Miliz übertrug Israel in der Folgezeit die Hauptverantwortung für die Niederschlagung des Widerstandes in der Besatzungszone, während die eigenen Truppenkontingente im Libanon auf ein Minimum beschränkt wurden.[68]

Wie bei ihrer ersten Invasion 1978, ging es den Israelis auch dieses Mal – nach eigenen Angaben – primär um eine nachhaltige Unterbindung der von libanesischem Territorium ausgehenden Übergriffe durch die PLO auf Siedlungen im nordisraelischen Galiläa. Ein weit über dieses Ziel hinaus gehender, bei weitem nicht im selben Ausmaß öffentlich vertretener Zusatzplan sah überdies vor, nach Möglichkeit ein christliches, erwartungsgemäß israelfreundliches Regime im Libanon zu installieren.[69]

Eine maßgeblich von den USA durchgesetzte Übereinkunft zwischen Israel und der PLO führte schon bald nach Beginn des israelischen Vorstoßes zum Beschluss eines kompletten Abzugs aller palästinensischen Kämpfer aus dem gesamten Libanon. Mit der Vorgabe, einen reibungslosen Verlauf dieser Evakuierung der PLO ins – wie man es zwischenzeitlich arrangiert hatte – tunesische Exil zu gewährleisten, entsandten die USA, Frankreich, Italien und Großbritannien daraufhin Truppen – deklariert als Multinational Forces – in die libanesische Hauptstadt. Deren Verlegung war im August 1982 abgeschlossen.[70] Die Multinational Forces begannen nun aber zunehmend offenkundig auf der Seite der Maroniten gegen die überwiegend mus-

---

[67] Jorisch, 2004, S. 7; Steinbach, Hofmeier und Schönborn, 1994 (1979), S. 161ff; Kinder und Hilgemann, 2002 (1966), S. 575; Qassem, 2005, S. 95.
[68] Hamzeh, 2004, S. 89.
[69] Ebd., S. 16; Jaber, 1997, S. 77.
[70] Arafat hatte auf der Anwesenheit einer multinationalen, vorzugsweise europäischen Truppe als Sicherheitsgarantie für seine Kämpfer während des Abzugs bestanden. Der damalige israelische Verteidigungsminister und befehlshabende General Ariel Scharon wiederum weigerte sich, ein europäisches Kontingent ohne Beteiligung der USA zu akzeptieren, weshalb man letztlich eine Truppe mit gemeinsamer US-europäischer Beteiligung entsandte. Vgl. Jaber, 1997, S. 77; Qassem, 2005, S. 88f; Hamzeh, 2004, S. 16.

limische Linkskoalition zu kämpfen, die hierdurch herbe Verluste erlitt.[71] In der Wahrnehmung vieler Libanesen und Palästinenser, dabei vornehmlich seitens der Muslime, wurden diese Umstände als ein Indiz dafür gewertet, dass die Multinational Forces in erster Linie gekommen waren, um die christliche Vorherrschaft im Libanon zu festigen und somit vor allem israelischen Interessen entgegenzukommen.

Die zerstörerischen israelischen Invasionen in den Libanon, dabei insbesondere das spezifische Gebaren der israelischen Truppen – und partiell der Multinational Forces – gegenüber den libanesischen Schiiten, zementierten nicht nur die Spaltung Amals und somit letztlich die Konsolidierung der schiitisch-islamisch orientierten Kräfte, sondern bilden auch den zentralen Bezugspunkt der Hizbullah (und ihrer Befürworter) hinsichtlich der Rechtfertigung ihrer grundsätzlichen Existenz. So sieht die Hizbullah ihre primäre Funktion seit jeher explizit in der Verteidigung des Libanon gegen Israel und dessen „westlicher Unterstützung".[72] Und in der Tat begannen die ersten verzeichneten Aktivitäten des Islamischen Widerstandes (arab.: al-*Muqawamah al-Islamiyyah*) – die bis heute übergreifende Bezeichnung der Hizbullah für ihren Militärapparat[73] – 1982 im Zuge der frühesten Phase der zweiten israelischen Libanoninvasion gegen die Invasoren und deren Verbündete. Dies vorerst allerdings noch unter der Führung Amals und deren Alliierter.

Die syrisch-iranischen Beziehungen

Etwa zu Beginn der 1980er Jahre begannen die außenpolitischen Interessen von Syrien und Iran trotz der entgegengesetzten politischen Systeme dieser beiden Staaten in puncto Libanon zu konvergieren.[74] Dem Iran ging es dabei vor allem um den Export seiner damals noch jungen islamischen Revolution und somit implizit um Einfluss auf die schiitische Bevölkerung der arabischen Welt. Im Falle des Libanon sogar um die zahlenstärkste schiitische Gemeinde Arabiens nach dem Irak. Mit diesem Einfluss würde Iran als nichtarabischer Staat zu einem der gewichtigsten Spieler im israelisch-arabi-

---

[71] Steinbach, Hofmeier und Schönborn, 1994 (1979), S. 162ff; Hamzeh, 2004, S. 17.
[72] Vgl. Rosiny, Stephan: Religiöse Freigabe und Begrenzung der Gewalt bei der Hizb Allah im Libanon, S. 2, in: Oberdorfer, Bernd und Waldmann, Peter (Hrsg.), (noch ohne Titel, unveröffentlicht), Berlin, 2006.
[73] Die häufig verwendete Bezeichnung „bewaffneter Arm" hält der Verf. in diesem Fall für unzutreffend, zumal die Hizbullah selbst darauf besteht, dass eine klare Trennungslinie zwischen dem aktiven, bewaffneten Widerstandskampf und weiteren Beschäftigungsfeldern der Partei nicht zu ziehen wäre, da sich sämtliche Aufgabenbereiche komplementär zueinander verhalten würden. Zudem sei demnach jedes Mitglied der Hizbullah ein potenzieller Soldat.
[74] Hamzeh, 2004, S. 26.

schen Konflikt werden und könne somit seine eigene geopolitische Bedeutung für die gesamte Region substantiell erhöhen. Darüber hinaus und nicht minder bedeutend ging es der jungen Theokratie darum, die anhaltende Präsenz Israels, der USA und anderer westlicher Staaten sowie deren Einfluss auf den Libanon und den ganzen Nahen Osten einzudämmen bzw. möglichst komplett zu beenden.[75]

Syriens Hauptanliegen war es auf der anderen Seite, die seit dem Ende des dritten israelisch-arabischen Krieges 1967 (Sechs-Tage-Krieg) durch Israel besetzten syrischen Golan-Höhen zurückzugewinnen.[76] Um diesen Anspruch am Leben zu erhalten, bedurfte es nun, da die Reste der PLO im Libanon nach 1982 kaum noch handlungsfähig waren, einer alternativen Guerilla-Organisation an der libanesisch-israelischen Grenze, um durch regelmäßige Angriffe die Aufmerksamkeit der Öffentlichkeit für dieses Thema aufrecht zu halten. Syrien selbst konnte so einer direkten Konfrontation mit dem überlegenen israelischen Militär aus dem Weg gehen.

Als übergeordnetes Ziel suchte Syrien zudem die Israelis und andere westliche Staaten vollständig aus dem Libanon und somit aus traditionell syrischem Einflussgebiet zurückzudrängen und nachhaltig fernzuhalten. Ein aus Syriens Perspektive feindlicher Libanon würde letztlich eine potenzielle Dauerbedrohung der eigenen inneren Sicherheit durch Subversion darstellen und war daher absolut inakzeptabel. Des Weiteren war Syrien besonders im Hinblick auf seine wachsende politische und wirtschaftliche Isolation seit Beginn des permanenten Kriegszustandes mit Israel seit 1967 einerseits[77] und der Einnahme einer pro-iranischen Haltung während des 1. Golfkriegs 1980-1988 andererseits[78] auf wirtschaftliche Zusammenarbeit mit dem Iran (und regelmäßige Erdöllieferungen) dringend angewiesen.

Somit kam es ab Beginn der 1980er Jahre zu einer, wenn auch spannungsgeladenen, syrisch-iranischen Allianz in bestimmten wirtschaftlichen und politischen Belangen sowie im Kampf gegen Israel und westlichen Einfluss im Libanon. Diese Allianz gab dem, was später die Hizbullah werden sollte, einen immensen Entwicklungsschub. So wurde damals in einer taktischen Übereinkunft zwischen Teheran und Damaskus der *Jihad* (dt.: heilige Anstrengung) gegen Israel durch eine schiitisch-libanesische, islamistische Guerilla-Organisation beschlossen. Zu diesem Zweck durfte der Iran fortan mit Hilfe syrischer Transporter eine direkte Versorgungsstrecke durch Syrien

---
[75] Ebd., S. 24ff.
[76] Kinder und Hilgemann, 2002 (1966), S. 575.
[77] Seit Syriens Intervention im zweiten libanesischen Bürgerkrieg 1976 herrscht zwischen Syrien und Israel lediglich Waffenstillstand. Ebd., S. 575.
[78] 1. Golfkrieg: Iran gegen Irak, September 1980 bis Juli 1988. Steinbach, Hofmeier und Schönborn, 1994 (1979), S. 88f, 261.

bis in die Bekaa-Ebene des Libanon unterhalten. Durch diese ist die logistische Unterstützung der Hizbullah seither kontinuierlich sichergestellt gewesen.

Die Bekaa-Ebene stand, trotz der Dominanz israelischer Truppen im Land, seit Syriens Intervention 1976 durchgehend mehr oder weniger unter syrischer Kontrolle. Dieser Umstand resultierte aus einer taktischen Absprache zwischen Syrien und Israel, jeglicher unmittelbaren militärischen Konfrontation aus dem Weg zu gehen. Aus diesem Grund war es auch nicht zu befürchten, dass Israel in absehbarer Zeit in diesen Teil des Landes einfallen würde. Zudem bot das abgeschiedene Gelände optimale Bedingungen für die Errichtung geheimer militärischer Trainingscamps. Während Syrien also vor allem für Sicherheit während des Aufbaustadiums und später für einen verhältnismäßig weit reichenden Aktionsspielraum der Organisation sorgte, lieferte Iran – neben der anfänglich direkten, militärischen Ausbildung libanesischer *Mudjaheddun* (dt.[salopp]: Gotteskrieger) – einen Großteil des ideologischen Unterbaus sowie der erforderlichen finanziellen Mittel.[79]

Gründung und erstes öffentliches Auftreten der Hizbullah

Ein konkretes Gründungsdatum der Hizbullah lässt sich nicht eindeutig identifizieren. Die verschiedenen Autoren, die sich mit dieser Thematik auseinandergesetzt haben, sind sich aber trotz variierender subjektiver Gewichtung von Schlüsselereignissen einig, dass ein solches Datum am ehesten in den Jahren zwischen 1980 und 1983 anzusiedeln sei. Der Verf. würde den Zeitraum der eigentlichen Gründung dabei am ehesten auf die Monate August bis November 1982 eingrenzen. Für diesen Zeitraum lässt sich – im Nachhinein betrachtet – bereits das Aufkommen aller entscheidenden Attribute einer als solchen erkennbaren, wenngleich vorerst noch streng geheim operierenden Organisation beobachten. Neben der eigenen (zumindest provisorischen) Namensfindung[80] sind diesbezüglich noch die Formulierung einer klaren Zielsetzung, eine sich herauskristallisierende Kommandostruktur sowie der beginnende Auf- und Ausbau einer logistischen Infrastruktur festzuhalten.[81]

---

[79] Hamzeh, 2004, S. 24ff.; Palmer-Harik, 2004, S. 38ff.
[80] Naim Qassem gibt an, dass man sich erst kurz vor der Veröffentlichung des Offenen Briefes 1985 endgültig auf die formelle Adaption des Namens Hizbullah geeinigt habe. Vgl. Qassem, 2005, S. 76.
[81] Rosiny berichtet, dass bereits „Anfang 1983 [...] ein erstes offiziöses Treffen" stattfand. Er beruft sich dabei auf ein Gespräch mit Hasan Fadlallah (1994), welcher sich wiederum auf ein persönliches Gespräch mit Hizbullah-Mitbegründer Abbas al-Musawi beruft. Qassem spricht sogar von „sieben Jahren vor [...] 1985", in denen bereits der spätere Kommandorat der Hizbullah (arab.: *Majlis al-Shura*) existiert habe

Dennoch wartete die Hizbullah mit der öffentlichen Erklärung ihrer „Geburt" im Offenen Brief (arab.: *al Risalah al Maftuha*) bis zum 16. Februar 1985.[82] Die Veröffentlichung des Kommuniqués war zeitlich genau abgestimmt: Zum einen mit dem einjährigen Jubiläum der gezielten Ermordung des einflussreichen islamistischen Predigers Shaykh Raghib Harb durch Israel[83] und zum anderen mit dem zweijährigen Jubiläum der tragisch-berühmt gewordenen Massaker von Sabra und Chatilla.[84]

Identität der Hizbullah

Die Identität der libanesischen Hizbullah gestaltet sich vielseitig und im Hinblick auf den – wie wir im weiteren Verlauf dieser Untersuchung noch sehen werden – ausgeprägten Pragmatismus der Gruppierung in vieler Hinsicht flexibel und variabel. Trotzdem gibt es einige Konstanten im Selbstverständnis, im realen Erscheinungsbild und Auftreten sowie in der strukturellen und organisatorischen Beschaffenheit der Hizbullah, die in ihrer Gesamtheit ein durchaus greifbares Gerüst ergeben. Insbesondere Letztere sollen daher unter den folgenden Punkten herausgearbeitet werden, wobei es

---

(also seit 1978). Siehe Rosiny, 1996, S. 127; Qassem, 2005, S. 62.

[82] Vgl. Hizbullah (Hrsg.): Nass al-Risala al-Maftuha allati wajahaha Hizballah ila-l-Mustad'afin fi Lubnan wa-l-Alam (dt: Text des Offenen Briefes, den die Hizbullah an die Entrechteten im Libanon und in der Welt richtete), Beirut, Hizbullah-Kommunique/al-Safir, 16.02.1985.

[83] Shaykh Raghib Harb war ein unabhängiger, vor allem durch seine anti-israelische Agitation berühmt gewordener Geistlicher aus dem Südlibanon und ist zum engsten Kreis der frühen Hizbullah zu zählen. Vgl. Rosiny, 1996, S. 149ff; Palmer-Harik, 2004, S. 55; Hamzeh, 2004, S. 24ff, 82.

[84] Nach vorhergegangener Koordinierung mit der israelischen Militärführung im Libanon stürmten damals Milizionäre der maronitischen Phalange die im Zuge der Evakuierung der PLO nahezu ohne Verteidigung zurückgelassenen palästinensischen Flüchtlingslager von Sabra und Chatilla. Hier waren mittlerweile auch viele libanesische, insbesondere schiitische Flüchtlinge untergekommen. Die Milizionäre veranstalteten ein Massaker, das durch sein hohes Ausmaß an Brutalität und Sadismus traurige Berühmtheit erlangt hat. Unter Ermutigung bzw. stillschweigender Gutheißung des israelischen Militärs exekutierten die Phalangisten innerhalb von drei Tagen voller Demütigung und Folter mindestens 1.500 Menschen. Weitere ca. 500 wurden verschleppt und nie wieder gesehen. Die Opfer waren überwiegend Zivilisten aller Altersklassen. Zwischen Männern, Frauen, Kindern und sogar ungeborenen Babys wurde bei diesem Gemetzel kein Unterschied gemacht. Vgl. Corm, Georges: Europa und der Nahe Osten. Modernisierung oder Barbarei?, Bad Honnef (Paris), Horlemann Verlag, 1997 (1991), S. 307f, 327f; Michel, Fritz: Zu dem Schlußbericht 1983 der Kommission zur Untersuchung der Geschehnisse in den Flüchtlingslagern in Beirut, in: Beiträge zur Konfliktforschung, Nr. 2, 1983, S. 123-128; Albert, Ernst (Übers.): Aus dem Schlußbericht der Kommission zur Untersuchung der Vorkommnisse in den Flüchtlingslagern in Beirut – Die Verantwortung für das Massaker, in: Ebd., S. 129-164; Hamzeh, 2004, S. 17, 26; Palmer-Harik, 2004, S. 35f; Jaber, 1997, S. 77f.

zugleich weder möglich noch zuträglich wäre, dies gänzlich unbeachtet der Hizbullah-internen Dynamik und der damit verbundenen Entwicklungsprozesse zu unternehmen. Denn letztlich stellt gerade auch die Flexibilität der Hizbullah schon seit Längerem eine wichtige Konstante in ihrem Habitus dar.

Zielsetzung

Der Offene Brief, al-Risalah al-Maftuha, ist eine – für eine damals noch klandestine Guerilla-Organisation ohne politischen Flügel – relativ präzise und detaillierte Selbstdarstellung und beinhaltet Abschnitte über Identität, Ziele, religiöse Ideologie, Freunde/Verbündete, Feindbilder und den generellen „Kampf". Nun hat sich die Hizbullah seit der Veröffentlichung dieses Kommuniqués in vielerlei Hinsicht signifikant gewandelt. Auch hat man den Anspruch auf das Erreichen ursprünglich fundamentaler Ziele mittlerweile stark relativiert und gewissermaßen der Realität angepasst sowie die hierfür zu Beginn eingesetzten bzw. als legitim betrachteten, vielfach umstrittenen Mittel überwiegend ausgetauscht. Dennoch hat man den Offenen Brief, der lange Zeit als eine Art Programm der Hizbullah angesehen wurde, bis heute nicht offiziell in dieser Funktion ersetzt, wenngleich die Parteiführung öffentlich klar gestellt hat, dass selbiger in einen bestimmten historischen Kontext gehörte, der mittlerweile vorüber und verstrichen sei.[85]

Als aktuellere Referenz für eine Art umfassendes Programm der Hizbullah bieten sich daher ihre Wahlprogramme aus späteren Jahren an. Da diese für sich genommen aber aufgrund ihrer innenpolitischen Ausrichtung nicht sämtliche Aspekte des selbstgesteckten Aufgabenbereichs der Organisation abdecken, kommt man auch dabei nicht um eine Betrachtung herum, die vom Offenen Brief ausgeht. An den Hauptzielen der Hizbullah hat sich zudem seit dessen Veröffentlichung zumindest nominell nur wenig Entscheidendes verändert. Zu diesen nimmt die junge Organisation darin wie folgt Stellung:

"Die Söhne der Partei Gottes wissen, wer ihre Hauptfeinde im Mittleren Osten sind: Die Phalange, Israel, Frankreich und die USA. Die Söhne unserer Umma befinden sich in einer Phase der wachsenden Konfrontation mit ihnen und werden dabei bleiben, bis die folgenden drei Ziele realisiert sind: (a) Die Amerikaner, die Franzosen und deren Verbündete endgültig aus dem Libanon zu vertreiben [...] (b)

---

[85] Norton, Augustus Richard: Hezbollah. A Short History, Princeton, Princeton University Press, 2007, S. 46.

Die Phalange einer gerechten Macht zu unterwerfen und ihre Mitglieder für ihre Verbrechen an Muslimen und Christen zur Rechenschaft zu ziehen, [...] (c) all den Söhnen unseres Volkes zu erlauben, ihre Zukunft zu gestalten und in aller Freiheit die Form von Regierung zu wählen, die sie wollen. Wir rufen sie alle auf, die Option einer islamischen Regierung zu wählen, welche als einzige fähig ist, Gerechtigkeit und Freiheit für alle zu garantieren [...]

[...] unsere Freunde sind alle Unterdrückten dieser Welt [...] die unsere Feinde bekämpfen und uns vor ihrer Bosheit beschützen [...] Freunde, wo immer ihr im Libanon seid...wir sind einer Meinung mit euch bezüglich der großen und notwendigen Ziele: Die amerikanische Hegemonie im Libanon zu zerstören, die erdrückende israelische Besatzung zu beenden und jegliche Versuche der Phalange, die Macht [...] zu monopolisieren, zurückzuschlagen. Obwohl wir, Freunde, unterschiedliche Meinungen haben [...], sollten wir über die kleinen Divergenzen hinwegkommen und im Hinblick auf das große Ziel unsere Kooperation fördern [...]

Wir wollen den Islam niemandem aufzwängen, so wie wir nicht die Überzeugungen und politischen Systeme anderer aufgezwängt bekommen wollen. Wir wollen nicht, dass der Islam im Libanon durch Gewalt herrscht, so wie es heute der Fall mit den Maroniten ist. Dies ist das Minimum, welches wir akzeptieren können, um fähig zu sein, unsere Ziele mit legitimen Mitteln zu erreichen; die Unabhängigkeit des Libanon von Ost und West zu retten, Fremdbesatzung zu beenden, und ein System einzuführen, für das sich die Menschen frei entscheiden konnten."[86]

Ein Absatz befasst sich zudem ausschließlich mit der „Notwendigkeit der Vernichtung Israels",[87] womit man diesen Punkt ebenfalls zu den Hauptzielen der Partei Gottes rechnen muss. Die Kompromisslosigkeit dieses Vorhabens wird besonders anhand der folgenden Aussagen deutlich:

"Wir sehen in Israel die Speerspitze der USA in unserer islamischen Welt. Es ist der verhasste Feind, der bekämpft werden muss, bis die Verhassten kriegen, was sie verdienen. Dieser Feind ist die größte Gefahr für unsere zukünftigen Generationen [...] im Speziellen, zumal

---
[86] Siehe Hizbullah, 1985.
[87] Siehe ebd.

er [...] Siedlungsbau und Expansion, ausgehend von Palästina und ausgerichtet auf [...] die Erreichung Großisraels, vom Euphrat bis zum Nil glorifiziert.

[...] die zionistische Verkörperung [gemeint ist Israel] ist von Grund auf aggressiv und auf Land aufgebaut, das auf Kosten der Rechte der muslimischen Menschen seinen Besitzern entrissen wurde. Daher wird unser Kampf erst enden, wenn diese Verkörperung weggewischt ist. Wir erkennen keine Friedensabkommen mit ihm an [...]."[88]

In einer eigens „an die Christen"[89] gerichteten Passage heißt es des Weiteren:

„Wenn ihr, Christen, nicht tolerieren könnt, dass Muslime bestimmte Regierungsbereiche mit euch teilen, dann hat Allah es auch für uns Muslime nicht zu tolerieren gemacht, an so einem ungerechten System teil zu haben, ungerecht für euch und für uns [...] Falls ihr belogen und getäuscht worden seid, dass wir vor hätten Rache gegen euch zu üben – eure Sorgen sind unbegründet. All jene von euch, die friedlich sind, lebt weiterhin in unserer Mitte, ohne dass auch nur jemand daran denken würde, euch zu belästigen. [...] Wenn ihr euch sträubt, euch dem Islam zu unterwerfen, behaltet eure Kontakte mit Muslimen aufrecht und nehmt nicht an Aktivitäten gegen sie teil. Befreit euch von den Konsequenzen des hassvollen Konfessionalismus. Verbannt allen Fanatismus und jede Engstirnigkeit. Öffnet eure Herzen für unseren Ruf zum Islam (*da'wa*) [...] Wir weiten diese Einladung auf alle Unterdrückten unter den Nicht-Muslimen aus. Was solche betrifft, die nur formell dem Islam angehören, wir fordern euch auf, dem Islam durch religiöses Verhalten in der Praxis zu dienen und jeglichem Fanatismus abzuschwören, welcher von unserer Religion nicht geduldet wird."[90]

Zusammengefasst kann man sagen, dass die wichtigsten Nahziele der Hizbullah stets die Befreiung (von Besatzung) und die politische Neuordnung des Libanon – was sich konkret auf die völlige Abschaffung des konfessionellen Proporzsystems bezieht – sowie die Zerschlagung der christlichen Hegemonie waren. Als übergeordnete Fernziele lassen sich zudem die Vernich-

---

[88] Siehe ebd.
[89] Siehe ebd.
[90] Siehe ebd.

tung Israels sowie die Errichtung einer islamischen Ordnung im Libanon identifizieren.

Das Bestehen auf der Umsetzung dieser beiden Fernziele ist mittlerweile jedoch einer pragmatischeren Haltung gewichen. So nimmt man bezüglich der Befreiung Palästinas und der Zerschlagung Israels heute die Position ein, dass dies zwar nach wie vor die moralische Verpflichtung aller aufrechten Muslime sei,[91] die Hizbullah als libanesische Organisation dabei aber zwischen dem Wohl des einen Teils der weltweiten muslimischen Gemeinde (arab.: *Umma*), hier in Form des libanesischen Volkes, und dem eines anderen Teils, in diesem Falle Palästinas, abzuwägen habe. Somit könne man Palästina dienen, solange dies nicht mit den Interessen der libanesischen Nation kollidiere.[92] Um also nicht die eigene Existenz und Legitimität als libanesische Widerstandsbewegung und somit den derzeit vorhandenen Handlungsspielraum aufs Spiel zu setzen, beschränkt man sich operativ und personell auf die Befreiung des Libanon von israelischer Besatzung, während der Kampf der Palästinenser weiterhin propagandistisch, rhetorisch und logistisch unterstützt wird. Diese Gratwanderung hat mittlerweile gar zu einer de facto – wenn auch indirekten – gegenseitigen Anerkennung zwischen Israel und der Hizbullah beigetragen, auf die an späterer Stelle noch zurückzukommen sein wird.[93]

Hinsichtlich des Ziels der Errichtung eines islamischen Staates im Libanon lässt der dargelegte Inhalt derweil insbesondere zwei relevante Schlussfolgerungen zu:

> Es war anfangs eines der ausgesprochenen Hauptziele der Hizbullah, aus dem Libanon eine islamische Theokratie zu machen.
>
> Zu keiner Zeit hatte die Partei vor, dieses Ziel gewaltsam durchzusetzen. Neben den behandelten Aussagen des Risalah al-Maftuha sowie vielen späteren ähnlichen Stellungnahmen belegen dies die Erfahrungen der letzten Jahre, nach welchen die Hizbullah zwar kontinuierlich mächtiger wurde, diese Macht aber seit Ende des Bürgerkriegs bis zum heutigen Tage niemals nach innen ausgespielt hat.[94]

Das Ziel, den Libanon einer islamischen Ordnung zu unterwerfen, ist bei der Hizbullah niemals völlig aufgegeben worden und insofern auch noch immer präsent. Dennoch hat man dessen Erreichung unter ausdrücklicher An-

---

[91] Vgl. Hamzeh, 2004, S. 39ff.
[92] Rosiny, 2006, S. 22f.
[93] Ebd., S. 5.
[94] Hamzeh, 2004, S. 28ff.

erkennung der libanesischen Realitäten – also der facettenreichen konfessionellen Zusammensetzung des Libanon – bewusst in eine ferne und unbestimmte Zukunft verschoben und mithin gewissermaßen auf eine utopische Idealvorstellung reduziert. In ihrem Wahlprogramm für die Parlamentswahlen von 1992 sind die Errichtung einer islamischen Theokratie – sowie im Übrigen auch die Vernichtung Israels und die Bestrafung der Phalange – bereits mit keinem Wort mehr erwähnt.[95] Im Programm von 1996 lautet eines der postulierten Ziele stattdessen: „Erreichung von Gleichheit und Errichtung des gerechten Staates".[96] Im Einzelnen werden dann primär die entscheidenden Elemente – also vor allem die Institutionen und Kontrollmechanismen – eines nicht nur nominellen, sondern wahrhaftig sozial-demokratischen Modells (im Gegensatz zu einer derzeit als korrupt und ungerecht bewerteten Demokratie des Libanon) eingefordert.[97] Dieses pragmatische Arrangement ist als eine der Hauptvoraussetzungen für das erfolgreiche Einschlagen eines integrativen gesellschaftspolitischen Kurses der Hizbullah festzuhalten, dessen ausführliche Darstellung und Untersuchung am Ende dieses Kapitels unternommen werden wird.

Ideologie und Organisationsstruktur

Die Punkte Ideologie und Organisationsstruktur werden hier gemeinsam abgehandelt, zumal sich die Kommandostruktur der Hizbullah nicht eindeutig von ihrer Ideologie abgrenzen und somit auch nur eingeschränkt erklären ließe. Dies wiederum begründet sich vor allem in der islamistischen Weltanschauung der Gruppierung, nach welcher der Islam sämtliche öffentlichen und privaten Aspekte des Lebens und folglich auch Religion und Politik gleichermaßen vollumfänglich abdeckt und betrifft.

Die Bezeichnung; „Hizbullah" wurde von den Gründungsmitgliedern mit der Zustimmung bzw. Empfehlung Ayatollah Khomeinis gewählt. Sie stammt ursprünglich aus folgendem Vers (arab.: *Aya*) aus dem Koran, dessen letzter Abschnitt sich in seiner arabischen Originalform im oberen Teil des Emblems der Bewegung wiederfindet:[98]

---

[95] Siehe Hizbullah´s 1992 Election Programme, abgedr. in: Qassem, 2005, Anhang, S. 271-277.
[96] Siehe Hizbullah (Hrsg.): The Electoral Program of Hizbullah. 1996, Beirut, Hizbullah-Kommunique/Al-Manar, 20.06.1996.
[97] Vgl. ebd.
[98] Der Satz im unteren Teil des Logos lautete ursprünglich: „Die Islamische Revolution im Libanon". Da die Hizbullah seither zunehmend von dem Ziel, in absehbarer Zeit eine islamische Theokratie im Libanon zu errichten, abgerückt ist, wurde zwischenzeitlich konsequenterweise auch dieser Schriftzug verändert. Heute steht dort: „Der Islamische Widerstand im Libanon". Vgl. Rosiny, 1996, S. 130, (FN 41).

"Wenn sich jemand Gott und seinem Gesandten [der Prophet Muhammad] und denen, die glauben, anschließt (hat er die rechte Wahl getroffen). Die auf Gottes Seite stehen [die Partei Gottes], werden Sieger sein."[99]

Der Begriff Hizbullah ist dabei folgerichtig in diametraler Abgrenzung zur ebenfalls dem Koran entnommenen Bezeichnung „Partei des Teufels" (arab.: *Hizb al-Shaytan*) zu verstehen. Dieser bereits mit der eigenen Namenswahl geschehene, zwar indirekte, aber trotzdem deutliche Verweis auf das Vorhandensein eines klaren Feindbildes betont den inhärenten Konfrontationscharakter der Organisation,[100] was sich in der primären Selbstwahrnehmung als Widerstands- und Reformbewegung sowie in einem dementsprechenden Gebaren der Hizbullah in der Praxis, wenn auch in unterschiedlichen, an dieser Stelle nicht zu bewertenden Manifestationen bis heute klar beobachten lässt.

Die Hizbullah betrachtet sich selbst als eine Massenbewegung gläubiger Muslime und somit als einen organischen Teil der weltweiten muslimischen Gemeinde (arab.: *Umma*).[101] Zugleich sieht sie sich aber auch als Weltbewegung der Entrechteten, Unterdrückten und Beraubten (arab.: *mustad'afin*) gegen den Imperialismus und Zionismus der „Arroganten" (arab.: *mustakbirin*), weshalb sie bereits von Anfang an die solidarische Zusammenarbeit mit Sunniten wie Nicht-Muslimen in Aussicht gestellt und forciert hat. So ruft sie bereits in ihrem Offenen Brief von 1985 auf zur Bildung einer

„Weltfront [...] die alle Befreiungsbewegungen mit dem Ziel vereint, all ihre Aktivitäten zu koordinieren, um ihre Effizienz zu steigern und sich auf die Schwäche ihrer Feinde zu konzentrieren."[102]

Für die Hizbullah steht der transnationale Charakter dieser Identitäten in keinerlei Widerspruch zu anderen, zeitgleich beanspruchten Teilidentitäten, wie etwa jener einer nationallibanesischen politischen Partei. Im Gegenteil scheint man sie eher als komplementär zu betrachten, wobei man je nach Situation

---

[99] Siehe Koran, *Surat al-Ma'ida* (dt.: [die] Sure[:] Der Tisch), 5: 56, zitiert nach Paret, Rudi: Der Koran. Übersetzung von Rudi Paret, Stuttgart, Kohlhammer Verlag, 2004 (1979), S. 85; Vgl. Hamzeh, 2004, S. 25.
[100] Vgl. Qassem, 2005, S. 67.
[101] Siehe Sankari, 2005, S. 199.
[102] Siehe Hizbullah, 1985, S. 40, zitiert nach Rosiny, 2006, S. 2.

„zwischen der 'Weltfront der Entrechteten' [...], der gesamtislamischen Gemeinde [...], der schiitischen Schicksalsgemeinschaft, der Gemeinschaft der Schiiten im Libanon und der libanesischen Nation [...] zu alternieren"[103]

bzw. unterschiedlich zu gewichten in der Lage ist. Die von ihr benutzte revolutionäre und antiimperialistische Rhetorik im Zusammenspiel mit ihrer sozialen Ausrichtung verleiten derweil viele Wissenschaftler zu der Auffassung, die Hizbullah wäre ideologisch eher eine marxistisch-leninistische als eine in diesem Sinne islamische Erscheinung.[104] In diesem Kontext taucht auch immer wieder der Begriff „islamischer Sozialismus" auf. Es wird sich hier allerdings Hamzeh angeschlossen, wenn er derartige Vermutungen zurückweist, indem er sinngemäß postuliert, dass

„die Partei nicht ein Segment der schiitischen oder muslimischen Gemeinde zum Klassenkampf gegen ein anderes aufruft, [sondern] Vielmehr [...] zum Erreichen der Aufhebung aller Klassenunterschiede durch die gerechte islamische Ordnung."[105].

Zudem gestattet der Islam im Unterschied zur klassischen staatssozialistischen Doktrin (wie sie dem Anspruch nach etwa in der DDR zum Ausdruck kam), prinzipiell auch Privatpersonen finanziellen Reichtum, wenngleich nur unter stark reglementierten Voraussetzungen. So ist es gläubigen Muslimen verboten, solchen durch monopolistische Stellungen, Wucher oder Unehrlichkeit anzuhäufen. Auch sollte das Wohl der Umma stets ausreichend berücksichtigt werden. Demnach lässt sich sagen, dass die – vor allem durch eine parallele Verwendung spezifischer marxistisch geprägter Kampfbegriffe – sozialistisch anmutenden Eigenschaften und Ansichten der Hizbullah (wie ihr Streben nach weltweiter sozialer Gerechtigkeit) sich vielmehr aus fundamentalen Glaubensinhalten des Islams als durch die Adaption marxistischer Basiselemente ergeben.[106]

Die Kommandostruktur der Organisation gestaltet sich hierarchisch. Ihre Führungsriege besteht hauptsächlich aus hochrangigen islamischen Klerikern. An oberster Stelle steht dabei – unter Gott – der nach Khomeinis Lehre höchste schiitische (bzw. nach dieser Sichtweise zugleich gesamtislamische) rechtsgelehrte Theologe (arab.: *Wali al-Faqih*). Im Unterschied zum

---

[103] Siehe Rosiny, 2006, S. 17.
[104] Vgl. Ebd., 1996, S. 24.
[105] Siehe Hamzeh, 2004, S. 42.
[106] Ebd., S. 42f.

traditionell höchstrangigen rein spirituellem Amt, der „Quelle religiöser Imitation" (arab.: *Marja' al-Taqlid*) für die Gläubigen, repräsentiert der Wali al-Faqih primär den politisch-religiösen Führer der Umma, der die generelle Richtung der Politik einer oder mehrerer Scharia-konform regierter Nationen bzw. Regime zu bestimmen hat und vor allem „heilige Urteile" aussprechen kann. In diesen Urteilen bzw. in seiner allgemeinen Interpretation des Korans und anderer Quellen der Scharia (arab.: *Ijtihad*) gilt der Wali al-Faqih als nahezu unfehlbar, womit er für die Gläubigen einen ähnlichen Stellenwert besitzt wie die zwölf unfehlbaren Imame (angefangen bei Imam Ali bin Abi Taleb bis hin zum im Jahre 874 in die Entrückung verschwundenen Imam al-Mahdi) und er folgerichtig im Zweifelsfall alle anderen, in diesem Sinne fehlbaren islamischen Geistlichen und/oder Theologen (arab.: *Ulama*) und Rechtsgelehrten (arab.: *Fuqaha*) anleiten darf. In der Tat wird er von vielen gar als legitimer und direkter Stellvertreter des Imam al-Mahdi betrachtet, welcher bis zu dessen erwarteter Wiederkehr die Umma vor Feindseligkeiten und Angriffen zu schützen und ihre Geschicke in die rechte und gerechte Richtung zu lenken hat.[107] Es ist möglich, dass die Ämter des Wali al-Faqih einerseits und des Marja'al-Taqlid andererseits durch dieselbe Person verkörpert werden, was etwa bei Ayatollah Khomeini seit seiner Machtübernahme im Iran und später auch bei Ali Khamenei der Fall war.

Obwohl Khomeinis Lehre eine signifikante Zunahme von Kompetenzen sämtlicher Ulama und Fuqaha bewirkte, neutralisierte sie zugleich ein seit dem mysteriösen Verschwinden des Imam al-Mahdi gängiges schiitisch-theologisches Prinzip, nach dem kein Marja' jemals weisungsbefugt gegenüber einem anderen Marja' sein konnte.[108] Unter Schiiten ist Khomeinis Theorie heute weitgehend akzeptiert, wodurch die Autorität anderer schiitisch-islamischer Würdenträger großenteils untergraben wurde. So geschehen mit Sayyid Ayatollah Muhammad Husayn Fadlallah, der als höchster schiitischer Geistlicher des Libanon nach traditioneller Praxis eigentlich der erste Ansprechpartner in sämtlichen konfessionell-politischen Belangen sein müsste.

Ein Disput zwischen Fadlallah und Khamenei nach dem Tod Khomeinis führte jedoch zu einer gespaltenen Orientierung der individuellen Hizbullah-Mitglieder zu ihrer obersten religiösen Führung. Als Ergebnis dessen richtet sich heute der überwiegende Teil der Hizbullah inklusive des Führungsstabes nach Khamenei aus, wobei es immer noch eine relativ hohe Zahl von Anhängern Fadlallahs[109] sowie auch anderer bedeutsamer Marjas gibt.[110] Diese lediglich im Detailbereich anzusiedelnde Spaltung, die zu keiner Zeit

---

[107] Vgl. Qassem, 2005, S. 53.
[108] Vgl. ebd, S. 50ff; Sankari, 2005, S. 176ff, 199, 256ff;

erkennbare negative Auswirkungen auf die allgemeine Fraktionsdisziplin der Organisation hatte, soll allerdings nicht suggerieren, Ayatollah Fadlallah wäre nicht immer noch einer der wichtigsten Ansprechpartner der Hizbullah-Mitglieder – auch für ihre Führung.[111]

Derzeit wird der Wali-al-Faqih durch den iranischen Revolutionsführer und Nachfolger Khomeinis, Ali Khamenei, repräsentiert. Diesem zumindest in juristisch-theologischen Belangen unterstellt, besteht die höchste direkte Entscheidungs- und Führungsebene der Hizbullah aus einem siebenköpfigen Kommandorat (arab.: *Majlis al-Shura*), welcher sich derzeit aus sechs islamischen Klerikern und einem Laien zusammenzusetzen hat.[112] Sie alle werden durch den Zentralrat (arab.: *Majlis al-Markazi*), einer aus rund 200 verdienten Mitgliedern bestehenden ad hoc-Versammlung, jeweils für eine Periode von drei Jahren gewählt. Der Majlis al-Shura wiederum wählt (bzw. ernennt wohl eher) dann einen Generalsekretär und dessen Vertreter sowie je einen Vorsitzenden für die fünf verschiedenen Räte des Exekutivapparates aus seiner Mitte.

Aktueller Generalsekretär und einflussreichstes Mitglied der Partei Gottes ist seit der Exekution seines Vorgängers Sayyid Abbas al-Musawi im Jahre 1992 Sayyid Hasan Nasrallah. Sein Stellvertreter ist Shaykh Naim Qassem. Die weiteren Mitglieder des Majlis al-Shura und zugleich Vorsitzenden der fünf Räte waren zumindest bis 2004 noch Shaykh Muhammad Yazbak, Sayyid Hashem Safi al-Din, Sayyid Ibrahim Amin al-Sayyid, Sayyid Jawad Nour al-Din und – als einziger Laie – Hajj Husayn Khalil.[113]

Die Entscheidungen im Majlis al-Shura werden entweder einstimmig oder nach dem Mehrheitsprinzip gefällt. Bei Uneinigkeit wird der Wali-al-Faqih als Schiedsstelle angerufen. In einem solchen Falle ist dessen letzte Entscheidung unanfechtbar. Beschlüsse des Majlis al-Shura sind endgültig

---

[109] Die Anhänger Fadlallahs innerhalb der Hizbullah lassen sich vor allem unter den ehemaligen Mitgliedern der Hizb al-Da'wah al-Islamiyyah ausmachen. Vgl. Sankari, 2005, S. 286.
[110] Hier ist vor allem der im Irak ansässige Sayyid Ali al-Sistani anzuführen. Siehe Rosiny, 2006, S. 15.
[111] Vgl. ebd., S. 7, 15; Hamzeh, 2004, S. 28ff.
[112] Für die Zusammensetzung des Majlis al-Shura gibt es einen gestatteten Spielraum von mindestens einem bis zu maximal drei Laien, wobei sich die Anzahl der Kleriker im Hinblick auf die feststehende Gesamtmitgliederzahl von sieben gegebenenfalls dementsprechend zu verschieben hat. Hamzeh, 2004, S. 45ff.
[113] Ob sich an der Zusammenstellung der fünf Personen neben Nasrallah und Qassem bis heute etwas verändert hat, konnte der Verf. keine gesicherten Informationen beschaffen. Wenn man Hamzehs Angaben über die Wahlzyklen und -termine des Majlis al-Shura folgt und die von ihm angegebenen Mitglieder 2004 „gewählt" wurden - was nicht ganz klar wird -, so müssten sie noch mindestens bis 2007 amtiert haben. Vgl. ebd., S. 45ff.

und für sämtliche Mitglieder der Hizbullah religiös bindend.[114] Trotz dieser sich in der Autorität und absoluten Weisungsbefugnis des Majlis al-Shuras widerspiegelnden, eindeutig zentralistischen Grundstruktur der Hizbullah greift die Organisation auch auf dezentrale Strukturen zurück, wenn dies wie im operativen Militär-Sektor nötig erscheint.[115]

Die fünf Räte des Exekutivapparates sind mit staatlichen Ministerien vergleichbar und gliedern sich dementsprechend nach Politikfeldern und Zuständigkeiten. Die Hizbullah unterteilt hier zwischen 1. juristischen Angelegenheiten, 2. parlamentarischen Angelegenheiten, 3. dem Exekutivrat (arab.: *Majlis al-Tanfizi*) mit diversen Abteilungen für u.a. Sozial-, Bildungs-, Gesundheits-, Arbeits-, Finanz- und Außenpolitik, 4. Public Relations (Politbüro) und 5. Jihad.[116] Der Exekutivrat und das Politbüro sind derweil nicht nur die ältesten, sondern im Hinblick auf ihre Kompetenzen zugleich auch die mächtigsten dieser Instanzen.[117]

Die geschätzte, jährlich durch den Iran an die Hizbullah ausgeschüttete Fördersumme beträgt nach Hamzeh in etwa 1 Mrd. US-Dollar, wobei Rosiny bereits 1996 postuliert, dass „die Subventionen aus dem Iran […] in den letzten Jahren wegen der dortigen prekären Wirtschaftslage drastisch zurück [gingen]".[118] Nicht eingerechnet ist hier die ebenfalls jährlich für Militär und Sicherheit bereitgestellte Summe, von welcher man annimmt, dass sie höher ist. Außer durch den Iran finanziert sich die Hizbullah noch mindestens durch drei weitere Quellen:

> Die traditionell festgelegten Abgaben gläubiger (hier schiitischer) Muslime von einem Fünftel ihres jährlichen Einkommens (arab.: *Khums*) an die (dem Umfeld der Hizbullah zuzurechnende) Gemeinde.

> Die Einnahmen aus eigenen kommerziellen Unternehmungen, wie diversen Supermärkten, Tankstellen, Kaufhäusern, Reise-Agenturen/Büros sowie Hoch- und Tiefbau-Firmen.

---

[114] Neben dem Majlis al-Shura existieren noch drei regionale Shura-Versammlungen, nämlich für Beirut (inklusive Dahiyeh), die Bekaa-Ebene und den Südlibanon, wobei sich eine genauere Ein- und vor allem Abgrenzung von deren Kompetenzen (zu denen des Majlis al-Shura) alleine aus den dem Verf. zugänglichen Informationen nicht zufriedenstellend ableiten lässt. Vgl. ebd., S. 44f; Rosiny, 1996, S. 130.

[115] Etwa ab Beginn der 1990er Jahre übertrug die Hizbullah-Führung ihrem Islamischen Widerstand relativ autonome Entscheidungskompetenzen, so dass dieser in der Folge besser auf die sich schnell verändernden Realitäten und Entwicklungen an der Front im Südlibanon reagieren konnte, ohne zwangsläufig auf Anweisungen aus Beirut warten zu müssen. Jaber, 1997, S. 38f; Vgl. Qassem, 2005, S. 69ff.

[116] Hamzeh, 2004, S. 44ff.

[117] Vgl. ebd., S. 49; Rosiny 1996, S. 131.

[118] Siehe Rosiny 1996, S. 136; Hamzeh, 2004, S. 63.

Spenden von privaten, teils sehr vermögenden Förderern sowie verschiedensten Firmen und Vereinigungen.[119]

Nicht wenige Analysten gehen davon aus, dass die Hizbullah mittlerweile einen Punkt erreicht hat, an welchem sie theoretisch selbst ohne die Subventionen aus dem Iran überlebensfähig sei, wobei deren komplette Streichung es ihr nach Ansicht des Verf. doch sehr erschweren würde, all ihre Betätigungen und Leistungen aufrecht zu erhalten.[120]

Die Klientel der Hizbullah weist heute, auf europäische Verhältnisse übertragen, eine ähnliche strukturelle Zusammensetzung auf wie die größeren christlich-konservativen Volksparteien (etwa die deutsche CDU). Zu ihren Anhängern und Unterstützern zählen somit Libanesen aus allen sozialen Klassen, politischen Ausrichtungen (mit Ausnahme pro-israelischer) und Konfessionen und sogar Atheisten, wobei der Hauptteil ihrer Basis sich noch immer überwiegend aus der mehrheitlich schiitischen und größtenteils devoten Unterklasse des Landes rekrutiert.[121] Lara Deeb hält fest: „Die verschiedenen Libanesen finden verschiedene Aspekte der Partei, aus verschiedenen Gründen ansprechend."[122] Daher ist es auch korrekt, die Hizbullah als politische Mainstreampartei zu bezeichnen.

Branchen außerhalb des Libanon unterhält die Hizbullah allen glaubwürdigen, vorliegenden Informationen zufolge nicht. Berichte von angeblich in den USA (oder auch anderswo) aufgebauten Terror-Zellen der Hizbullah, wie sie etwa in der schon fast belletristisch anmutenden Enthüllungs-Story der US-amerikanischen Journalisten Tom Diaz und Barbara Newman; „Lightning out of Lebanon. Hezbollah Terrorists on American Soil"[123] zu finden sind, entbehren jeder wissenschaftlichen Grundlage. Emanationen mit derselben Namensgebung, wie sie im Iran und der Türkei vorkommen, oder auch die erst in jüngster Zeit – offensichtlich aus solidarischer Begeisterung von sich in Lateinamerika befindlichen Muslimen für die Mujaheddin des libanesischen Islamischen Widerstandes – gegründeten Hizbullah La-

---
[119] Hamzeh, 2004, S. 63f.
[120] Ebd., S. 150.
[121] Vgl. Rosiny, 1996, S. 159ff.
[122] Siehe Deeb, Lara: Deconstructing a 'Hizbullah Stronghold', S. 121, in: The MIT Electronic Journal of Middle East Studies, Vol. 6, Sommer 2006, S. 115-125.
[123] Der Charakter dieses Buches wird in einem Eingangskommentar von Neil C. Livingstone so beschrieben: „eine Kombination von wahrer Kriminal-Story, Abenteuergeschichte und eines Weckrufes für Amerika". Seitens Senator Joe Lieberman heißt es da zudem: „Ein Augenöffner [...] liest sich wie ein Roman". Es sollte auch bemerkt werden, dass dieses 250 Seiten starke Enthüllungswerk mit nur neun Quellverweisen und völlig ohne Literaturliste auskommt. Siehe Diaz, Tom; Newman, Barbara: Lightning out of Lebanon. Hezbollah Terrorists on American Soil, New York, Presidio Press, 2006 (2005).

teinamerika und Hizbullah Venezuela[124] haben außer eventuellen, nicht auszuschließenden diplomatischen Kontakten organisatorisch oder gar operativ (wie dies im Falle der iranischen Hizbullah, insbesondere in medialen Darstellungen oft gemutmaßt wird) nichts miteinander zu tun.

Qassem zufolge war es eine bewusste Entscheidung der Partei, „die Hizbullah-Erfahrung", wie er es ausdrückt, nicht zu exportieren. Als offizielle Beweggründe hierfür nennt er im Kern:

Den spezifisch libanesischen Charakter der Hizbullah-Erfahrung, welcher nicht ohne Weiteres auf andere nationale Kontexte übertragbar sei, weshalb es dementsprechend die Verantwortung des jeweiligen Volkes einer Nation sei, eine den spezifischen Erfordernissen ihrer Heimat angepasste, eigene islamische Partei zu gründen. Die Option, sich gegebenenfalls mit der Hizbullah über vereinzelte Fragestellungen auszutauschen, wird zugleich ausdrücklich angeboten.

Die Möglichkeit, dass es in einem solchen Land bereits eine oder mehrere islamische Parteien geben könnte, die den Aufbau einer Hizbullah-Zweigstelle als störend empfinden könnten, was wiederum zu internen Disputen bei der islamischen Bewegung führen und somit der Erreichung der für den jeweiligen Kontext relevanten, politischen Veränderungen im Wege stehen würde. Zudem bestünde auch die Gefahr einer negativen Reaktion der dortigen Staatlichkeit auf eine importierte, neue Partei, die somit bereits in ihrem Aufbaustadium in ihrer Entwicklung behindert, wenn nicht gar gänzlich aufgehalten werden könnte.

Diejenigen Personen, die eine solche Zweigstelle aufbauen würden, befänden sich hierbei in einer Entwicklungsphase, deren Level auf keinem Gebiet die Anstrengungen und Erfolge der Hizbullah im Libanon akkurat widerspiegeln würde. Dies könnte leicht zu einem falschen oder unvollständigen Bild der Hizbullah im Ganzen führen, was wiederum negative Rückwirkungen für die Parteiführung hätte, die in einem solchen Fall schließlich auch die Verantwortung für ihre Branchen übernehmen müsste.[125]

Die derzeitige Mitgliederzahl der Organisation beläuft sich nach vorsichtigen Schätzungen auf mindestens 200.000,[126] womit die Hizbullah die zahlenmäßig größte aller libanesischen politischen Parteien und sonstigen Fraktionen

---

[124] Vgl. Karmon, Ely: Hezbollah America Latina: Strange Group or Real Threat?, International Institute for Counter-Terrorism, Herzliya, 14.11.2006.
[125] Siehe Qassem, 2005, S. 224f.
[126] Siehe Hamzeh, 2004, S. 145.

(inklusive Amal) darstellt. Da eine militärische Ausbildung im Falle des üblichen „vertikalen Einstiegs" zwingende Beitrittsvoraussetzung ist, ist jedes ihrer Mitglieder zugleich ein potenzieller Soldat und somit – nach der Parteiphilosophie – grundsätzlich bereit, gegebenenfalls den Märtyrertod (arab.: *shahadah)* zu sterben. Eine seltene Ausnahme hiervon bildet die „horizontale Einstiegsmöglichkeit", bei der ein potenzielles Mitglied zumeist aufgrund besonderer Qualifikationen – allerdings nur unter ganz bestimmten und streng reglementierten Voraussetzungen – ohne eine militärische Grundausbildung aufgenommen werden kann. In sdiesem Fall muss der betroffene Neuzugang in der Regel nicht den normalen Aufstiegsweg durch die hierarchischen Strukturen der Hizbullah durchlaufen, sondern wird direkt mit einer Aufgabe innerhalb des Exekutivapparates betraut. Obwohl es solche Fälle bereits gegeben hat, sind sie doch äußerst selten und hier primär der Vollständigkeit halber aufgeführt.[127]

Militär und Sicherheit

Der gesamte Militär- und Sicherheitskomplex der Hizbullah hat eine seit jeher nahezu unsichtbare, streng geheime Organisationsstruktur und untersteht direkt dem Majlis al-Shura. Er besteht aus einem Parteisicherheitsdienst (arab.: *Amn al-Hizb)* zum einen und dem bereits erwähnten Islamischen Widerstand zum anderen. An festem Personal – in Abgrenzung zur potenziellen Einsetzbarkeit sämtlicher Mitglieder – beläuft sich die aktuelle Zahl der Kämpfer des Islamischen Widerstandes nach Schätzungen auf mindestens 20.000 und jene der Sicherheitskräfte auf mindestens 5.000.[128]

Amn al-Hizb funktioniert in vieler Hinsicht ähnlich wie ein Geheimdienst. Er ist für die innere und die äußere Sicherheit der Partei zuständig und es spricht für seine Effizienz, dass die Hizbullah unter ihren Feinden als nicht infiltrierbar gilt. Lange Zeit war quasi nichts, und noch immer ist nur wenig über ihn bekannt. Soweit man weiß, wird er stets von einem Mitglied geleitet, dessen Integrität und Loyalität gegenüber dem Majlis al-Shura und speziell dem Generalsekretär außer Frage stehen und der wie alle Mitarbeiter des Amn al-Hizb für die meisten anderen Hizbullah-Mitglieder unsichtbar ist.[129]

Entsprechend seiner Aufgabenstellung betätigt er sich wohl hauptsächlich mit der Prävention einer möglichen Infiltrierung der Partei durch feindliche Dienste. Er soll aber auch bereits initiativ und dabei teilweise sehr er-

---
[127] Ebd., S. 74ff.
[128] Siehe ebd., S. 74.
[129] Siehe ebd., S. 72f.

folgreich Operationen gegen Israels Geheimdienste durchgeführt haben.[130] Es wird gemutmaßt, dass er in enger Verbindung zum iranischen Geheimdienst *VEVAK* steht.[131] Für die von manchen Autoren vertretene These, der Amn al-Hizb unterhalte Zellen im internationalen Ausland, gibt es weder Beweise noch konkrete Indizien.[132]

Al-Muqawamah al-Islamiyyah ist für den militärischen Kampf gegen Israel zuständig. Nach Hamzeh lässt er sich in eine Rekrutierungs- und eine Kampf-Sektion unterteilen. In der ersten Sektion werden die Rekruten vornehmlich mit der Ideologie und Hierarchie der Hizbullah vertraut gemacht bzw. indoktriniert. Der von den Schiiten besonders tief verehrte dritte Imam Husayn (ein Enkel des Propheten Muhammad) und dessen Märtyrertum nehmen hierbei vor allem wegen ihrer starken Symbolkraft einen besonderen, Vorbildfunktion erfüllenden Platz ein. In der zweiten, der Kampf-Sektion werden die Rekruten sowohl in den verschiedenen militärischen Disziplinen (inklusive Nahkampf und gegebenenfalls unterschiedlichsten Spezialausbildungen) als auch in medizinischen Grundlagen geschult. Das jeweilige Abschneiden der ausgebildeten Kämpfer entscheidet dann über deren Einsatzgebiet bzw. Waffengattung.[133] Die Soldaten der Hizbullah tragen Uniformen und Rangabzeichen nach militärischen Standards.

Ein Hauptgrund für das organisatorisch reibungslose Funktionieren der Guerilla-Kriegsführung des Islamischen Widerstandes liegt sicherlich in dessen semiautonomen Kommando-Strukturen, die in dieser Form in etwa ab Anfang der 1990er Jahre eingeführt wurden und sich bewährt zu haben scheinen. So operiert man seither, aus dieser Sicht erfolgreich, mit einer Vielzahl von festen, in sich geschlossenen Kampfverbänden, die gegebenenfalls vollkommen unabhängig voneinander jederzeit kurzfristig einsatzbereit sein können. Diese stehen im Ernstfall ausschließlich mit ihrem sektoralen Befehlshaber in direktem Kontakt, welcher wiederum nur durch einen regionalen Kommandeur in Kontakt mit dem militärischen Hauptquartier steht. Von hier aus werden die Strategien und Einsatzbefehle an die einzelnen Gruppen delegiert, wobei die verschiedenen Instanzen allesamt auch über bedingte eigene Entscheidungskompetenzen verfügen, um im Zweifelsfall schnell und unkompliziert handlungsfähig zu sein. Wenn also ein solcher

---

[130] Vgl. Palmer-Harik, 2004, S. 130f.
[131] Nach Angaben von Shaul Shay wurde der SAVAMA – wie der iranische Geheimdienst seit der islamischen Revolution ursprünglich hieß – im Jahre 1984 in VEVAK umbenannt und sein Kompetenzbereich zugleich erheblich erweitert. Siehe Shay, Shaul: The Axis of Evil. Iran, Hizballah, and the Palestinian Terror, Transaction Publishers, New Brunswick/London, 2005, S. 31.
[132] Vgl. Hamzeh, 2004, S. 72ff.
[133] Vgl. ebd., S. 70ff.

Kampfverband beispielsweise auf irgendeine Weise in seiner Mission scheitert oder einzelne Kämpfer lebendig in die Hände des Feindes gelangen, so hat dies darüber hinaus keinerlei Konsequenzen für weitere Kampfverbände, geschweige denn für die militärische Führung der Hizbullah.[134]

Über die Bewaffnung des Islamischen Widerstandes gibt es aufgrund der strengen Geheimhaltung, der dieser Bereich aus nahe liegenden strategischen Gründen nach wie vor unterliegt, keine präzisen Angaben. Die einigermaßen verlässlichen, vorliegenden Informationen werden von der Hizbullah-Führung zudem immer wieder bewusst öffentlich infrage gestellt und somit weiterhin verschleiert. Die folgenden Angaben sind daher unter Vorbehalt zu betrachten.

Zur Standardausrüstung eines Hizbullah-Kombattanten gehört neben Uniform und Feldzubehör in der Regel das US-amerikanische Sturmgewehr M-16 und/oder das AK-47 russischer oder chinesischer Bauart. Darüber hinaus verfügt die Hizbullah an leichten Waffen neben Handgranaten und Mörsern vermutlich auch über sowjetische RPG (Granatwerfer) und vielleicht über US-amerikanische (Boden-Luft) Stinger-Raketen.[135]

Die schweren Waffen der Hizbullah stellen derweil (wie zum Teil auch die leichten) großenteils ein Konglomerat aus den verschiedensten Produkten, die während des libanesischen Bürgerkrieges aus der ganzen Welt in den Libanon exportiert worden sind, dar. Teilweise wurden diese Waffen damals von der Hizbullah bei den verschiedenen, seinerzeit in Beirut ansässigen Waffenhändlern eingekauft,[136] teilweise wurden sie aus Syrien und dem Iran geliefert und teils wurden sie in Gefechten vom Gegner erbeutet. Hier sind u.a. vereinzelte, von der Südlibanesischen Armee und den Israelis erbeutete und/oder von Syrien überlassene Panzer unterschiedlichen Typs zu nennen. Palmer-Harik berichtet davon, dass während der israelischen Besatzungszeit ein sowjetischer T-55 von Hizbullah-Partisanen zum Schutz vor israelischem Radar in einer Höhle versteckt worden sei, der, monatelang unentdeckt, in unregelmäßigen Abständen auf israelische Positionen gefeuert habe.[137] Nach dem Abzug Israels aus nahezu dem gesamten Libanon im Jahre 2000 soll die Hizbullah die meisten dieser Panzer an die libanesische Armee übergeben haben,[138] wobei zumindest einige – aller Wahrscheinlichkeit nach untaugliche – als Hizbullah-Denkmäler und Heldengedenktafeln verbaut wurden.[139]

---

[134] Ebd., S. 71. Vgl. Jaber, 1997, S. 38f; Qassem, 2005, S. 69ff.
[135] Vgl. Hamzeh, 2004, S. 71.
[136] Qassem, 2005, S. 70.
[137] Siehe Palmer-Harik, 2004, S. 132.
[138] Siehe Interview des Verf. mit anonym (4), Beirut, 31.01.2007, S. 7.
[139] Beobachtungen des Verf. Im Libanon.

Hizbullah-Denkmal nahe Bint Jbeil: „*Die Stadt der Loyalität...wird loyal bleiben...Eure Eminenz...*" (gemeint ist H. Nasrallah). Auf dem Panzer steht: „*Kriegsbeute der Mudjaheddun*"

Ob die Hizbullah darüber hinaus heute noch Panzer für ihren operativen Militärsektor unterhält, ist nicht klar zu sagen. Mit Sicherheit jedoch stellen solche, falls vorhanden, keine strategisch relevante Ressource dar. So schreibt auch Qassem, rückblickend auf den Kampf gegen die Südlibanesische Armee und die Israelis in der ehemaligen Sicherheitszone:

„Kampfausrüstung wurde einfach [...] transportiert und versteckt. Es gab keinen Bedarf nach Panzern oder schwerer, feststehender Artillerie, die zu leicht das Ziel von Flächenbombardements hätte werden können"[140]

Des Weiteren ist die Hizbullah mit Sicherheit im Besitz einer unklaren Zahl von veralteten, aber funktionstüchtigen, unbemannten Aufklärungsdrohnen des iranischen Typs Ababil.[141]

---

[140] Siehe Qassem, 2005, S. 70.
[141] Hoelzgen, Joachim: Libanon-Mission. Hisbollahs Hightech-Waffen gefährden Deutsche Marine, Hamburg, Spiegel-Online, 15.09.2006.

Das eigentliche Drohpotenzial der Partei Gottes wird allerdings durch ihr – für eine Guerilla-Armee erstaunlich umfangreiches – Raketenarsenal verkörpert, mit welchem auch während des letzten Krieges, vom 12. Juli bis zum 14. August 2006, nahezu kontinuierlich der Norden Israels unter Beschuss genommen wurde, vor allem, um die israelische Führung unter Druck durch ihre eigene Bevölkerung zu setzen. Hierzu zählen nach israelischen Angaben mindestens 12.000 Raketen unterschiedlichen Typs, von denen wiederum die meisten nicht lenkbare sowjetische Katjuschas der Kaliber 107 und 122 mm sein sollen. Ferner soll die Hizbullah denselben Angaben nach auch im Besitz von zwischen 30 und 100 iranischen Zelzal-2 (Kaliber 610 mm; 3,5 t; ca. 200 km Reichweite), mehreren hundert iranischen Fajr-5 (Kaliber 333 mm; ca. 20 km Reichweite) und vermutlich auch einer unklaren Zahl Fajr-3 sowie der auf chinesischer Technologie basierenden, iranischen Boden-See-Rakete FL-10 (ca. 14,5-29 km Reichweite) und des chinesischen, radargesteuerten Marschflugkörpers C-802 (Seidenraupe) sein.[142]

Die soziale Komponente

Der überwiegend für soziale Angelegenheiten zuständige Exekutivrat hat, nur knapp nach dem Militär- und Sicherheitsapparat, den größten Umfang sowie das höchste Budget sämtlicher Abteilungen der Hizbullah. Diese sich aus der islamischen Ideologie der Gruppe erklärende Priorität drückt sich in zahlreichen bemerkenswerten Sozialprojekten aus und hatte maßgeblichen Einfluss auf den relativ hohen Grad ihrer Legitimität und Akzeptanz in der libanesischen Gesellschaft.[143] So ist die Hizbullah heute der mit Abstand größte Anbieter von Sozialleistungen und vielen anderen öffentlichen Diensten im Libanon. Die meisten dieser Leistungen sind unabhängig von der Konfession oder Herkunft, angefangen bei Trinkwasserversorgung und Müllbeseitigung in den von der Hizbullah dominierten Gebieten, über Katastrophenschutz,[144] Wiederaufbau und die Vergabe von Bildungsstipendien, bis hin zu modernster medizinischer Versorgung, jedem bedürftigen Menschen im Libanon und nicht etwa nur der schiitischen Stamm-Klientel zugänglich.[145]

---

[142] Siehe Blanche, Ed: A new kind of conflict, in: The Middle East, Nr. 370, Beirut, IC Publications, August/September 2006, S. 19.
[143] Palmer-Harik, 2004, S. 81ff. Vgl. Hamzeh, 2004, S. 45ff.
[144] So schreibt Rosiny diesbezüglich: „Bei der Schneekatastrophe in der Bekaa-Ebene im März 1992 gewann die Partei durch ihre prompte Hilfe an Ansehen, nachdem die zuständigen staatlichen Institutionen keine schnelle Unterstützung leisten konnten" Siehe Rosiny, 1996, S. 135.
[145] Ebd., S. 135.

Zu den eigenen Unternehmungen und Institutionen zählen Religions-, Berufs-, Grund- und weiterführende Schulen, Behindertenheime, Kranken- und Waisenhäuser, Apotheken (in denen Medikamente kostenlos oder -günstig an Bedürftige ausgegeben werden), eine Vielzahl an spezialisierten sozialen Verbänden für Frauen, Jugendliche oder Studenten etc., sowie mehrere religiöse Stiftungen zur Versorgung der Angehörigen von getöteten Kämpfern des al-Muqawamah al-Islamiyyahs.[146]

Das größte und umfangreichste sozial-karitative Suborgan der Partei bildet dabei die „Heilige Anstrengung für den Wiederaufbau" (arab.: *Jihad al-Bina'*). Diese weitgehend autonom arbeitende Division kümmert sich vor allem um den Wiederaufbau von zerstörten Gebäuden und Infrastruktur nach israelischen Bombardements, vergibt aber auch Kredite, leistet praktische technische Unterstützung und bietet Berufsbildungslehrgänge an. Heute stellt sie eine der umfangreichsten und effizientesten zivilen Nichtregierungsorganisationen (NGO) des Libanon dar.[147]

Besonders zugute kommt der Hizbullah in der öffentlichen Wahrnehmung, dass sie im Gegensatz zu ausnahmslos allen anderen Bürgerkriegsparteien niemals öffentliche Gelder unterschlagen hat, um solche sozialen Leistungen zu finanzieren. Die Subventionierung der Gruppe durch den Iran war nie ein Geheimnis. Auch durch diesen Umstand sowie durch ein insgesamt hochgradig diszipliniertes Verhalten ihrer Mitglieder genießt sie im gesamten Land unter Freunden wie Gegnern ein regelrechtes *„Mr. Clean image"*.[148]

Parlamentarische Parteiarbeit und Regierungsbeteiligung

In den Monaten August/September des Jahres 1992 hatte die Partei zum ersten Mal bei einer öffentlichen Wahl kandidiert und sofort einen beträchtlichen Erfolg erzielt. So erhielt sie als erste fundamentalistisch-islamische Partei in der libanesischen Parlamentsgeschichte acht der 27 für Schiiten reservierten Sitze. 1996 erreichte sie nur sieben, im Jahr 2000 bereits neun Sitze.[149] Bei den Wahlen vom Juli 2005 kam die Hizbullah dann sogar auf 14 Parlamentssitze und stellte seither – allerdings nur bis zum November 2006 – erstmalig in ihrer Geschichte auch zwei Minister, namentlich Muhammad Fneisch (Portfolio: Energie und Wasser) und Trad Hamadih (Portfolio: Arbeit), womit sie zwischenzeitlich offizieller Teil der Regierung des Li-

---

[146] Siehe ebd., S. 134.
[147] Hamzeh, 2004, S. 49ff.
[148] Siehe Palmer-Harik, 2004, S. 82f.
[149] Hamzeh, 2004, S. 112ff.

banon geworden war.[150] In den Kommunalwahlen schnitt sie seit Beginn ihrer Beteiligung jedes Mal als eine der insgesamt stärksten Parteien des Landes ab. Dabei konnte sie auch hier bis heute regelmäßig zulegen.[151]
Bereits nach den Parlamentswahlen von 2000 hatte die Hizbullah-Führung ihren Parlamentarischen Rat ins Leben gerufen, um den wachsenden Anforderungen des politischen Geschäfts zu entsprechen. Die Mitgliederzahl dieses Rates richtet sich nach der Anzahl gewählter Parlamentarier und setzt sich folgerichtig aus denselben zusammen. Die Entscheidung darüber, wer sich für die Partei zur Wahl aufstellen lassen darf und welche politischen Standpunkte die gewählten Abgeordneten gegebenenfalls zu vertreten haben, obliegt ausschließlich dem Majlis al-Shura. Somit spiegelt die Position der Hizbullah-Abgeordneten immer die Meinung und den Willen der Partei bzw. konkret des Majlis al-Shura wider und nicht zwangsläufig deren persönliche Ansichten.[152]

Medien

Eine weitere wichtige Division des Exekutivrates, die Informationsabteilung, ist zuständig für das eigene kleine Medienimperium der Hizbullah. Dessen Ausmaß spiegelt die herausragende Bedeutung, die die Organisation ihrer Bildungs- und Propagandaarbeit, dabei vorzugsweise den Massenmedien, beimisst. Hierdurch soll neben der generellen Verbreitung von Informationen die „Erziehung der Muslime zum gottgefälligen Leben"[153] unterstützt werden. Zugleich versucht man so auch dem westlichen „Nachrichtenmonopol" etwas entgegenzusetzen. Zu diesem Zweck unterhält die Organisation neben eigenen Bibliotheken, theologischen Instituten und diversen Bildungseinrichtungen allein fünf regelmäßig erscheinende Zeitungen und Zeitschriften, von denen die älteste und auflagenstärkste *al-Intiqad* (dt: Die Kritik) heißt.[154] Hinzu kommen im Bereich der Publikationen noch eine

---

[150] Während der Fertigstellung dieser Arbeit sind die Minister der Hizbullah aus Protest gegen die Regierung und ihrer Positionierung seit und teilweise während des letzten Krieges (Juli-August 2006) vorerst zurückgetreten. Für hier wiedergegebene und weitere Angaben zu den Parlamentswahlen 2005 sowie den Kommunalwahlen 2004 siehe Carnegie Endowment for International Peace/Fundación para las Relaciones Internacionales y el Diálogo Exterior, 2006, S. 14ff.
[151] Hamzeh, 2004, S. 122ff.
[152] Ebd., S. 68.
[153] Siehe Rosiny, 1996, S. 136.
[154] Al-Intiqad hieß ehem. *Al-Ahd* (dt: Der Vertrag) und erschien laut Rosiny zum ersten Mal im Juni 1984, Jorisch gibt allerdings 1982 als Gründungsjahr an. Die anderen Zeitschriften heißen *Al-Bilad* (dt: Das Land), *Al-Muntalaq* (dt: Die [korrekte] Ansichtsweise), *Al-Sabil* (dt: Der Pfad) und *Baqiatou Allah* (dt.: Gefäß Allahs auf Erden). Vgl. Hamzeh, 2004, S. 58; Jorisch, 2004, S. 26; Rosiny, 1996, S. 127.

Vielzahl theologischer Schriften zu allen möglichen zeitgenössischen Fragen wie „die Theorie der Politik im Islam, das islamische Wirtschaftssystem oder die Rolle der Frau in der islamischen Gesellschaft".[155] Auch regelmäßige Flugblätter, Presseverlautbarungen und schließlich die unzähligen Straßentransparente, Plakate (häufig mit der Abbildung von „Märtyrern des Widerstands") und an Häuserwände gesprühte Parolen sind hier zu nennen.

Konkrete und differenzierte politische Stellungnahmen der Hizbullah in publizierter Form waren zu Beginn eher die Ausnahme, haben aber ab Ende der 1980er Jahre stark zugenommen und stellen heute eines der wichtigsten Beschäftigungsfelder auf diesem Gebiet dar. Viel Aufmerksamkeit wird ferner den Märtyrerbiografien gewidmet, die Rosiny gar als „eigene Literaturgattung des Islamismus" aufführt.[156] In solchen wird bei der Hizbullah vornehmlich über gefallene Kämpfer des Islamischen Widerstands und deren Heldentaten berichtet. Zumeist enthalten sie auch Fotos der Verstorbenen sowie Gedichte und Lobeshymnen auf deren Märtyrertod und Wirken zu Lebzeiten.[157]

Den Kern der Arbeit der Informationsabteilung machen mittlerweile allerdings die Massenmedien aus. Neben vier eigenen Radiostationen[158] ist hierbei vor allem der erfolgreiche, laut Jorisch im Juni 1991 gegründete TV-Sender der Hizbullah, Al-Manar, zu nennen.[159] Terrestrisch oder via Satellit ist Al-Manar 24 Stunden am Tag rund um den Globus zu empfangen. Neben eigenen Nachrichtenbüros im Libanon, in Ägypten, dem Iran, Jordanien und Dubai, hat der Sender zudem Korrespondenten in Kuwait, Marokko, Palästina, Belgien, Frankreich, Syrien, Russland, Irak, Kosovo, Schweden, der Türkei und den USA.

Nach Schätzungen von Experten rangiert Al-Manar hinsichtlich seiner Zuschauerzahl unter den führenden Sendern der islamischen Welt, nur knapp hinter *Al-Jazeera* (dt.: Die Insel). Wenn es um die Übertragung der zweiten palästinensischen *Intifada* (dt.: Aufbegehren/Aufstand) geht, oft sogar zeitweise davor. Auf dem 8. Kairoer TV und Radio Festival im Jahre 2002 wurde der Sender für diese Erfolge mit diversen journalistischen Auszeichnungen geehrt. Neben den überwiegend arabischen und vielen englischsprachigen Übertragungen gibt es auch Sendungen auf Französisch, Hebräisch und Russisch. Die Programmpalette reicht dabei von Märtyrer-Bio-

---

[155] Siehe Rosiny, 1996, S. 137.
[156] Siehe ebd., S. 138.
[157] Ebd., S. 138.
[158] Die Radiostationen der Hizbullah heißen *Al-Nour* (dt.: Das Licht), *Al-Iman* (dt.: Der Glaube), *Al-Islam* und *Sawt al-Mustad'afin* (dt.: Die Stimme der Beraubten). Siehe Hamzeh, 2004, S. 58.
[159] Siehe Jorisch, 2004, S. 20.

graphien, Nachrichten und Dokumentationen über Talkshows und Kindersendungen bis hin zu (hauptsächlich arabischen und iranischen) Spielfilmen und Musik-Videos.[160]

Hatte man jegliche Überschreitung islamisch-moralischer Normen zu Anfang noch grundsätzlich abgelehnt, scheinen sich sowohl Al-Manar als auch die anderen Medien der Hizbullah in steigendem Maße an den Wünschen und Anforderungen ihres Publikums zu orientieren. So gibt es heute im Gegensatz zu früher nicht mehr ausschließlich islamische Musikbeiträge und selbst Übertragungen von Fußballspielen gehören zum festen Programm.[161] Kommerzielle Werbung, die früher prinzipiell abgelehnt wurde, wird mittlerweile geduldet bzw. forciert, dies sogar, wenn dort unverschleierte Frauen auftreten um westliche Produkte anzupreisen.[162] Zu den Werbepartnern Al-Manars gehören oder gehörten in der Vergangenheit Milka, Maggi und Henkel (Deutschland), Nestlé (Schweiz), Red Bull (Österreich), Coca Cola, Pepsi, Procter & Gamble und Western Union (USA).[163]

Während der israelischen Besatzungszeit im Libanon konnte der Sender von seiner direkten Zugehörigkeit zur Hizbullah profitieren, durch die er oftmals – taktisch oder gar operativ mit eingebunden – von vorderster Front aus berichten und somit vor allen anderen verlässliche Informationen über den Verlauf und Ausgang von Kampfhandlungen liefern konnte. Durch seine integrative Stellung in der islamischen Welt kann der Sender aber auch im Allgemeinen – oft von exklusiven Positionen aus – über die entscheidenden Ereignisherde in diesen Regionen, wie etwa Irak, Iran oder Palästina berichten. Andere große internationale Nachrichtensender wie CNN, BBC oder Al-Jazeera sehen sich daher nicht selten gedrängt, auf Materialien von Al-Manar zurückzugreifen, wodurch das Logo des Senders regelmäßig auch in westlichen Medien zu sehen ist.

Schließlich sind hier noch die Anstrengungen der Hizbullah im Bereich der modernen elektronischen Massenmedien aufzuführen. So hat die Organisation neben ihrer eigenen Homepage hizbullah.org noch mindestens drei weitere, wenn auch indirekte, Internetauftritte durch die Homepage des Islamischen Widerstands moqawama.org einerseits und durch die zwei offiziellen Websites von Al-Manar, manartv.com und dm.net.lb/almanar.com andererseits.[164] Darüber hinaus hat man bereits im Jahre 2003 mit einer Start-

---

[160] Ebd., S. 30f; Hamzeh, 2004, S. 58ff.
[161] Die Hizbullah unterhält auch eine eigene, lokal aktive Fußballmannschaft. Palmer-Harik, 2004, S. 101.
[162] Rosiny, 1996, S. 139.
[163] Siehe Jorisch, 2004, S. 33.
[164] Ebd., S. 106.

auflage von 100.000 Stück[165] ein qualitativ durchaus konkurrenzfähiges, eigenes Computerspiel (Genre: Ego-Shooter), unter dem Titel „Special Force" (arab.: *al-Quwa al-Hassa*) auf den Markt gebracht, in welchem der Spieler in die Rolle eines Kämpfers des al-Muqawamah al-Islamiyyahs schlüpfen und so den Guerilla-Krieg gegen die israelischen Besatzungstruppen im Libanon nachspielen kann. Zur zugedachten Funktion des Spieles schreibt Rosiny:

> „Es soll dies [das Computerspiel] auch im Nahen Osten populäre Spiele wie Counterstrike substituieren, in denen amerikanisch aussehende Helden arabisch-muslimisch gekleidete, unrasierte Terroristen jagen"[166]

Durch unterschiedlichste Programminhalte und ein zugleich stark variierendes intellektuelles Niveau derselben bemüht sich die Hizbullah, in allen behandelten Bereichen den verschiedenen Zielgruppen und den unterschiedlichen sozialen Schichten, die erreicht werden sollen, gerecht zu werden. Dabei nutzt sie ihre Medien primär zur Darstellung ihrer Sichtweise der Dinge und zum allgemeinen Hinarbeiten auf das Erreichen ihrer Ziele. Dass der mächtigsten Komponente, dem Sender Al-Manar, dabei eine besondere Rolle zufällt, ergibt sich aus der Natur der Sache. Auf einem nach dem Abzug der Israelis aus nahezu dem gesamten Libanon im Jahre 2000 von der Hizbullah verteilten Aufkleber stand sinngemäß geschrieben: „Ohne Al-Manar wäre der Sieg kaum zu erreichen gewesen".[167] Dies macht zwei Dinge deutlich: Erstens, wie unverzichtbar der Parteiführung der Sender tatsächlich ist und zweitens, dass selbige ihn zumindest teilweise als psychologische Waffe betrachtet und nutzt.

Von Seiten Israels und der USA sieht sich Al-Manar immer wieder scharfen Vorwürfen ausgesetzt, einseitig zu berichten und antijüdische sowie antiwestliche Hetzpropaganda zu betreiben. Zudem wird dem Sender von denselben Seiten vorgeworfen, er schüre bzw. unterstütze den internationalen Terrorismus. Jorisch kommt in seiner Funktion als Regierungsberater in Washington daher zu dem Schluss, dass „keine Maßnahme – außer einer direkten militärischen Konfrontation – Al-Manar komplett verstummen lassen kann".[168] Während die USA mittlerweile allen inländischen Unternehmen das kommerzielle Werben auf dem Hizbullah-Sender mehr oder weniger un-

---

[165] Bundesministerium des Inneren (Hrsg.): Verfassungsschutzbericht 2003, Berlin, BMI, 2003, S 181.
[166] Siehe Rosiny, 2006, S. 9.
[167] Siehe Jorisch, 2004, S. 20.
[168] Siehe ebd., S. 91.

tersagt haben,[169] gibt es seitens der EU noch keine derartige Reaktion. Allerdings haben die Regierungen Frankreichs und der USA im Dezember 2004 die Ausstrahlung innerhalb der von ihnen kontrollierten Sende- und Empfangsgebiete komplett unterbunden. Trotzdem wird weiterhin der größte Teil der Welt erreicht.[170] Alles in allem kann man also sagen, dass über Al-Manar in etwa dieselben geteilten Meinungen herrschen wie entlang der Kontroverse über die gesamte Hizbullah.

Autonomie von Iran und Syrien?

Wie im bisherigen Verlauf dieser Arbeit bereits deutlich geworden sein sollte, unterhält die Hizbullah enge und regelmäßige Kontakte sowohl zum Iran als auch zu Syrien. Gleichwohl steht es außer Frage, dass die Organisation ihre bemerkenswerte Performance in der Vergangenheit ohne jene Kontakte nicht in gesehenem Maße hätte etablieren bzw. aufrechterhalten können. Die oberflächliche Erscheinung dieser Dreierbeziehung verleitet derweil dazu, die Hizbullah als die mit Abstand schwächste dieser drei Parteien kurzerhand als mittelbar abhängig, ja gar als ferngesteuert – dabei je nach Kontext entweder vom Iran, von Syrien oder von beiden zugleich – einzuschätzen bzw. darzustellen. Tatsächlich offenbart sich aber erst bei näherer Betrachtung dieses Beziehungsgeflechts eine Komplexität, die sonst nur schwer wahrnehmbar ist und die o.g. Annahme in vielerlei Hinsicht relativiert, wenn nicht revidiert. Die Frage ist daher, in wieweit die Hizbullah unabhängig von diesen beiden Staaten entscheiden und agieren kann.

Wie wir gesehen haben, untersteht die höchste direkte Kommandoebene der Hizbullah, der Majlis al-Shura, in allen religiösen bzw. juristisch-theologischen Belangen in letzter Konsequenz dem derzeit durch den iranischen Revolutionsführer Ayatollah Ali Khamenei repräsentierten Wali-al-Faqih. Dies betrifft aber nicht nur die Hizbullah, sondern auch den überwiegenden Teil der weltweiten schiitischen Gemeinde. Von dieser in der individuellen religiösen Ausrichtung der meisten Führungsmitglieder der Partei begründeten spirituellen Weisungsbefugnis des Wali-al-Faqih nun darauf zu schließen, der Iran befehlige die libanesische Hizbullah, wäre in etwa ebenso ver-

---

[169] Jorisch berichtet zwar davon, dass die zuvor genannten US-beheimateten Unternehmen ihre Zusammenarbeit mit Al-Manar im Jahre 2002 nach politischem Druck gestoppt und dass zudem 22 Mitglieder des US-Kongresses in einem Brief an die Bush-Regierung aus demselben Jahr ein entsprechendes gesetzliches Verbot gefordert hätten, macht aber keine weiteren diesbezüglichen Angaben. Siehe ebd., S. 33, 94.
[170] Alagha, Joseph: The Shifts in Hizbullah's Ideology: Religious Ideology, Political Ideology, and Political Program, Amsterdam, Amsterdam University Press/ISIM Dissertations, 2006, S. 58.

kürzt wie anzunehmen, der Vatikan habe in der Vergangenheit die Irish Republican Army (IRA) befehligt, bloß weil sich die Mehrheit ihrer Mitglieder als überzeugte Katholiken religiös am Papst ausrichten.

Nun ist dieser Vergleich nur mit einigen Einschränkungen aufrechtzuerhalten, die sich neben den strukturellen Unterschiedlichkeiten von Hizbullah und IRA – die IRA wurde maßgeblich von marxistischen Elementen mitbegründet und durchsetzt, die sich mit ihren katholischen Konkurrenten bei der Kursbestimmung ihrer Organisation phasenweise gegenseitig abgelöst haben – vor allem auf die, nach Auffassung der relevanten islamistischen Akteure, holistische Wirkung des Islams beziehen. Denn hiernach schwingt bei der religiösen Weisungsbefugnis des Wali-al-Faqihs immer eine gewisse politische Richtungsweisung mit. Diese Richtungsweisung wiederum ist aber auch ausschließlich als solche zu verstehen. So postuliert Qassem über die anfängliche Annäherung zwischen dem Iran und der Hizbullah:

„Die Entscheidung des Iran für ein islamisch-republikanisches Regierungssystem konvergierte mit den islamischen Prinzipien der Hizbullah. Bezüglich der generellen Richtlinien bzw. auf theoretischer Ebene existierte also Harmonie, wenngleich die detaillierte Anwendung jener Richtlinien den verschiedenen Charakteristika der betroffenen Länder [Iran und Libanon] untergeordnet blieb."[171]

Hinsichtlich des Kräfteverhältnisses zwischen einer Partei einerseits und einem relativ großen und mächtigem Staat andererseits gesteht derweil auch Qassem ein, dass ein solches tatsächlich unschwer zur Unterordnung des schwächeren Akteurs führen könne, zumal die Interessensphäre des mächtigeren jene des schwächeren höchstwahrscheinlich überflügeln würde. Er begrenzt diese Möglichkeit jedoch zugleich auf Konstellationen, in welchen „der stärkere Akteur die konkrete Administration"[172] über den schwächeren ausübe und letzterer somit eine rein ausführende Kraft darstelle.

Das Verhältnis zwischen dem Iran und der Hizbullah hingegen, so in etwa Qassem weiter, sei aber ein vor allem auf operativer Unabhängigkeit und individueller Verantwortlichkeit beruhendes, in dem die jeweiligen Interessen der Akteure durch „eigenständiges Agieren" verfolgt würden, ohne miteinander in Konflikt zu geraten.[173] Er begründet dies damit, dass der entscheidende gemeinsame Nenner der betroffenen Akteure (Iran und Hizbullah) neben ihrer nahezu identischen religiösen Ideologie und einem hohen

---
[171] Siehe Qassem, 2005, S. 236.
[172] Siehe ebd., S. 237.
[173] Siehe ebd.

gegenseitigen Respekt vor allem das Interesse an der Fortführung des anti-israelischen Widerstandes wäre.

Gleichzeitig betont Qassem, dass die libanesische Hizbullah in keiner Weise mit den innenpolitischen Ereignissen und Belangen des Iran in Verbindung stehen würde und solche prinzipiell als Angelegenheit des iranischen Volkes und dessen Repräsentanten betrachte. Auch seien die konkrete politische Situation und die spezifischen Erfahrungen der Hizbullah einerseits und des Irans andererseits nicht annähernd miteinander zu vergleichen. Ferner würde die Hizbullah weder den konservativen, noch den reformistischen Flügel innerhalb des Irans bevorzugen, sondern vielmehr mit beiden konkurrierenden Strömungen sowie deren Führungspersonen freundschaftliche Kontakte unterhalten.[174]

In Kontrast zum offensichtlich herzlichen Verhältnis der Gruppierung zum Iran lässt sich das zu Syrien als pragmatisch und strategisch – dabei nicht selten als spannungsgeladen – charakterisieren. Zwar bildet das gemeinsame Interesse am anti-israelischen Widerstand auch hier den ausschlaggebenden Faktor für die Zusammenarbeit, darüber hinaus gibt es jedoch kaum ideologische Berührungspunkte. Qassem gibt an, ein hochrangiger syrischer Beamter soll einmal sinngemäß gesagt haben: „Wenn wir tatsächlich zusammensitzen und Gedanken austauschen würden, würden wir uns nicht so gut verständigen können, wie dies in der Praxis der Fall ist."[175]

Wenn Qassem überdies an anderer Stelle schreibt: „Die Aktivitäten der Hizbullah waren durch weit reichende Unabhängigkeit [von Syrien] gekennzeichnet",[176] so gesteht er mit dieser Aussage gleichwohl implizit ein, dass man zumindest für die Zeit vor Syriens offiziellem Truppenabzug aus dem Libanon im Jahre 2005 nicht von einer absoluten operativen Autonomie der Hizbullah sprechen kann. Ob sich dies seither geändert hat, lässt sich noch nicht mit Gewissheit sagen, aber man kann davon ausgehen, dass Syrien bemüht sein wird, seinen Einfluss auf die Hizbullah auch unter den gegebenen Umständen aufrechtzuerhalten, denn an den Motivationen für die bisherige Vorgehensweise dürfte sich angesichts des permanenten Kriegszustandes mit Israel und der nach wie vor stabilen strategischen Allianz mit dem Iran nach aller Logik nicht viel geändert haben.

Nun scheint die Realität der vergangenen Jahre Qassems hier behandelte Aussagen weitgehend zu bestätigen. So lässt sich bezüglich des Verhältnisses zum Iran vor allem festhalten, dass es selbst im Zuge signifikanter Kontroversen zwischen Mitgliedern der Hizbullah-Führung und der iranischen Ägi-

---

[174] Siehe ebd., S. 237f.
[175] Siehe ebd., S. 242.
[176] Siehe ebd., S. 242.

de[177] nicht ein einziges Mal zu nachvollziehbaren Sanktionen, wie etwa die Einstellung von finanziellen Leistungen, kam.

Das Verhältnis der Hizbullah zu Syrien auf der anderen Seite war offensichtlich für beide Parteien von Anfang an kein leichtes. So kam es über die Jahre neben verschiedenen, rein rhetorisch ausgefochtenen Meinungsverschiedenheiten gar mehrfach zur Gewaltanwendung Syriens gegenüber der Hizbullah, wobei in mindestens einem Fall im Jahre 1987 mehrere der islamistischen Partisanen von syrischen Soldaten exekutiert worden sind.[178] Die Differenzen resultierten zumeist aus dem Umstand, dass Syrien im Libanon nicht nur die Hizbullah, sondern neben anderen Gruppierungen auch Amal protegiert hat, so dass es hier nicht selten zu Interessenkonflikten kam.

Solche Zwischenfälle weisen darauf hin, dass die Hizbullah zumindest willens ist, ihre spezifischen Interessen trotz ihrer partiellen Dependenz von Syrien gegebenenfalls gegen dieses durchzusetzen. Das wiederum lässt auf ein starkes Selbstbewusstsein der Gruppierung schließen. Auf der anderen Seite hat die Hizbullah in keinem dieser Fälle in irgendeiner Weise Rache geübt bzw. dies sogar ausdrücklich allen Mitgliedern untersagt, was dafür spricht, dass man zugleich ebenso sehr bemüht ist, sich nicht mit Syrien zu überwerfen.

Dafür, dass Syrien letztlich nicht nach Gutdünken über die Hizbullah verfügen kann, sprechen auch weitere Ereignisse, wie der Umstand, dass die Partei Anfang der 1990er Jahre politisch forderte, höhere Protektionszölle gegen die günstigeren syrischen Agrargüter einzuführen, um die libanesischen Landwirte wieder konkurrenzfähig zu machen.[179]

Wir haben es bei dieser Konstellation – Syrien, Iran, Hizbullah – gewissermaßen mit einer „Win-win-win-Situation" zu tun. Jeder der beteiligten Akteure profitiert trotz mehr oder weniger stark divergierender Interessen von der sektoralen, klar abgegrenzten Zusammenarbeit. Rosiny brachte dies in einem kürzlich geführtem Interview mit folgenden Worten auf den Punkt: „Der Iran, Syrien und die Hisbollah sind drei unabhängige Akteure. Da, wo sich ihre Interessen decken, ziehen sie an einem Strang. Wo nicht, da nicht."[180]

---

[177] Vgl. Ranstorp, Magnus: The Strategy and Tactics of Hizballah's Current 'Lebanonization Process', S. 9, in: Frank Cass (Hrsg.), Mediterranean Politics, Vol. 3, No. 1, London, 1998, S. 103-134; Palmer-Harik, 2004, S. 56f.

[178] Qassem spricht von 27 Märtyrern, Palmer-Harik von in etwa zwei Dutzend Toten, Hamzeh von 20, Norton von 23. Vgl. Qassem, 2005, S. 240f; Palmer-Harik, 2004, S. 40; Hamzeh, 2004, S. 102; Norton, 2007, S. 72.

[179] Rosiny, 1996, S. 206.

[180] Siehe ebd.: Das ist reine Propaganda. Krieg im Nahen Osten: Was will die Hisbollah, Herr Rosiny? Interview gegenüber Daniel Bax, in: taz. Die Tageszeitung, 09.08.2006; Vgl. Palmer-Harik, 2004, S. 118.

Bezug nehmend auf die Eingangsfrage dieses Abschnittes lassen sich nun folgende Schlussfolgerungen treffen: Die Hizbullah trifft ihre Entscheidungen in der Regel unabhängig von Iran und Syrien.[181] Abweichungen von dieser Regel, wie das Anrufen des Wali-al-Faqih, geschehen ebenfalls aus eigener Motivation. Als bedingte Einschränkung dieser unabhängigen Entscheidungsfindung lassen sich die vereinzelten syrischen Gewaltanwendungen gegenüber der Hizbullah in der Vergangenheit anführen, die aber zugleich belegen, dass die Organisation bereit ist, ihre Interessen, wenn nötig, unter Opfern zu verteidigen. Somit weist letztgenannter Punkt eher auf das Selbstverständnis der Organisation als eine autonome (libanesische) Kraft als auf eine vermeintliche Weisungsbefugnis Syriens hin.

Schließlich ist festzustellen, dass die Hizbullah weitgehend autonom von Iran und Syrien agieren kann und dies auch tut. Dafür sprechen neben o.g. Umständen ihre zunehmende und bereits fortgeschrittene ideologische Loslösung vom iranischen islamistischen Diskurs[182] und ihre damit gekoppelte voranschreitende Etablierung als national-libanesische Partei und der Prozess ihrer „Libanonisierung".[183] Dieser soll nun im Kontext ihres Integrations- und Transformationsprozesses etwas näher betrachtet werden.

Integration und Transformation der Hizbullah

Unter diesem Punkt sollen die wichtigsten Stationen und Momente sowie der derzeitige Stand des Integrationsprozesses der libanesischen Hizbullah in die Gesellschaft und das politische System des Libanon und ihr damit einhergehender Transformationsprozess von einer anfänglich streng geheimen militanten Untergrundorganisation zu einer zwar unverändert extern militanten, zugleich aber bekennend national-libanesischen und weitgehend offenen Mainstreampartei beleuchtet werden. Neben dem informativen Zweck dieser Darstellung soll es hierdurch auch möglich werden, Aussagen über Integrationswillen und -fähigkeit der Organisation treffen zu können.

---

[181] Vgl. Deeb, 2006, S. 117.
[182] Siehe Rosiny, 2006, S. 7.
[183] Der Nationalisierungsprozess der Hizbullah wird von vielen Autoren, insbesondere im englischen Sprachraum, oft als „Libanonisierung" (engl.: „Lebanonization") bezeichnet. Dieser Begriff ist nicht zu verwechseln mit dem der „Libanisierung" (engl. „Lebanization"), der erstmalig während des libanesischen Bürgerkrieges als Parabel für (vereinfacht ausgedrückt) das Abdriften in besonders rohe und grausame Bürgerkriegszustände geprägt wurde. Vgl. (für den Begriff Libanisierung) Corm, 1997; Hanf, 1990; (für den Begriff Libanonisierung) Ranstorp, 1998; Sankari, 2005.

1982-1988: Dogmatisch-autoritäre Anfänge und Revision

In den von ihr kontrollierten bzw. ideologisch dominierten Gebieten und unter der bürgerkriegsbedingten Abwesenheit staatlicher Autorität hatte die Hizbullah bereits frühzeitig damit begonnen, die mehr oder weniger verlassenen staatlichen Institutionen zu übernehmen. Hier implementierte sie bald die Shari'ah und begann diese, vornehmlich im Süden, teilweise gewaltsam durchzusetzen. So verbot die Gruppierung neben den ihr unlieben Parteien kurzerhand laute Musik und Tanz sowie den Verkauf von Alkohol und Schweinefleisch in Geschäften und Restaurants.

In diesem Zusammenhang wird auch eine ganze Serie von Bombenanschlägen Ende 1983 gegen christliche Geschäfte in Beirut, deren Inhaber sich gegen derartige Verbote aufzulehnen versuchten, Mitgliedern der Hizbullah zugeschrieben. Frauen wurden gedrängt, und Berichten zufolge teilweise auf drastischste Art und Weise gezwungen, sich ausschließlich im traditionellen islamischen Frauengewand (pers.: *Chador*) zu kleiden und ihr Gesicht zu verschleiern. Die meisten der beliebten Tee- und Kaffeestuben wurden geschlossen, was besonders viele der älteren Libanesen traf, die es ihres täglichen Zeitvertreibs und einer Quelle sozialer Kontakte beraubte.[184] Ferner wurde ein strikter islamischer Verhaltenskodex im Alltag erzwungen, der, so Jaber, „einige extreme Interpretationen bezüglich dessen, was als zulässiges Verhalten erachtet wurde", mit sich brachte.[185] So wurde die Geschlechtertrennung an den Badestränden von Tyros erzwungen und Frauen durften keine Bikinis oder Badeanzüge mehr tragen.[186]

Des Weiteren soll die Hizbullah zwischen 1984 und 1985 gezielt gegen Kommunisten vorgegangen sein, die sie zu dieser Zeit primär als Handlanger der Sowjetunion betrachtete und die mithin ebenso wie israelische und US-amerikanische Soldaten im Libanon in die Kategorie „Verkörperung des Imperialismus" eingeordnet wurden. Insgesamt kamen in diesem Zeitraum mehrere Dutzend Mitglieder der libanesischen kommunistischen Partei durch Kader oder Einzeltäter der Hizbullah ums Leben.[187]

Wenngleich man fairerweise anmerken muss, dass es eine nicht unerhebliche Zahl von Betroffenen gab, die o.g. Entwicklungen durchaus begrüßten, so stieß das Verhalten der Hizbullah doch bei der Bevölkerungsmehrheit auf starke Ablehnung und führte zu einer Entfremdung der Gruppierung von ihrer eigentlichen Zielgruppe. Dies äußerte sich beispielsweise darin, dass

---
[184] Rosiny, 1996, S. 282, 354. Vgl. Hamzeh, 2004, S. 102; Jaber, 1997, S. 29.
[185] Siehe Jaber, 1997, S. 29.
[186] Vgl. ebd., S. 29f, 52f.
[187] Norton, 2007, S. 36f.

viele der betroffenen Bürger merkbar dazu übergingen, in ihrer Freizeit die Hizbullah-Hochburgen im Süden des Landes, in denen die Restriktionen der Gruppierung am heftigsten zu Tage traten, zu meiden, also je nach Wohnort entweder zu verlassen oder zu umgehen.

Etwa ab 1987, spätestens aber 1988[188] begann die Hizbullah angesichts der beschriebenen Reaktionen der Bevölkerung diesen desintegrativen Kurs zu überdenken und Alternativen zu diskutieren. In der Folge kam es bis heute nicht mehr zu derartigen Vorfällen bzw. Zuständen, weshalb man sagen kann, dass jenes Fehlverhalten letztlich zum sichtbaren Einsetzen der organisationsinternen Dynamik ihres Integrationsprozesses führte. Mit anderen Worten zeigt sich hier zum ersten Mal ein – auch von außerhalb nachvollziehbarer – selbst motivierter Integrationswillen der Hizbullah. Parteiintern spricht man vom Prozess der „Öffnung" (arab.: *al-Infitah*), eine Bezeichnung, die konkret auch auf den bewussten Beginn einer inneren Transformation der Organisation hinweist.

Bewaffnete Konflikte, 1985-1990

Wie bereits erwähnt, hatte sich Israel ab 1985 in die selbst deklarierte Sicherheitszone im Südlibanon zurückgezogen. Als sich Amal und andere Parteien des anti-israelischen Lagers nun zunehmend mit dieser Besatzung zu arrangieren (wenngleich niemals anzufreunden) begannen, wurde die Hizbullah zur alleinigen Speerspitze des bewaffneten libanesischen anti-israelischen Widerstands.[189] Während der nun folgenden Jahre nahmen die Anzahl der durch den Islamischen Widerstand im Bereich der Sicherheitszone ausgeführten Operationen gegen israelische Besatzungstruppen und deren Verbündete von der Südlibanesischen Armee, sowie Ausmaß und Effizienz solcher Unternehmungen kontinuierlich zu.[190]

Zwischen 1987 und 1990 kam es abseits dieser Front zu blutigen Gefechten zwischen Amal und Hizbullah. Jener verlustreiche Kleinkrieg zwischen den beiden großen schiitischen Lagern hatte seinen Ursprung in einer Reihe von mehrheitlich grundlegend bedingten und bereits mit der Abspaltung Amal al-Islamiyyahs klar zum Ausdruck gekommenen Meinungsverschiedenheiten einerseits und in den aus Konkurrenzsituationen resultierenden Zusammenstößen in der Praxis andererseits. Eine der grundlegenden Dissonanzen bestand hinsichtlich des Status der Palästinenser im Libanon. Während die Hizbullah den Freiheitskampf der Palästinenser nahezu bedin-

---

[188] Jaber, 1997, S. 30.
[189] Hamzeh, 2004, S. 101.
[190] Ebd., S. 88ff.

gungslos zu unterstützen bereit war und keinesfalls gegen die Legitimierung eines solchen, von libanesischem Territorium ausgehenden Widerstandes war, verfolgte Amal damals noch eine vor allem durch Syrien unterstützte Politik gegen eine derartige Rückkehr zum Status Quo von vor 1982. Konkurrenzproblematiken ergaben sich primär aus dem überwiegend innerhalb derselben schiitischen Klientel und denselben schiitisch dominierten Gemeinden stattfindenden Kampf um Einflussbereiche, Ressourcennutzung und Rekruten.[191]

Jene „schmerzhafte Episode",[192] wie Shaykh Qassem sie bezeichnet, in der Hunderte libanesischer Schiiten hauptsächlich durch andere Schiiten den Tod fanden, wurde durch einen von Syrien und Iran vermittelten Friedensschluss zwischen Amal und Hizbullah am 5. November 1990 offiziell und in den folgenden Wochen auch de facto beendet[193] und legte so den Grundstein für einen bis heute anhaltenden Dialog zwischen den Schwesterparteien, deren Mitgliedschaften sich nicht selten innerhalb von Familien überschnitten.

Im Endeffekt hatte sich die Partei Gottes im Zuge des innerschiitischen Krieges trotz anfänglicher Rückschläge durchsetzen können, so dass sie zum Ende des Bürgerkrieges 1990 weite Teile der schiitischen Ballungszentren, der Bekaa-Ebene, der südlichen Vorstädte Beiruts und des Südlibanon kontrollierte oder (in der israelischen Besatzungszone) zumindest ideologisch dominierte.[194]

Der Frieden von Taif

Im saudi-arabischen Taif hatten bereits 1989 die meisten libanesischen Abgeordneten und sonstigen wichtigen Entscheidungsträger einem Friedensplan der Arabischen Liga zur Bürgerkriegsbeendigung zugestimmt, der als Taif-Abkommen bekannt geworden ist. Federführend ausgehandelt von Syrien und Saudi-Arabien und abgesegnet von den USA, wurde er am 22. Oktober 1989 öffentlich verkündet und im Zuge einer am 5. November abgehaltenen Parlamentssitzung in die libanesische Verfassung übernommen.[195] Er beinhaltete neben einem kurzfristigen Plan zur Friedenswiederherstellung auf Basis des kleinsten gemeinsamen Nenners der Konfliktparteien auch strategische Ansätze zur Konfliktvermeidung im zukünftigen post-bürgerkriegerischen Libanon. Hierbei ging es in erster Linie um umfassende Refor-

---

[191] Ebd., S. 100ff
[192] Siehe Qassem, 2005, S. 102.
[193] Vgl. Rosiny, 1996, S. 355.
[194] Hamzeh, 2004, S. 100ff.
[195] Hanf, 1990, S. 725ff. Vgl. Rosiny, 1996, S. 355

men des konfessionellen politischen Systems, die rein rhetorisch langfristig auf eine erhebliche Abschwächung bzw. gänzliche Abschaffung abzielten. So wurde die schiitische Repräsentanz im Parlament durch das Taif-Abkommen erstmals an die der Sunniten angeglichen. Auch die Verteilung der Kompetenzen unter den drei Staatsoberhäuptern des Libanon (die „Troika") wurde neu überdacht und zumindest im Vergleich zur vorherigen Situation in ähnlicher Weise harmonisiert.

Es sollte sich jedoch bald herausstellen, dass das Taif-Abkommen, trotz des dem entgegenstehenden Wortlauts, das konfessionelle System des Libanon eher zementiert als abgeschwächt hat.[196] Syrien sicherte sich durch eine ausdrückliche Anerkennung von „Syriens speziellen Interessen" am und im Libanon (sowie in weiteren Passagen) die Legitimation für eine fortlaufende militärische Präsenz und Einflussnahme in der Zedernrepublik. Ein präziser Zeitpunkt für einen kompletten Truppenabzug Syriens wurde nicht festgelegt, sondern vielmehr offen gelassen für Verhandlungen zwischen Syrien und dem Libanon.[197]

Jene Festlegung fortlaufender syrischer Präsenz rief den christlichen General Michel Aoun auf den Plan, der eine als Befreiungs-Krieg gegen die syrische Besatzung titulierte, militärische Kampagne gegen die syrischen Truppen im Libanon zu führen begann, wobei er zugleich die überwiegend maronitische, christliche Milizen-Konkurrenz entweder unterwarf oder effektiv eindämmte. Bis etwa Mitte 1990 konnte er sich innerhalb der christlich dominierten Gebiete weitgehend durchsetzen. Noch im Oktober wurde Aoun dann aber durch syrische Kontingente, unterstützt von einer Koalition muslimischer Kampfverbände, besiegt und in der Folge ins französische Exil abgeschoben. Der Bürgerkrieg gilt seither offiziell als beendet.[198]

In den Augen der Hizbullah-Führung war das Taif-Abkommen im Ergebnis zwar ein Schritt in die richtige Richtung, in den Worten Naim Qassems dennoch „nicht überzeugend und unter dem notwendigen Minimum".[199] Jenes Minimum hätte aus dieser Perspektive eine im Abkommen vermisste Formel bedeutet, die in letzter Konsequenz zwingend zur „Abschaffung des politischen Konfessionalismus" geführt hätte.[200] Diese oppositionelle Haltung brachte die Hizbullah allerdings ausschließlich mit politischen Mitteln zum Ausdruck. Vorwürfe, die Hizbullah würde ihre militärischen Auseinandersetzungen mit der Amal, die zur Zeit der Verabschiedung des Taif-Abkommens noch nicht beendet waren, dazu nutzen wollen,

---

[196] Vgl. Choucair, 2006, S. 4ff.
[197] Palmer-Harik, 2004, S. 44f.
[198] Steinbach, Hofmeier und Schönborn, 1994 (1979), S. 164f.
[199] Siehe Qassem, 2005, S. 104.
[200] Siehe ebd., S. 104.

selbiges zu stürzen, verstummten mit der offiziellen Beilegung des Konfliktes im November 1990.

Kooperation und staatliche Legitimation

Eine weitere Auflage des Taif-Abkommens sah die Entwaffnung der Bürgerkriegsmilizen und die erneute Stationierung der libanesischen Armee in allen von Krieg und Besatzung befreiten Zonen des Landes vor. Viele Beobachter erwarteten nun gewaltsame Zusammenstöße zwischen den Kämpfern der Hizbullah und der libanesischen Armee in den südlichen Vororten Beiruts, einer traditionellen Hochburg der Partei. Es kam zu keinen derartigen Ereignissen. Auf Anweisung ihrer Führung gaben alle Mudjaheddun der Hizbullah außerhalb der durch Israel besetzten Gebiete ihre Waffen ab, und auch die libanesische Armee war in ihrem Gebaren gegenüber den Kombattanten, Beteiligten zufolge, äußerst sensibel und akkurat.[201]

Die zuvor negative Haltung der Hizbullah zur libanesischen Armee – eine Position, die man aufgrund ihrer Rolle während des Bürgerkrieges eingenommen hatte – wurde nun korrigiert. Soldaten, die durch die Auseinandersetzung mit Israel zu Tode kamen, galten fortan als „Märtyrer des Widerstandes". Angeblich sollen hohe libanesische Offiziere sogar den Kontakt zur Hizbullah-Führung gesucht haben, um den gemeinsamen Kampf gegen Israel zu erörtern. Im August 1992 übergab die Hizbullah schließlich auch die zu ihrer Gründungszeit konfiszierte Shaykh Abd-Allah-Kaserne in der Bekaa-Ebene zurück an die Armee.[202]

Einer kompletten Entwaffnung konnte sich die Hizbullah damals mit Zustimmung der libanesischen und syrischen Regierungen als einzige betroffene, nichtstaatliche Organisation aber dennoch entziehen und somit den begonnenen Widerstand gegen die Besatzung, allerdings nur innerhalb der Grenzen der Sicherheitszone, auch nach Ende des Bürgerkriegs fortführen. Offiziell wurde dies mit dem Argument begründet, dass die Hizbullah sich im Kern nicht am Bürgerkrieg beteiligt hätte und daher nicht als Bürgerkriegsmiliz im engeren Sinne einzustufen sei. Tatsächlich war diese Ausnahmegenehmigung nur ein Teil einer weitaus umfangreicheren pragmatischen Annäherung zwischen der Hizbullah-Führung und der libanesischen Regierung. So ließen sich diese beiden Akteure nach Ende des Bürgerkriegs 1990 vorrangig durch syrische Vermittlungen auf einen stillen Handel ein, wo-

---

[201] Nach Rosiny gibt es über den genauen Verlauf dieses Vorganges und darüber, wie reibungslos er vonstatten gegangen sein soll, widersprüchliche Angaben. In keinem Fall aber wird von bewaffneten Zusammenstößen berichtet. Vgl. Rosiny, 1996, S. 205 (FN 121).
[202] Ebd., S. 205.

nach die Hizbullah für ihren Teil das Vorhaben der Errichtung eines islamischen Staates auf unbestimmte Zeit zurückgestellt und sich in allen vitalen Bereichen national-staatlicher Gesetzgebung unterworfen hat.

Ihre Kritik am herrschenden politischen System des Landes, hauptsächlich an dessen Kernelement des Konfessionalismus, bringt die Hizbullah seither ausschließlich in ihrer Funktion als systemloyale, parlamentarische Oppositionspartei und somit im demokratisch legitimierten Rahmen vor. Die Regierung ihrerseits duldet im Gegenzug die Präsenz einer autonomen, bewaffneten Kraft im Land bzw. erkennt sie offiziell als „national-libanesische Widerstandsbewegung" an und segnet ihren Kampf zur Befreiung libanesischen Bodens im Namen des Staates ab. Darüber hinaus gesteht sie der Hizbullah selbstverständlich all die Rechte und Pflichten sowie denselben staatlichen Schutzbereich zu, wie anderen nationalen, demokratisch legitimierten politischen Akteuren auch.[203] In diesem Sinne und unter diesen Vorbedingungen wurde die Hizbullah Ende Januar 1992 durch das libanesische Innenministerium als Partei lizenziert.[204]

Obwohl der bis heute niemals offiziell revidierte Deal aus wohl nachvollziehbaren Gründen für beide Seiten nicht ohne Schwierigkeiten und alles andere als spannungsfrei ist, hat er doch eine erstaunliche Resilenz bewiesen und – wenn man von den jüngsten Entwicklungen, auf die noch eingegangen wird, einmal absieht – relativ zwischenfallsfrei funktioniert.

Anerkennung als politische Partei

Palmer-Harik gibt an, dass bereits Anfang der 1990er Jahre unter den meisten Libanesen über die antiisraelischen Widerstandsaktivitäten der Hizbullah ein „Konsens" herrschte, dass sie dabei „einen guten Job mache."[205] Der beschriebene Handel mit der Regierung gab ihr nun erstmals die Chance, sich zudem als politische Partei zu etablieren. Für die Hizbullah-Führung, die sich, wie anhand ihrer Beteiligung an den libanesischen Parlaments- und Kommunalwahlen ab 1992 aufgezeigt, letztlich entschied, diesen Weg zu wählen – und somit trotz ihrer Kritik am politischen System des Landes selbiges de facto anerkannte –, bedeutete dieser Schritt kein leichtes Unterfangen. Im Gegenteil, er war mit einer massiven, organisatorischen wie ideologischen, internen Transformation der Gruppierung verbunden. Das größte Hindernis stellten dabei einige einflussreiche Mitglieder dar, die sich vehement weigerten, den neuen Pfad zu beschreiten. Aus ihrer Sicht würde die

---
[203] Palmer-Harik, 2004, S. 46ff.
[204] Rosiny, 1996, S. 355.
[205] Siehe Palmer-Harik, 2004, S. 48.

Hizbullah hierdurch fundamentale Prinzipien aufgeben und Ausverkauf betreiben.

Wortführer der islamistischen Hardliner, die unter keinen Umständen von der Durchsetzung einer islamischen Theokratie im Libanon zurückweichen wollten, war der ehemalige und erste Generalsekretär der Hizbullah (1989-1991), Shaykh Subhi al-Tufayli.[206] Als dieser sich nach langjährigen vorhergegangenen parteiinternen Diskussionen nach wie vor standhaft weigerte, von seinem Standpunkt abzuweichen und schließlich sogar soweit ging, ohne vorherige Absprache mit der Partei eine Art eigene Bewegung unter dem Namen „Die Revolution der Ausgehungerten" mit dem Integrationskurs sowie der generellen politischen Linie der Hizbullah entgegenstehenden Ambitionen ins Leben zu rufen, wurde al-Tufayli schließlich im Januar 1998 von der Organisation ausgeschlossen. Eine nicht unerhebliche Anzahl Gleichgesinnter folgte ihm und in seinem Heimatort hat er bis heute eine kleine, aber stabile Anhängerschaft.

Diese dramatischen Entwicklungen wurden kontinuierlich von einem ideologischen Diskurs begleitet, in welchem es vor allem um die Frage ging, ob und inwieweit es aus islamistischer Perspektive zu rechtfertigen sei, sich an einem säkularen und demokratischen Staatssystem zu beteiligen und dieses somit implizit anzuerkennen. Man kam nach intensiver Vermittlung und Beratung von Ayatollah Fadlallah zu dem Ergebnis, dass eine Beteiligung unter den gegebenen Umständen nach islamischen Prinzipien zumindest nicht illegitim[207] und somit durchführbar sei. Die Hizbullah beschränkte sich vorerst ausschließlich auf die Einnahme einer national-loyalen Oppositionsrolle, weshalb ihre Führung offen stehende Ministerposten und somit die Möglichkeit einer Regierungsbeteiligung noch bis 2005 regelmäßig ausschlug.

Im Zuge und in Folge dieser Entwicklungen konnte die Hizbullah ihre seit 1992 ständig zunehmenden politischen Wahlerfolge verzeichnen und somit ihre gesellschaftspolitische Legitimation substanziell erhöhen. Ihre sehr erheblichen Aufwendungen im Bereich der sozialen und öffentlichen Dienstleistungen unterstützten dies besonders, denn hierbei konnte die Hizbullah quasi belegen, dass es ihr primär um das Wohlergehen aller libanesischen Bürger ging und nicht etwa nur um ihre schiitische bzw. muslimische Klien-

---

[206] Vgl. Mohns, Erik: Arbeitspapiere zu Problemen der internationalen Politik und der Entwicklungsländerforschung Nr. 38. Die Hizbollah – Chancen und Hindernisse bei der Transformation einer Guerilla in eine politische Bewegung in der libanesischen Nachkriegsgesellschaft, München, Ludwig-Maximilians-Universität München/Geschwister-Scholl-Institut für Politische Wissenschaft, Forschungsstelle Dritte Welt, 2005, S. 50.
[207] Vgl. Rosiny, 1996, S. 218ff.

tel. Zudem führte das Decken der Grundbedürfnisse einer großen Zahl von Libanesen in logischer Konsequenz zu einer wachsenden Loyalität und Solidarität gegenüber der Organisation, die hier mit vergleichsweise geringen Mitteln das erreichte, wozu der Staat seit Jahrzehnten nicht willens oder in der Lage gewesen war.

Der Nationalisierungsprozess der Hizbullah

Die Hizbullah ging nun mehr und mehr dazu über, sich auch als national-libanesische Partei darzustellen. Dies äußerte sich sowohl in einer nachvollziehbaren Verschiebung von einer revolutionären zu einer reformistischen Rhetorik im Umgang mit dem libanesischen politischen System – es sollte jetzt nicht mehr von außen zerstört, sondern von innen transformiert werden –[208] als auch in einem immer häufigeren und mittlerweile nahezu gleichberechtigten Auftauchen der libanesischen Flagge neben dem zumeist gelbgrünen Banner der Hizbullah, etwa auf Pressekonferenzen, auf dem Schlachtfeld, in ihren Medien und nicht zuletzt auf den verschiedensten, durch die Organisation vertriebenen Merchandise-Artikeln.[209]

Auch das offizielle Hizbullah-Logo wurde dem Wandel angepasst. So stand im unteren Teil ursprünglich geschrieben: „Die islamische Revolution im Libanon", was nicht nur das mögliche Vorhaben einen radikalen Systemumsturzes impliziert, sondern auch eine Wortwahl darstellt, mit der die Gründungsväter der Hizbullah bewusst ausdrücken wollten, dass die islamische Revolution eben nicht zwangsläufig an den national-libanesischen Kontext gebunden sei bzw. auf diesen beschränkt bleiben müsse. Heute steht hier stattdessen: „Der islamische Widerstand im Libanon", womit vermutlich schlicht die im Selbstverständnis der Hizbullah als prioritär bewertete Funktion betont werden soll. Ferner wurde der anfänglich nahezu ausschließlich transnational-islamistische Diskurs der Partei nun zunehmend von den Themen der libanesischen Innenpolitik dominiert, wobei die religiöse Rhetorik zwar nicht nachgelassen hat, aber in steigendem Maße eine rein symbolische Verwendung erfährt.[210]

Ein weiterer wichtiger Meilenstein im Nationalisierungsprozess der Gruppierung war die Abkehr von einer islamistischen „Monopolisierung" des Widerstandes gegen Israel, wie der ehemalige libanesische Premiereminis-

---

[208] Siehe ebd., S. 204.
[209] Nach Medienbeobachtungen des Verf. fehlte bei einigen der jüngsten Protestmärsche der Hizbullah ihr eigenes Banner nahezu vollkommen, während die Masse stattdessen umso mehr Libanonflaggen schwang.
[210] Vgl. Rosiny, 1996, S. 201ff.

ter Rafik Hariri es einmal vorwurfsvoll genannt hatte.²¹¹ So reagierte die Hizbullah auf den von verschiedenen, nicht ihrem Umfeld zuzurechnenden libanesischen Kräften geäußerten Willen oder Wunsch nach einer Beteiligung am nationalen Befreiungskampf mit dem Aufbau der „Libanesischen Brigaden des Widerstandes gegen die Besatzung". Deren erster Feldeinsatz fand am 14. März 1998 statt. Die Brigaden vereinigten Christen (ca. 17 %), Sunniten (ca. 38 %), Schiiten (ca. 25 %) und Drusen (ca. 20 %) zwar unter der militärischen Führung der Hizbullah, allerdings ohne dass die Kämpfer sich der Doktrin der Partei zu unterwerfen hatten.²¹²

Hizbullahbanner nahe Tyros mit der jüngeren Textvariante: *„Der Islamische Widerstand im Libanon"*

Mit diesem Schachzug konnte die Partei Gottes erneut einen Beleg dafür liefern, dass sie nicht vorhabe, irgendjemanden gewaltsam zu ihrer Ideologie zu bekehren, und zugleich ihren offiziellen Standpunkt untermauern, dass ihre Priorität nach wie vor auf dem Widerstand gegen die Besatzung lag. Nach Qassem wurden alleine bis November 1999 bereits 175 militärische Operationen dieser nationalen Widerstandsbrigaden innerhalb der Sicherheitszone durchgeführt, was für viele ein Zeichen dafür war, dass die Hizbul-

---
²¹¹ Siehe Palmer-Harik, 2004, S. 123.
²¹² Vgl. Qassem, 2005, S. 123.

lah es ernst meinte, wenn sie den Widerstand gegen Israel auch als national-libanesische und nunmehr eben nicht bloß als muslimische Pflicht bezeichnete, wie dies anfänglich überwiegend der Fall war.[213]

Militärische Erfolge gegen Israel, 1990-2000

Unter den beschriebenen, für die Hizbullah vergleichsweise begünstigenden Umständen – in etwa seit Bürgerkriegsende 1990 – sollte sie den Israelis und somit der fortschrittlichsten Militärmaschinerie des Nahen Ostens in den folgenden Jahren einen asymmetrischen Zermürbungskrieg in der Sicherheitszone liefern und hierbei empfindlich hohe Verluste zufügen. So trugen ihre muslimischen Guerilleros mit teilweise spektakulären militärischen Aktionen in hohem Maße, wenn nicht gar ausschließlich, zu Israels Abzug aus nahezu dem kompletten Libanon im Mai 2000 bei. Nach diesem in weiten Teilen der islamischen Welt, insbesondere aber im Libanon, Syrien und dem Iran, mehrheitlich als Triumph der Hizbullah betrachteten Abzug kam es dennoch zu keinerlei der befürchteten Übergriffe im Sinne einer „Siegerjustiz"[214] gegenüber den nun vollständig der Gnade der Hizbullah ausgelieferten, übrig gebliebenen Verbänden der Südlibanesischen Armee. Im Gegenteil verhielt sich die Organisation Augenzeugen zufolge vorbildlich und diszipliniert, als sie sich nach Zerschlagung der letzten Gegenwehr daran machte, die Südlibanesische Armee zu entwaffnen und deren Posten zu übernehmen. Festgenommene Kriegsverbrecher und Kollaborateure überstellte die Hizbullah den libanesischen Behörden zur Strafverfolgung.[215]

Israels vorhergegangene Forderung, nach dem eigenen Rückzug die libanesische Armee zur Sicherung der libanesisch-israelischen Grenze zu entsenden, war von der libanesischen Regierung derweil konsequent zurückgewiesen worden. Man begründete dies mit dem Argument der Legitimität des libanesischen Widerstandes unter der Führung der Hizbullah, solange Israel weiterhin libanesisches[216] bzw. arabisches Territorium besetzt halte. Diese Reaktion der Regierung, dabei im Speziellen die Erwähnung der israelischen Besatzung arabischen Territoriums, was primär als Referenz zu Palästina zu verstehen ist und somit auf einen gewissen Einfluss der Hizbullah hinweist,

---

[213] Vgl. ebd., S. 123.
[214] Vgl. Reuters, Christoph: Südlibanon. Jenseits des gelobten Landes, in Geo Nr. 4, 2001, S. 194f.
[215] Vgl. Palmer-Harik, 2004, S. 134ff; Rosiny, 2006, S. 18.
[216] Durch die fortlaufende Besatzung Israels einiger libanesischer Grenzstreifen, insbesondere des umstrittenen Gebiets der Shebaa-Farmen, bleibt die Rolle der Hizbullah als legitimer, nationaler, bewaffneter Widerstand, zumindest aus Sicht vieler Libanesen, bis heute unverändert erhalten. Palmer-Harik, 2004, S. 141ff.

lässt erkennen, inwieweit der Staat-Widerstand-Deal mittlerweile an Substanz gewonnen hatte. Sie zeigt auch, dass die Regierung trotz großen internationalen Drucks (hauptsächlich seitens der USA) bereit war, sich weiterhin für diesen stark zu machen. Rückendeckung erhielt sie bei dieser Entscheidung in der Hauptsache von Syrien, welches ein starkes Interesse daran hatte, die konventionellen syrischen und libanesischen Armeen möglichst von einer direkten Konfrontation mit Israel fernzuhalten.

Die libanesisch-israelische Grenze aus libanesischer Perspektive

Der Druck auf die libanesische Regierung ließ deutlich nach, als sich zeigte, dass die Sicherheitslage im Grenzgebiet sich je nach Sichtweise trotz oder gerade wegen der Präsenz der Hizbullah und der weitgehenden Abwesenheit der staatlichen Armee zu stabilisieren begann. So bemerkte der damalige französische Außenminister in einem Interview in Paris, dass „die Situation an der Grenze stabiler ist als zuvor eingeschätzt".[217]

Die Hizbullah ihrerseits tat alles dafür – besonders während dieser Zeit der dramatischen Ereignisse und der damit einhergehenden, verstärkten internationalen medialen Aufmerksamkeit –, keinen Zweifel an ihrer national-loyalen Gesinnung, ihrer Solidarität mit dem libanesischen Staat, dem Volk

---

[217] Siehe L'Orient-Le Jour, 02.06.2000, S. 3, zitiert nach ebd., S. 143.

und der Armee und an ihrer militärischen und politischen Legitimität aufkommen zu lassen. Auch hatte sie sich bereits im Vorfeld ihres bevorstehenden Einzugs in den Südlibanon rhetorisch darum bemüht, den dort ansässigen Bürgern – ein besonderer Fokus lag dabei auf den Christen – jegliche Sorge vor einem übertriebenen und gewalttätigen Machtgebaren ihrer Kämpfer zu nehmen. Deren Taten bestätigten diesbezüglich in der Folge ihre Worte und bis heute betont die Hizbullah, dass ihre „Waffen des Widerstands", wie ihre Mitglieder es nennen, ausschließlich der externen Verteidigung des Libanon und der Befreiung libanesischen Bodens – in beiden Fällen mit deutlicher Referenz zu Israel – dienen würden.[218]

Wandgemälde von Schulkindern in Tyros: „Unsere Würde ist unser Widerstand."

Von Beginn an machte die Hizbullah jetzt zudem klar, dass sie bereit war, „ihren Sieg" zu teilen, indem sie ihn wiederholt als nationalen Sieg des Libanon über Israel bezeichnete, obgleich sie natürlich keine Gelegenheit ausließ, sich und ihrem al-Muqawamah al-Islamiyyah zu diesem „historischen Erfolg" gratulieren zu lassen. Als Gratulanten konnte die Partei neben der libanesischen Regierung, internationalen Journalisten, hochkarätigen libanesischen Geschäftsmännern und Würdenträgern der verschiedensten

---
[218] Vgl. Rosiny, 2006, S. 4.

konfessionellen und politischen Spektren des Landes Gewerkschaftsführer und sogar offizielle Delegationen aus verschiedenen arabischen Staaten verzeichnen.[219]

Regierungsbeteiligung

Im September 2004 bewirkte Syrien durch seine traditionellen Einflusskanäle im libanesischen Parlament eine Verfassungsänderung, um eine Amtszeitverlängerung des syrientreuen maronitischen Präsidenten, General Émile Lahoud, quasi präventiv zu legitimieren. Dessen reguläre Amtszeit wäre ansonsten im November 2004 beendet gewesen und hätte nach bisher gängigem Recht nicht verlängert werden dürfen (obgleich dies in der Vergangenheit auch schon vorgekommen ist). Dieses offensichtliche Machtgebaren Syriens zog die kollektive Empörung des syrienkritischen Lagers im Libanon sowie am 20. Oktober 2004 schließlich auch den Rücktritt des bisherigen libanesischen Premierministers und einflussreichen Geschäftsmannes Rafik Hariri nach sich und führte in der Folge zu Massenprotesten und Kundgebungen, in denen der vollständige Abzug Syriens aus dem Libanon gefordert wurde. Die antisyrische Koalition bestand zu diesem Zeitpunkt vor allem aus der mehrheitlich drusischen, von Walid Jumblatt geführten Progressiven Sozialistischen Partei, der libanesischen Kommunistischen Partei, den meisten der weiteren kleinen linksgerichteten Fraktionen, Anhängern und Mitgliedern von Hariris Zukunftspartei, den rechtsgerichteten, mit der Phalange assoziierten Lebanese Forces und den Anhängern des sich zu diesem Zeitpunkt noch im französischen Exil befindlichen Michel Aoun und seiner Freien Patriotischen Bewegung.[220]

Als Rafik Hariri am 14. Februar 2005 durch eine Bombenexplosion gezielt ermordet wurde, intensivierte sich der öffentliche Protest gegen die syrische Präsenz und schlug zumindest rhetorisch teilweise in offene Feindseligkeit um. Nach Auffassung der Protestbewegung stand eindeutig Syrien hinter dem Attentat auf Hariri und man appellierte vehement, wenn auch indirekt, an die internationale Gemeinschaft, Syriens Abzug aus dem Libanon durchzusetzen bzw. voranzutreiben.[221]

Die internationale Wahrnehmung der syrischen Präsenz im Libanon hatte sich über die Jahre hinweg signifikant gewandelt. Hatte man Syrien nach dem Taif-Abkommen noch als primär stabilisierenden Faktor für die innerlibanesische Situation gewertet und Beschneidungen der libanesischen Demo-

---

[219] Palmer-Harik, S. 140ff.
[220] Choucair, 2006, S. 6f.
[221] Ebd., S. 7.

kratie hierfür in Kauf genommen, so hatten vor allem Syriens beschriebene Annäherung an den Iran und die Rolle des Landes im israelisch-arabischen Konflikt zu einem Paradigmenwechsel geführt.[222] Syrien wird von den USA und anderen westlichen Staaten mittlerweile offen als „Schurkenstaat" bezeichnet, der in die „Achse des Bösen" einzuordnen und entsprechend zu behandeln wäre.

Insofern überrascht es nicht, dass nun in Folge der beschriebenen Ereignisse der internationale Druck – insbesondere durch die USA – auf die syrische Regierung Assad mit der korrespondierenden Forderung nach dem Abzug aller syrischen Kräfte aus dem Libanon massiv erhöht wurde.[223] Im Zuge dessen war es bereits im September 2004 zum Beschluss der UN-Resolution 1559 gekommen, die den Abzug „aller verbleibenden ausländischen Streitkräfte" aus dem Libanon fordert, ohne Syrien dabei direkt zu nennen. Darüber hinaus verlangt die Resolution die „Entwaffnung aller libanesischen und nichtlibanesischen Milizen", womit primär die Hizbullah adressiert werden sollte.[224]

Angesichts dieser Entwicklungen musste Assad letztlich nachgeben. Syrien leitete daher noch im Februar 2005 den geforderten Truppenabzug ein, der mit dem 26. April 2005 abgeschlossen war. Dennoch blieb Präsident Lahoud auf parlamentarischen Beschluss vom 3. September 2004 im Amt. Seine erneute Amtszeit endete regulär am 23. November 2007.[225] Zudem vermuten Insider, dass der syrische Geheimdienst noch genauso stark im Libanon vertreten ist wie eh und je. Das Szenario einer prinzipiell fortlaufenden syrischen Einflussnahme auf die libanesische Regierung ist daher nicht völlig aus der Luft gegriffen.

Es ist allerdings wichtig zu verstehen, dass rund die Hälfte der Libanesen – darunter vor allem auch die gesamte Hizbullah sowie die Amal – sich während der beschriebenen, hier relevanten Ereignisse gegen den Abzug der Sy-

---

[222] Ebd. S. 4.
[223] Im Mai 2002 fügte der Staatssekretär im US-Außenministerium John R. Bolton in einer Rede vor dem US-amerikanischen Think Tank *Heritage Foundation* der bisherigen „Achse des Bösen" drei weitere Staaten – namentlich Syrien, Libyen und Kuba – hinzu. Ende September 2003 bezeichnete er Syrien öffentlich als „Schurkenstaat". Siehe Bolton, John R.: Beyond the Axis of Evil: Additional Threats from Weapons of Mass Destruction, The Heritage Foundation Lectures, 06.05.2002, S. 7; Khalatbari, Babak: Länderstudie. Syrien, Düsseldorfer Institut für Außen- und Sicherheitspolitik, 2004, S. 8.
[224] Siehe Sicherheitsrat der Vereinten Nationen (UN-Security Council) (Hrsg.): Resolution 1559 (2004) on Lebanon, beschlossen durch den UN-Sicherheitsrat in seiner 5028. Sitzung vom 02.09.2004.
[225] Vgl. Bickel, Markus: Assad bleibt im Libanon am Drücker, in: taz, 28.04.2006; BBC News (Online): Lebanese presidency ends in chaos, 23.11.2007.

rer positionierte und dies auch in mehrfachen Protestdemonstrationen deutlich zum Ausdruck brachte. Es herrscht also bei weitem kein Konsens über die von den Syrern gespielte Rolle im Libanon, wie in seinerzeit veröffentlichten Medienberichten über die „Zedernrevolution" – ein Begriff, der für den hier gemeinten Kontext schwerlich irreführender hätte gewählt werden können – gerne und häufig suggeriert wurde.[226]

Die Parlamentswahlen vom Juni 2005 markierten dann einen erneuten, gravierenden Wendepunkt sowohl in der politischen Strategie als auch hinsichtlich des nationalen Integrationsprozesses der Hizbullah. Hatte sie die ihr offen stehenden Ministerposten auch bis dato stets mit der Begründung, kein unterstützender Faktor eines Systems sein zu wollen, welches man kategorisch ablehne, rigoros ausgeschlagen, nahm sie diese Möglichkeit jetzt dennoch – für viele Beobachter äußerst überraschend – wahr und stellte in der Folge zwei Minister, womit sie nunmehr offiziell Teil der libanesischen Regierung geworden war.

Seither ist die Partei Gottes zudem eng und im Hinblick auf jüngste Ereignisse scheinbar auch nachhaltig[227] mit der Freien Patriotischen Bewegung, der Fraktion des christlichen Generals a.D. Michel Aoun – ehemaliger Bürgerkriegsgegner auch der Hizbullah und zugleich die traditionell profilierteste Figur aller antisyrischen libanesischen Kräfte – verbündet. Aoun war erst nach dem syrischen Truppenabzug pünktlich zu den Wahlen aus seinem Pariser Exil zurückgekehrt und hat zwischenzeitlich offensichtlich einen Sinneswandel durchlaufen. Dieses Bündnis ist insofern bedeutend, als dass die von dem Veteranen Aoun geführte Bewegung heute die Mehrheit der Christen des Landes repräsentiert und darüber hinaus – dem geschätzten Altersdurchschnitt ihrer Mitglieder nach zu urteilen – auch die vermutlich jüngste Bewegung des Libanon darstellt.[228]

Des Weiteren lassen sich die beiden großen konkurrierenden politischen Lager im Libanon um die Hizbullah einerseits und den Ministerpräsidenten Fuad Siniora andererseits spätestens seit Beginn der Zusammenarbeit von Freier Patriotischer Bewegung und Hizbullah, nicht mehr schlicht in pro- und anti-syrische Koalitionen unterteilen. Dies war ohnehin zu keiner Zeit wirklich zutreffend, da selbst viele der vehementesten Befürworter der syri-

---

[226] Vgl. El-Gawhary: Mehlis-Report belastet Syrien schwer, in: taz, 14.12.2005; Gresh, 2005.
[227] Trotz einer gravierenden innenpolitischen Krise seit Ende des Sommerkriegs hält das Bündnis mit Aoun und seiner Partei, der Freien Patriotischen Bewegung unverändert an.
[228] Vgl. Wettig, Hannah C.: Aufbruch in Libanon. Auf dem Weg zur Zedern-Revolution: Reportagen aus Beirut, Berlin, Vorwärtsbuch, 2005, S. 79ff, 259; Zand, 2006, S. 156-158; BBC News (Online): Middle East. Profile: Michel Aoun, 13.06.2005.

schen Präsenz im Libanon diese Position vordergründig nur vertraten, da sie in ihrer Wahrnehmung das kleinere Übel gegenüber einer aus dieser Sicht ständig drohenden, erneuten Besatzung durch Israel darstellte.[229] Außerdem war auch das Verhältnis der Hizbullah zu Syrien niemals in diesem Sinne ein wirklich herzliches und alles andere als spannungsfrei.

Qassem hatte die Möglichkeit einer Regierungsbeteiligung noch in seiner 2005 erschienenen Insider-Monografie zur Hizbullah relativ ausführlich diskutiert und hauptsächlich mit o.g. Begründung zumindest als kurzfristige Option ausgeschlossen.[230] Warum man sich dennoch dazu entschieden hat diesen Weg zu gehen, kann derzeit zwar nur spekuliert werden, vermutlich war es vor allem eine strategische Reaktion auf den Abzug der syrischen Truppen und der damit mutmaßlich einhergehende Wegfall syrischen Einflusses auf die libanesische Regierung. Denn bisher hatte sich die Hizbullah darauf verlassen können, dass Syrien – auch im eigenen Interesse – für die Aufrechterhaltung der Legitimität ihrer Widerstandsaktivitäten im Land Sorge tragen würde. Insofern ist es wahrscheinlich, dass man sich nunmehr genötigt sah, eigene Vorkehrungen zu treffen, um an den wesentlichen Stellen Einfluss ausüben zu können.

Die teilweise ambivalenten Äußerungen der libanesischen Regierung zu einer vermeintlichen Entwaffnung der Hizbullah während und kurz nach der jüngsten israelischen Offensive gegen den Libanon, „Gerechter Lohn" vom 12. Juli bis zum 14. August 2006, resultieren auch aus einer solchen politisch legitimen Einflussnahme der regierungsbeteiligten Hizbullah. Sie scheinen daher eine solche Annahme zu bestätigen. Denn trotz aller militärischen wie diplomatischen Anstrengungen der israelischen Regierung konnte diese keines der erklärten Ziele der Offensive – also eine vollständige Entwaffnung der Hizbullah und die Freilassung zweier „gekidnappter" bzw. „verhafteter" israelischer Soldaten – gegenüber dem Libanon durchsetzen. Im Gegenteil scheint sich hier trotz der unterschiedlichen Meinungen der libanesischen Bevölkerung zu dieser Organisation ein wiederholt beschriebenes Phänomen bestätigt zu haben: Im Augenblick der direkten kollektiven Bedrohung von außen hält das libanesische Volk trotz seiner Heterogenität überwiegend zusammen und bedient sich eher seiner nationallibanesischen als irgendeiner untergeordneten Identität.[231]

---

[229] Vgl. Interview des Verf. Und M. Büscher mit anonym (1), Tyros, 15.01.2007, S. 2; Ebd. (2), Baalbeck, 20.01.2007, S. 2; Ebd., (3), Baalbeck, 20.01.2007, S. 2.
[230] Vgl. Qassem, 2005, S. 196ff.
[231] Vgl. Palmer-Harik, S. 119ff; Jaber, 1997, S. 199; El-Gawahary: Hisbollahs Macht, Israels Ohnmacht, in: taz, 14.07.2006, S. 1.

Der Sommerkrieg 2006

Am 12. Juli 2006 nahm die Hizbullah zwei israelische Soldaten im libanesisch-israelischen Grenzgebiet gefangen, acht weitere wurden bei dem anschließenden Scharmützel getötet. Israelische Militär- und Regierungsstellen bestehen seither darauf, dass diese Soldaten auf israelischem Territorium gekidnappt wurden, während die Hizbullah, die libanesische Regierung und die libanesische Armeeführung damals von einer „Gefangennahme bewaffneter israelischer Soldaten auf libanesischem Boden im Grenzgebiet" sprachen.[232] Israel nahm dies als Anlass, noch am selben Tag eine groß angelegte – und wie man mittlerweile weiß, von langer Hand geplante –[233] Luft-, Boden- und See-Offensive unter dem Namen „Operation Gerechter Lohn" gegen den Libanon einzuleiten. Der resultierende Krieg gegen den Libanon, der mit dem Inkrafttreten der UN-Resolution 1701 und der hierin geforderten, bis heute währenden Waffenruhe vom 14. August vorerst sein Ende fand, wird seither häufig, wie auch in der vorliegenden Arbeit, als „Sommerkrieg 2006" bezeichnet.[234]

Augustus Richard Norton beziffert die kriegsbedingten Opferzahlen in der libanesischen Zivilbevölkerung mit 1.109 und die Zahl der vertriebenen bzw. evakuierten Libanesen – überwiegend aus dem Süden – mit rund 900.000. Des Weiteren spricht er von einem geschätzten Schaden von 4 Mrd. US$ sowie einem zusätzlich zu erwartenden Ausfall von 2 Mrd. US$ allein durch den Kollaps der Tourismusbranche. Für die israelische Seite nennt er 43 getötete Zivilisten, 500 vertriebene Nordisraelis und einen Sachschaden von ca. 500 Mio. US$. An militärischen Verlusten führt er zudem 118 israelische und 28 libanesische Soldaten sowie ca. 200 Mudjaheddun der Hizbullah auf.[235]

Die überwältigende Mehrheit der Libanesen hat die Operation Gerechter Lohn im Gegensatz zu Israels offizieller Umschreibung als ausschließlich gegen die Hizbullah gerichtete Aktion nur als wiederholten und rücksichtslosen Angriff auf die gesamte libanesische Nation, dabei vorzugsweise auf die

---

[232] Vgl. Cochrane, Paul: Legenden im Libanon-Krieg. Jenseits aller Grenzen, in: Frankfurter Allgemeine Zeitung (FAZ) Nr. 187, 14.08.2006, S. 34.
[233] Benn, Aluf: Report: Interim findings of war won't deal with personal failures, in Haaretz, 08.03.2007 (o.S.).
[234] Makdisi, Karim: Israels 2006 War on Lebanon. Reflections on the international Law of Force, in: The MIT Electronic Journal of Middle East Studies, Vol. 6, Sommer 2006, S. 9.
[235] Zur Zahl der getöteten Hizbullah-Kämpfer merkt Norton an, dass israelische Quellen zwar von ca. 500 Toten sprechen würden, diese Zahl aber allen verlässlichen Informationen nach zu hoch angesetzt sei. Siehe Norton, 2007, S. 142; 152.

Zivilbevölkerung und die Wirtschaft, empfinden.²³⁶ Die Hizbullah wurde hierbei von vielen „als Beschützerin des Landes" und nicht etwa als der Aggressor wahrgenommen.²³⁷ Dass es nach der Zerstörung großer Teile des Landes durch israelische Bombardements wieder einmal die Hizbullah war, die umgehend den Wiederaufbau und die Versorgung (wie die kostenlose Ausgabe von über 25.000 Essensrationen und dringend benötigter Medizin) sowie Entschädigungszahlungen für die am schlimmsten Betroffenen (ca. 15.000 ausgebombte Familien haben jeweils 10-12.000 US$ erhalten)²³⁸ einleitete, hat ihr einen weiteren Zuwachs an Sympathisanten gebracht. Hasan Nasrallah ist mittlerweile zu einem neuen arabischen Nationalheld (im Sinne der „arabischen Nation") avanciert bzw. wird weltweit vielerorts als solcher betrachtet.

Hizbullah Heldengedenktafel mit Fahne: *„Männer Gottes. Märtyrer für das wahre Versprechen."*

Unter den Hizbullah-Befürwortern wird der Rückzug der Israelis und deren Scheitern im Hinblick auf die zuvor bekannt gegebenen, offiziellen Ambitionen als neuerlicher Sieg der Gruppierung über Israel gewertet, was auch ihrem militärischen Pathos Auftrieb gibt. Als besonders bemerkenswert er-

---

[236] Makdisi, 2006, S. 10.
[237] Vgl. Rosiny, Interview, in: taz, vom 09.08.2006.
[238] Norton, 2007, S. 140.

schien vielen Beobachtern auf allen Seiten gleichermaßen, dass die Hizbullah erstmalig in der Lage war, längere Stellungsgefechte gegen Israels Armee durchzuhalten und solche gar für sich zu entscheiden, so dass es den israelischen Bodentruppen trotz nachdrücklicher Anstrengungen nicht möglich war, weiter als wenige Kilometer ins Landesinnere vorzurücken.

Der israelische Oberstleutnant Rafowicz räumte sinngemäß ein, dass das Erfolgsrezept der Hizbullah nicht nur in ihrer Unterstützung durch den Iran, sondern vor allem auch in der Moral ihrer Kämpfer und den Organisationsstrukturen des Islamischen Widerstandes zu suchen wäre. Er fügte hinzu: „Sie eifern danach, unseren Truppen entgegenzutreten. Sie tragen keine Selbstmordgürtel, aber sie haben keine Angst zu sterben, was eine Abschreckung sehr erschwert".[239]

Auch dass es der Hizbullah am 19. Juli 2006 beinahe gelungen war, ein israelisches Kanonenboot der Klasse Saar-5 durch gezielten Raketenbeschuss zu versenken, wodurch vier israelische Besatzungsmitglieder ums Leben kamen und das Boot aufgrund der verursachten Beschädigungen zumindest stundenweise kampfunfähig wurde, sorgte nicht nur in militärischen Fachkreisen für große Überraschung. Die hierfür eingesetzten Waffen, u.a. zwei radargesteuerte chinesische C-802 Marschflugkörper, waren keine, von denen die Fachwelt bisher angenommen hätte, dass die Hizbullah über sie verfügen würde.[240]

Rosiny kommentierte das Ergebnis des Krieges im Hinblick auf den Integrationsprozess der Hizbullah mit folgender Äußerung:

„dieser Krieg war wirklich unnötig, zumal im Libanon gerade ein 'nationaler Dialog' stattfand, in dem die Entwaffnung der Hisbollah und ihre teilweise Integration in die Armee ganz oben auf der Tagesordnung standen. Allen Beteiligten – auch der Hisbollah – war dabei klar, dass sie nicht dauerhaft als Miliz bestehen bleiben würde. Möglicherweise wäre es in den nächsten Wochen oder Monaten hier zu einem Durchbruch gekommen. Doch diese Entwicklung wurde nun unterbrochen."[241]

Diese Einschätzung, die hier im Kern geteilt wird, lässt darauf schließen, dass der weitere Integrations- und Transformationskurs der Hizbullah auch erheblich von der Art und dem Ausmaß internationaler Einflussnahme ab-

---

[239] Siehe Urquhart, Conal: Computerised weaponry and high morale, in: The Guardian, Metulla, 11.08.2006 (o.S.).
[240] Siehe Blanche, August/September 2006, S. 19; Vgl. ebd.
[241] Siehe Rosiny, Interview, in: taz, 09.08.2006.

hängen wird. Die jüngsten, aus sicherheitspolitischer Sicht eher beängstigenden innenpolitischen Ereignisse im Libanon, auf die im nächsten Kapitel eingegangen wird, machen diesen Zusammenhang auf alarmierende, dafür umso anschaulichere Weise deutlich.

Die Hizbullah zwischen Integration und Eskalation

Die relative innenpolitische Harmonie im Libanon seit den Parlamentswahlen von 1992 wurde durch die Ermordung Hariris und den Abzug Syriens fundamental erschüttert, erfuhr dann aber spätestens nach dem Sommerkrieg 2006 eine nachhaltige Zäsur. Der derzeitige Premierminister des Libanon, Fuad Siniora (von der Zukunftspartei), der seinen Posten seit den Parlamentswahlen vom Juli 2005 innehat,[242] wird seit dem Krieg auf internationaler Ebene als Alleinvertreter des Libanon behandelt. Doch obgleich er als Premierminister zwar die Verantwortung der faktischen Regierungsführung trägt, sind die außenpolitische Repräsentation und die Verhandlungsführung über internationale Abkommen (unter Konsultation des Premierministers) nach wie vor Aufgabe des Staatspräsidenten.[243] Zudem scheint seine innenpolitische Legitimation kontinuierlich zu schwinden. So hatte sich ein Zerwürfnis zwischen der Hizbullah und ihren Verbündeten – dem Oppositionsbündnis – einerseits und den Anhängern und Alliierten Sinioras – der Koalition der Regierungstreuen – andererseits, bereits während der Kampfhandlungen des Sommerkrieges angebahnt, als Siniora rhetorisch mehr und mehr dazu überging, sich von der Hizbullah zu distanzieren und sich quasi als Gefangener im eigenen Land zu präsentieren.

Als man am 26. Juli 2006 eine internationale Konferenz zum Krieg im Libanon in Rom abgehalten hatte, waren die wichtigsten, direkt beteiligten Konfliktparteien nicht zugegen. Während Israel keine Delegation entsandte, waren Hizbullah und Hamas – die sich, wie auch die Fatah, im Windschatten des Libanonkrieges den heftigsten Bombardements Palästinas seit Jahren ausgesetzt sah und sich schwere Gefechte mit der israelischen Armee lieferte – nicht einmal eingeladen. Auch hielt man es offenbar nicht für nötig, Syrien und Iran einzuladen. Stattdessen nahmen neben Fuad Siniora für den Libanon die großen Akteure der Weltpolitik, die EU, die USA, Vertreter der UN und der Weltbank, Frankreich, Deutschland, Italien u.a. teil, um eine

---

[242] Fisk, Robert: Please spare me the word 'terrorist', in: The Independent (Online), 03.02.2007.
[243] Vgl. Carnegie Endowment for International Peace/Fundación para las Relaciones Internacionales y el Diálogo Exterior, 2006, S. 3ff; Ghandour, Thaer: Libanon: Noch ein Minister zurückgetreten, in: Der Tagesspiegel Online, 14.11.2006.

mögliche Beilegung des Konfliktes und die Zukunft des Libanon zu diskutieren.[244]

Nach dem Abklingen der Kampfhandlungen des Sommerkrieges kam es relativ schnell zu einer gravierenden innenpolitischen Krise im Libanon. In deren Zentrum stehen seitdem erstens die Kontroverse über die Bewaffnung der Hizbullah und zweitens die von den Regierungstreuen sowie den USA und anderen westlichen Staaten geforderte Errichtung eines internationalen Tribunals zur Klärung der Täterfrage im Mordfall Hariri.[245] Hier bezieht sich der konkrete Streit allerdings nicht auf die Frage, ob ein solches Tribunal errichtet werden sollte, worüber sich Regierung und Opposition weitgehend einig sind, sondern darauf, unter welchen Rahmenbedingungen es gegebenenfalls installiert werden und operieren soll.[246]

Die Regierungstreuen plädieren für eine Einsetzung des Tribunals unter Kapitel VII der UN-Charta („Maßnahmen bei Bedrohung oder Bruch des Friedens und bei Angriffshandlungen"), was den UN gestatten würde, dies auch ohne parlamentarische Zustimmung des Libanon zu unternehmen und ihnen auch die Möglichkeiten von Sanktionen bis hin zur Anwendung militärischer Gewalt gäbe, um die Handlungsfähigkeit des Tribunals im Zweifelsfall unter Zwang durchzusetzen. Das Oppositionsbündnis hingegen macht die Errichtung des Tribunals unter Kapitel VI der UN-Charta („Die friedliche Beilegung von Streitigkeiten") zur Bedingung für eine Einigung. In diesem Fall obläge die Oberaufsicht libanesischen Instanzen.[247]

Die Ermordung Pierre Gemayels, Enkel des gleichnamigen Gründers der Phalange und eine der Führungspersonen des regierungstreuen Lagers, am 21. November 2006 im Zuge einer ganzen Serie von Anschlägen im Libanon, die mit der Ermordung Hariris ihren traurigen Anfang nahm, gab der ohnehin gefährlichen Situation zusätzliche Brisanz.[248] Bereits Anfang März 2006 hatte man ein „nationales Versöhnungskomitee" gebildet, welches unter der Beteiligung der Führungspersönlichkeiten aller größeren politischen Strömungen des Landes in unregelmäßigen Abständen tagte, um eine Ausweitung der sich abzeichnenden innenpolitischen Krise zu verhindern.[249]

---

[244] Musharbash, Yassin: Wie die Hisbollah gezähmt werden soll, in: Spiegel-Online, Rom, 26.07.2006.
[245] International Crisis Group (Hrsg.) (2): Lebanon at a Tripwire, Beirut/Jerusalem/Amman/Brüssel, Middle East Briefing N°20, 21.12.2006, S. 1f.
[246] Vgl. Al-Manar TV (Online): Hezbollah and Amal Movement ministers resign from Lebanon cabinet, 12.11.2006.
[247] Siehe United Nations Regional Information Centre for Western Europe (UNRIC): Charta der Vereinten Nationen, S. 7f.
[248] Sahm, Ulrich W.: Ein Mord mit blutiger Vorgeschichte, in: Weser Kurier Nr. 275, 23.11.2006, S. 4.
[249] Siehe Dunne, Michele; Choucair, Julia: Arab Reform Bulletin, Vol. 4, Nr. 2, März 2006, S. 6.

Als auch dieses Komitee angesichts der fortschreitenden Polarisierung nach dem Sommerkrieg an seiner Aufgabenstellung scheiterte, traten am 4. November 2006 sämtliche schiitischen Minister, also je zwei der Hizbullah und der Amal und ein unabhängiger, aber der Hizbullah zugerechneter, zurück. Es folgte am 6. November ein Präsident Lahoud nahe stehender, christlicher Minister. Seither fordern diese zusammen mit ihren Parteien und Verbündeten die Angleichung des festgelegten Proporzes für schiitisch zu besetzende Ministerposten an ihren tatsächlichen Anteil an der Bevölkerung, d.h. ein Verhältnis von 11 oppositionellen zu 19 regierungstreuen Ministern (um somit eine Sperrminorität in der Regierung zu erhalten), den Rücktritt der restlichen derzeitigen Regierungsmitglieder und anschließende Neuwahlen unter einem reformierten Wahlgesetz.[250]

Außerdem betrachtet das Oppositionsbündnis, inzwischen bestehend aus der Hizbullah, der Amal, der Freien Patriotischen Bewegung, der überwiegend maronitischen Partei *Marada* des ehemaligen Ministers und einflussreichen christlichen Führers Suleiman Franjieh, den verschiedenen syrientreuen Fraktionen, der libanesischen Kommunistischen Partei und den meisten linksgerichteten Splittergruppen des Landes, die Regierung Siniora als verfassungswidrig. Als Begründung führt sie an, dass diese trotz der für das libanesische Kabinett vorgeschriebenen Parität von Christen und Muslimen (die seit dem Ausscheiden der Minister nicht mehr gegeben ist) darauf bestehe, im Amt zu bleiben.[251] Ferner misstraut die Opposition Siniora in seiner Eigenschaft als Verwalter der an den Libanon nach der internationalen Geberkonferenz in Paris vom 25. Januar 2007 ausgeschütteten Wiederaufbaugelder.[252] Dies nicht zuletzt deshalb, weil der Wiederaufbau im von den Kriegsschäden am schlimmsten betroffenen Süden des Landes bisher noch nicht staatlicherseits angegangen wurde, sondern nur von der Hizbullah betrieben wird.[253] Die Weigerung der Regierung, die zurückgetretenen Minister offiziell zu entlassen und Neuwahlen durchzuführen, spräche zudem dafür, dass ihre Mitglieder Angst vor dem Ausgang solcher Wahlen hätten, was wieder-

---

[250] Vgl. Al-Manar TV (Online), 12.11.2006.
[251] Die Führungspersönlichkeiten der verschiedenen Fraktionen innerhalb der Opposition sprechen bzgl. der Regierung Siniora im Allgemeinen nur abfällig von der „verfassungswidrigen Regierung". Vgl. Al-Manar TV (Online): Lebanon's speaker says cabinet meetings 'unconstitutional', 15.11.2006. In einem förmlichen Schreiben des Staatspräsidenten Émile Lahoud an Siniora nach dem Ausscheiden der Minister soll es wörtlich geheißen haben: „Nach dem Rücktritt aller schiitischen Minister hat die Regierung keine verfassungsmäßige Legitimität mehr und auch jede [weitere] Kabinettssitzung ist widerrechtlich.". Lahoud, Émile, November 2006, zitiert nach Ghandour, 2006.
[252] Tagesspiegel Online : Geberkonferenz. Milliardenhilfe für den Wiederaufbau, Paris, 25.01.2007.
[253] Beobachtungen des Verf. im Libanon; Vgl. Ebd.

um als Indiz für das Wissen um ihre eigene Illegitimität in den Augen des Volkes gewertet wird. Insofern sieht man sich seitens der Opposition durch Wort und Tat der Regierung in der eigenen Position bestätigt.

Das Lager der Regierungstreuen vereint nunmehr vor allem die von Saad Hariri weitergeführte Zukunftspartei und Jumblatts Progressive Sozialistische Partei sowie Phalange und Lebanese Forces. Letztere stehen neuerdings wieder unter der persönlichen Führung des ultrarechten Samir Gagea.[254] Von diesem, Siniora, und anderen Führungspersonen waren mittlerweile bereits mehrfach Titulierungen wie „Terroristen" und „Extremisten" für die Mitglieder der Hizbullah und ihrer Verbündeten zu vernehmen.

Während eines von der Opposition ausgerufenen, landesweiten Generalstreiks im Libanon am 23. Januar 2007 eskalierte die Situation teilweise in bedenklichem Maße. Als die Armee die Streikenden gewähren ließ, ließ Gagea im libanesischen TV sinngemäß verlautbaren, dass die Bürger sich unter diesen Umständen mit den ihnen zur Verfügung stehenden Mitteln selber zu verteidigen hätten, was als indirekter Aufruf zu den Waffen zu greifen gewertet werden kann. Bei nicht wenigen Libanesen weckte dies düstere Erinnerungen an die Art Rhetorik, die kurz vor dem Ausbruch des letzten Bürgerkrieges den Ton angab.[255]

Im Zuge des 24-stündigen Streiks kam es zu mehreren bewaffneten Zwischenfällen – an denen die Armee im Übrigen nicht direkt beteiligt war – wobei mindestens drei schiitische Streikende durch Schüsse zu Tode kamen. Die Hizbullah-Führung und insbesondere Hasan Nasrallah bekräftigten daraufhin mehrfach und vehement ihr Versprechen, unter keinen Umständen die Waffen ihrer Organisation zur Austragung innerlibanesischer Konflikte einzusetzen; dies auch nicht, wenn die Regierungstreuen noch weitere Oppositionelle umbringen würden: „Sie können 1000 der Opposition töten und wir werden uns dennoch weigern, an einem Bürgerkrieg teilzuhaben."[256]

Signifikanterweise war die Hizbullah tatsächlich an keiner der bewaffneten Auseinandersetzungen zwischen einigen Sunniten und rechtsgerichteten

---

[254] Samir Gagea war seit Januar 1986 Anführer der Lebanese Forces. 1994 wurde er verhaftet und in der Folge für seine Beteiligung an Morden und anderen Gewaltverbrechen während des Bürgerkrieges und dafür, auch nach dessen Ende eine Miliz im Deckmantel einer politischen Partei betrieben zu haben, zu mehreren lebenslänglichen Haftstrafen verurteilt. Nicht zuletzt, weil Gagea die einzige Person ist, die je für ihre Beteiligung an Bürgerkriegsverbrechen verurteilt wurde, war seine Inhaftierung nicht nur unter seinen Anhängern umstritten. Am 18. Juli 2005 wurde er durch eine parlamentarisch beschlossene Amnestie rehabilitiert und am 26 Juli vorzeitig entlassen. Vgl. lebanese-forces.org: Biography (of Samir Gagea), Lebanese Forces, 1995-2006.
[255] Beobachtungen des Verf. im Libanon und im libanesischen TV.
[256] Siehe Al-Manar TV (Online): Will Hezbollah hand 'Israel' its 6th defeat?, 24.03.2007.

Christen einerseits, und Schiiten sowie oppositionellen Christen andererseits personell beteiligt, was wohl in erster Linie auf ihre strikte Disziplin und den Gehorsam ihrer Mitglieder zurückzuführen ist.[257] Aoun bewertete den Streik einen Tag später in einer Pressekonferenz als generell erfolgreich im Sinne der Aufgabenstellung für einen Tag die Wirtschaft und den Verkehr des Landes weitgehend lahm zu legen, um somit friedlich Druck auf die Regierungstreuen auszuüben. In seiner Stellungnahme richtete er die folgende Frage an diejenigen sunnitischen und maronitischen Würdenträger des Libanon, die noch kurz zuvor den Generalstreik aufs schärfste verurteilt hatten:

Landesweiter Generalstreik: Brennende Straßensperren bei Tyros

„Könnt ihr das Verbrennen von Reifen verurteilen, ohne das Töten von Menschen in den Straßen zu verurteilen? Können die [sunnitischen und maronitischen Würdenträger] uns sagen, welches Verbrechen wir gestern begangen haben, dass die offiziellen Behörden ihre Milizen zu uns entsenden, um auf uns zu schießen?"[258]

---
[257] Ebd.; Vgl. Fisk, 25.01.2007.
[258] Siehe Al-Manar TV (Online): MP General Aoun: Strike completely successful, 24.01.2007.

Seitens des Oppositionsbündnisses wird gemutmaßt, dass durch die Ermordung schiitischer Oppositioneller der Einsatz der Waffen der Hizbullah gegen andere Libanesen provoziert werden sollte, was als Teil einer Gesamtstrategie gewertet wird, den Libanon als eine „Bastion des internationalen Terrorismus" darzustellen. Vor dem Hintergrund des US-geführten, weltweiten War on Terrorism und den Plänen zur „Neuordnung des Nahen und Mittleren Ostens" sowie der Berücksichtigung israelischer Interessen soll demnach eine fragwürdige Legitimationsbasis für eine weiterreichende internationale Einmischung im Libanon geschaffen werden.[259]

Diese Lesart erscheint insofern nicht unberechtigt, als dass vor allem die Regierungen der USA, der EU, Frankreichs, Großbritanniens, Deutschlands und der US-nahen arabischen Staaten Fuad Siniora zweifelsohne als ihren primären Ansprechpartner im Libanon betrachten, den sie politisch zu unterstützen gewillt sind. So sagte der deutsche Außenminister Frank-Walter Steinmeier, nachdem auf der Geberkonferenz für den Libanon (hauptsächlich durch o.g. Staaten) mehr als 7,6 Mrd. US$ zugesagt wurden, die in der Folge an die Regierung Siniora ausgeschüttet wurden: „Die Konferenz ist ein beeindruckendes Zeichen internationaler Solidarität mit dem Libanon" und der „Unterstützung für die Regierung Fuad Sinioras".[260]

Ein Sergeant der libanesischen Polizei aus dem Süden teilte dem Verf. in einem Interview seine Meinung zur politischen Festlegung Deutschlands in den folgenden Worten mit:

> „Die neue deutsche Regierung unterscheidet sich stark von der vorherigen SPD-Regierung. Sie möchte von Staat zu Staat eine Lösung herbeiführen und akzeptiert die Siniora-Regierung dabei als legitime Vertretung [der Libanesen], aber sie beachtet nicht die Volksmassen. Die vorherige [deutsche] Regierung hatte eine andere Haltung."[261]

Die Ziele der USA im Nahen und Mittleren Osten sind erklärt und hinreichend bekannt. Zu ihnen zählen für den libanesischen Kontext vor allem eine Demokratisierung nach westlichem Vorbild, die dann – wie im Übrigen auch im Falle eines demokratisierten Irak – möglichst zu einer Demokratisierungswelle in den anliegenden Staaten führen soll, und die Entwaffnung der von den USA als terroristische Vereinigung eingestuften Hizbullah.[262]

---

[259] Geouffre de La Pradelle, Géraud de; Korkmaz, Antoine; Maison, Rafaëlle: Wahrheitsfindung im Libanon. Welches Recht gilt bei der Suche nach den Mördern Rafik Hariris?, in: Le Monde diplomatique, April 2007, S. 11.
[260] Siehe Tagesspiegel Online, 25.01.2007.
[261] Siehe Interview des Verf. Und M. Büscher mit anonym (1), Tyros, 15.01.2007, S. 3.

Der freie britische Journalist und Libanonkenner Robert Fisk schreibt zur Rolle der USA im Libanon:

"Die Wahrheit ist, dass Washington mittlerweile viel tiefer in die Angelegenheiten des Libanon involviert ist, als die meisten Menschen, sogar die Libanesen selber, dies annehmen würden. Tatsächlich besteht die Gefahr, dass die US-Regierung – angesichts ihres desaströsen 'demokratischen Experiments' im Irak – sich nun dem Libanon zuwenden wird, um ihre Fähigkeit den Mittleren Osten zu demokratisieren, unter Beweis zu stellen". [263]

Als Anfang März 2007 im Kontext einer innerisraelischen Untersuchung des Sommerkrieges durch den israelischen Premierminister Ehud Olmert zugegeben wurde, dass ein Waffengang gegen den Libanon bzw. die Hizbullah bereits Monate vor dem Krieg geplant und offensichtlich im Vorfeld mit der US-Regierung abgestimmt worden war,[264] kam dies für viele Libanesen, unabhängig von konfessioneller oder politischer Zugehörigkeit, nicht sonderlich überraschend.[265] Verstärkend für die innerlibanesische Polarisierung wirkte aber die nach Auffassung der Opposition nun immer wahrscheinlichere Vermutung einer, wenn auch indirekten, Koordinierung (via USA) der israelischen Führung mit solchen Libanesen, die sich, wie Hasan Nasrallah es, ohne hierbei Namen zu nennen, ausdrückte, „an Washington gerichtet haben, um die USA dazu zu bewegen, Israel in den Libanon zu schicken, die Hizbullah zu vernichten und Resolution 1559 zu implementieren".[266]

Der israelische Friedensaktivist Uri Avnerny kommt in einer persönlichen Stellungnahme vom 10. März 2007 im Zuge einer Bewertung der Rolle des israelischen Ministerpräsidenten Olmert während des Sommerkrieges gar zu der folgenden Einschätzung:

„Im Libanon war es der Fuad Siniora-Regierung gelungen, alle proamerikanischen Kräfte zu bündeln. Sie hatten loyal alle Befehle Wa-

---

[262] Vgl. Haaretz.com: Italien PM: Mideast peace not possible with Lebanon in crisis, Beirut, 25.12.2006; International Crisis Group, 2006 (2), S. 1f; Makdisi, 2006, S. 9f; Zand, Bernhard: Libanon. Kampf der Marionetten, in: Augstein, Rudolf (Hrsg.): Der Spiegel Nr. 46, Hamburg, Spiegel Verlag Rudolf Augstein GmbH & Co. KG, 2006, S. 158.
[263] Siehe Fisk, Robert: US power games in the Middle East, in: The Independent (Online), 19.03.2007.
[264] Siehe Benn, 08.03.2007.
[265] Makdisi, 2006, S. 10.
[266] Siehe Al-Manar TV (Online): Sayyed Nasrallah: Lebanon is at new juncture, 10.03.2007.

shingtons ausgeführt, die Syrer vertrieben und die Untersuchung des Mordes an Rafiq Hariri unterstützt, der den Amerikanern den Vorwand für einen massiven Schlag gegen Syrien liefern solle.

> Nach den Informationen, die Olmert hatte durchsickern lassen, habe Condoleezza Rice ihn direkt nach Kriegsbeginn angerufen und ihm die aktuellste amerikanische Order übermittelt: Tatsächlich war erwünscht, dass Israel einen tödlichen Schlag gegen die Hisbollah, die Feinde Sinioras, ausführen solle, dass ihm aber absolut verboten sei, irgendetwas zu tun, das Siniora schaden könnte"[267]

Es muss ausdrücklich festgehalten werden, dass alle hier wiedergegebenen Vermutungen über eine vermeintliche israelisch-libanesische Interessenabstimmung zum Sommerkrieg 2006, abgesehen von den gewiss schwerwiegenden Äußerungen des israelischen Premierministers Olmert, bisher einer klaren Beweisgrundlage entbehren und daher unter Vorbehalt zu betrachten sind. Die weitgehende Unterordnung der Politik Fuad Sinioras unter die Interessen der USA im Nahen und Mittleren Osten sowie die Zusammenarbeit letzterer mit Israel können hingegen als nicht von der Hand zu weisende Gegebenheiten verbucht werden. So gibt auch Makdisi in einer Untersuchung des israelischen Vorgehens im Sommerkrieg an, dass Israels Ziel neben der endgültigen Neutralisierung der Hizbullah auch darin bestand „bei der Durchsetzung einer 'Pax Americana' im Mittleren Osten zu assistieren". Des Weiteren führt er aus, dass „der Krieg sich sehr schnell zu einer israelisch-amerikanischen Operation entwickelt" habe, nachdem

> „die USA sich einmal entschieden hatten, das zu nutzen, was sie in der Folge der katastrophalen Ergebnisse ihrer Politiken gegenüber Afghanistan und dem Irak als Chance für die Erschaffung eines neuen Mittleren Ostens begriffen".[268]

Bezüglich des Integrationsprozesses der Hizbullah ist nun für die letzte dessen behandelter „Stationen" zu sagen, dass dieser trotz aller beschriebenen turbulenten Ereignisse nicht etwa gebremst oder gar angehalten scheint. Im Gegenteil erlebt das Bekenntnis der Hizbullah zur libanesischen Nation insbesondere im Kontext ihres Bündnisses mit der Freien Patriotischen Bewegung derzeit einen neuen Höhepunkt. Auch die Dialog- und Kompromissbereitschaft ist bei der Hizbullah offensichtlich noch immer unverändert ge-

---

[267] Siehe Avnerny, Uri: Olmerts Wahrheit, ZNet Deutschland, 10.03.2007, S 2f.
[268] Siehe Makdisi, 2006, S. 9.

geben. Die folgende Äußerung eines Hizbullah-Parlamentariers anlässlich eines jüngeren französischen Vermittlungsangebotes kann hierfür als exemplarisch gelten: „Wir werden positiv auf jedwede Initiative eines jeden freundlichen oder brüderlichen Staates reagieren, der bestrebt ist, dem Libanon aus der Krise zu helfen."[269]

Schließlich erschien dem Verf. der konfessionsübergreifende Zuspruch durch die libanesische Bevölkerung vor Ort eher gestärkt als geschmälert, wenngleich die allgemeine innerlibanesische Polarisierung unbestreitbar massiv zugenommen hat.

Stand der Integrations- und Nationalisierungsprozesse

Für den derzeitigen Status Quo lässt sich zusammenfassend sagen, dass die Hizbullah als weitgehend national integriert und libanonisiert zu bezeichnen ist und dass sie seit ihrer Beteiligung an den Parlamentswahlen von 1992 zumindest noch bis zum Ausbruch des Sommerkrieges 2006 von den wenigsten ihrer innenpolitischen Gegner ernsthaft als interne militärische Bedrohung oder etwa als Terroristen wahrgenommen oder dargestellt worden wäre. Zu einem ähnlichen Ergebnis kommen auch die Analysten Judith Palmer-Harik, Stephan Rosiny, Lara Deeb und in den entscheidenden Punkten auch Magnus Ranstorp.[270]

Was die aktuellen Äußerungen einiger Wortführer der Regierungstreuen betrifft, so richteten sich diese aller Logik nach eher appellativ an die Regierungen der sich im War on Terrorism befindlichen Staaten, die als hierfür empfänglich betrachtet werden können, als an die libanesische Bevölkerung. Diese hat in der Mehrheit kein entsprechendes Problem mit der Hizbullah und kann den Wahrheitsgehalt solch populistischer Bemerkungen zudem jederzeit selbst überprüfen. Somit ist ihr qualitativer Inhalt sicherlich fragwürdig. Gleichwohl ist die mobilisierende Wirkung auf die Anhänger der Wortführer – im Hinblick auf die akute Gefahr einer wiederaufkeimenden innerlibanesischen Gewalteskalation – unbedingt ernst zu nehmen.

Wir haben gesehen, dass die Partei Gottes sich seit der Realisierung und Revidierung ihrer anfänglichen, nicht zu bagatellisierenden Verfehlungen spätestens ab 1988 nicht etwa als extremistisch und verbohrt, wie viele dies von religiösen Fundamentalisten erwarten würden, sondern vielmehr in nahezu allen Bereichen als pragmatisch, flexibel und offen für Veränderungen

---

[269] Siehe Al-Manar TV (Online): Lebanon rivals welcome French talks proposal, 08.06.2007.
[270] Vgl. Deeb, 2006, S. 115-125; Ranstorp, 1998, S. 1ff (S. 103-134); Rosiny 2006, S. 24f; Palmer-Harik, 2004, S. 194ff.

präsentiert hat.[271] Selbst im Lichte der jüngsten Entwicklungen scheint es kein fundiertes Indiz zu geben, das auf eine kurzfristige Abkehr von dieser Politik, insoweit dies von der Hizbullah selbst zu beeinflussen ist, schließen lassen würde. Zudem lassen sich entlang des Integrationsprozesses der Gruppierung auch *Spillover*-Effekte beobachten, wobei nach Ernst Haas und Leon Lindberg – obgleich ursprünglich bezogen auf den Integrationsprozess der EU – der Integration in einem Bereich nahezu zwangsläufig die in einem oder mehreren anderen Bereichen folgt.[272]

Das auffälligste Indiz hierfür stellt vermutlich der rapide Strategiewechsel von einer erklärtermaßen ausschließlich oppositionellen Partizipation am politischen System des Landes zur tatsächlichen Regierungsbeteiligung und konsequenten Verantwortungsübernahme für die zugewiesenen, ministerialen Portfolios dar. Auch zeigt sich die Wirkung von Spillover-Effekten anschaulich in der Korrespondenz zwischen den Prozessen der Etablierung als politischer Oppositionspartei einerseits und der graduellen Verschiebung von einem transnational-islamischen zu einem national-libanesischen, diskursiven Schwerpunkt sowie der hiermit verbundenen „Ordnung der eigenen Reihen" andererseits.

Zwar lässt sich bei der Hizbullah nur schwer ausmachen, ob ihre gesellschaftliche oder ihre politische Integrationsphase zuerst begonnen hat, aber zumindest scheinen beide Prozesse einander zu bedingen und sich gegenseitig anzuschieben, was auf eine gewisse Eigendynamik hinweist. Eine solche wiederum lässt nicht unbegründet darauf hoffen, dass es trotz einschneidender Zerreißproben, wie denen des letzten Krieges und seiner Nachwirkungen, nicht allzu einfach zu einer Stagnation der behandelten Prozesse, sondern vielmehr zu einer weiteren Annäherung zwischen den libanesischen Islamisten und ihrem heimatlichen wie regionalen Umfeld kommen wird.

Manche Wissenschaftler bewerten das Verhalten der Hizbullah vor und während des Sommerkrieges hingegen als Indiz dafür, dass diese sich zu desintegrieren begänne. Hamzawy schreibt, dass sie sich „von dem demokratischen Prinzip der einvernehmlichen Entscheidungsfindung verabschiedet" hätte. Er bezieht sich damit konkret auf den Moment der Gefangennahme israelischer Soldaten durch die Hizbullah, womit sie seiner Ansicht nach „selbstherrlich über Krieg und Frieden entschieden [und] das Recht der libanesischen Regierung – der sie selbst angehört – unterlaufen" habe, „über das Schicksal des Landes zu entscheiden".[273] Gleichwohl verurteilt er die israeli-

---
[271] Siehe Rosiny, 1996, S. 315.
[272] Haas und Lindberg sind Vertreter des Neofunktionalismus. Vgl. Nugent, Neill: The Government and politics of the European Union, Palgrave, 2003, S. 479.
[273] Siehe Hamzawy, Amr: Im Schatten des Libanonkriegs. Verlierer ist die Demokratie, in: Daily Star, 22.08.2006.

sche Reaktion als unverhältnismäßig und spricht den Libanesen prinzipiell das Recht auf Widerstand gegen ein solches Vorgehen zu.[274]

Nun übersieht Hamzawy bei seiner Beurteilung einige zu beachtende Umstände, auf die in den folgenden Abschnitten näher eingegangen wird und die hier daher nur in verkürzter Form erörtert seien:

Nach der Gefangennahme der israelischen Soldaten hatte man seitens der Hizbullah offensichtlich nicht mit einer derartigen israelischen Eskalationspolitik, wie sie im Sommerkrieg ihren Ausdruck fand, gerechnet, sondern wie in der Vergangenheit auch auf Verhandlungen mit Israel über einen anschließenden Gefangenenaustausch gehofft.[275]

Die Gefangennahme der Soldaten war zumindest zum Zeitpunkt ihrer Durchführung und unmittelbar danach keine Streitfrage zwischen der Hizbullah und dem libanesischen Staat, zumal die offiziellen libanesischen Behörden ebenfalls von einer Gefangennahme feindlicher Soldaten auf libanesischem Territorium berichteten.[276]

Die Hizbullah hat in ihrer Funktion als staatlich legitimierte, nationallibanesische Widerstandsbewegung gehandelt und dabei keine Entscheidung gefällt, die ihr in dieser Eigenschaft nicht bisher auch „stillschweigend obleген" hätte.

Somit hat die Organisation zu keiner Zeit das demokratische Prinzip der gemeinsamen Entscheidungsfindung verletzt und sich folgerichtig auch nicht von diesem verabschiedet. Der libanesische Staat hätte in den vergangenen Jahren wohl kaum dem Druck westlicher Staaten, die Hizbullah zu entwaffnen, standhalten können, wenn Themen wie militärische Operationen gegen israelische Soldaten im Grenzgebiet – die nicht nur im Hinblick auf die regelmäßigen israelischen Verletzungen des libanesischen Hoheitsrechtes und die nach wie vor von Israel besetzten, libanesischen Territorien von vielen Libanesen als Notwendigkeit betrachtet werden – im libanesischen Kabinett und/oder Parlament erörtert worden wären.

Die derzeitige innenpolitische Krise im Libanon resultiert neben dem letzten

---

[274] Ebd.
[275] Leenders, Reinoud; Ghazal, Amal; Hanssen, Jens: Introduction, in: The MIT Electronic Journal of Middle East Studies, Vol. 6, Sommer 2006, S. 6; Bickel, Markus: Wir hätten sie gar nicht erst gefangen, in: taz. Die Tageszeitung Nr. 8060, Beirut, Contrapress Media GmbH, 29.08.2006, S. 11.
[276] Spiegel (Online): Israelische Truppen dringen in den Libanon ein, Beirut, 12.06.2006.

Krieg vor allem aus einem durch den Abzug Syriens hinterlassenen Machtvakuum, das nun mehr und mehr die USA auszufüllen scheinen. Dabei setzen sie sich wie viele andere westliche Staaten teilweise über die Regeln der ohnehin empfindlichen libanesischen Demokratie hinweg, indem sie den Staatspräsidenten in seiner Eigenschaft als ersten Ansprechpartner für außenpolitische Absprachen übergehen[277] und stattdessen überwiegend nur mit dem Teil der libanesischen Regierungstroika kommunizieren, der bei der Mehrheit der Bevölkerung seine Legitimität verloren hat.[278]

Das Oppositionsbündnis vertritt eine solche Mehrheit der Libanesen. Alfred Hackenberger gibt in der Zeitschrift *Das Parlament* der deutschen Bundeszentrale für politische Bildung an, dass allein die Hizbullah und die Freie Patriotische Bewegung gemeinsam „knapp über die Hälfte der libanesischen Bevölkerung" repräsentieren würden.[279] Ein freier libanesischer Publizist, der anonym bleiben wollte, sprach dem Verf. gegenüber hinsichtlich des gesamten Oppositionsbündnisses von vorsichtig geschätzten, „mindestens 60 % des gesamten Landes".[280]

Mit dem unmissverständlichen, wenn auch politisch codierten Appell Sinioras an die USA, ihm und seinen Verbündeten gegen die Terroristen der Hizbullah zur Seite zu stehen, öffnete er die innerlibanesische Arena für die erneute Einflussnahme externer Interessengruppen bzw. fremder Staaten und katapultierte sensible innenpolitische Themen, insbesondere das der Bewaffnung der Hizbullah, effektiv in die internationale Diskussion. Als erster libanesischer Regierungsbeamter seit der Beendigung des Bürgerkrieges und den Parlamentswahlen von 1992 kündigte er somit einseitig den zuvor beschriebenen Handel zwischen Staat und Hizbullah auf und brach mit dem bisherigen innenpolitischen Konsens, dass das Thema einer Entwaffnung der

---

[277] Vgl. Carnegie Endowment for International Peace/Fundación para las Relaciones Internacionales y el Diálogo Exterior, 2006, S. 3ff. Seit dem Abtritt Emilé Lahouds, am 23.11.2007 bleibt der Präsidentschaftsposten vakant, was eine weitere Belastung für die innerlibanesische Situation mit sich bringt. Als letzte Amtshandlung übergab Lahoud die Verantwortung für die Sicherheit und die Stabilität des Landes an die Armeeführung. Zwar konnten sich die konkurrierenden Lager zwischenzeitlich auf einen gemeinsamen Präsidentschaftskandidaten, den Kommandanten der libanesischen Armee General Michel Suleiman, einigen, allerdings scheitert seine Wahl bislang an Verfahrensfragen. Vgl. El-Gawhari, Karim: Politische Spannungen in Beirut. Zerbrechliche Normalität, in taz, 13.02.2008; Kaminski, Jörg: Präsident Lahoud aus dem Amt geschieden. Armee soll Machtvakuum füllen, Tagesschau.de, Beirut, 24.11.2007; News.ch: Libanon soll neuen Präsidenten wählen, 05.09.2007; NZZ Online: Im Libanon soll General Michel Suleiman Präsident werden. Ende des wochenlangen Tauziehens - Verfassungsänderung notwendig, 04.12.2007; Awarekeh, Hanan: President's Departure Leaves Lebanon in Void, Al-Manar TV (Online), 24.11.2007.
[278] Vgl. Zand, 2006, S. 158.
[279] Siehe Hackenberger, 2006, S. 3.
[280] Siehe Interview des Verf. mit anonym (4), Beirut, 31.01.2007, S. 5.

Partei eine interne Angelegenheit sei, die nur in diesem Kontext sowie im Dialog mit der Organisation auszuhandeln wäre.

Die Forderungen der Opposition nach einer Neuverteilung der Sitze und einer Reform des libanesischen Wahlgesetzes sowie der hiermit verbundenen Neuaufteilung der Wahldistrikte und anschließenden Neuwahlen sind aus liberal-demokratischer Perspektive nicht schwer nachzuvollziehen. Daher überrascht die diesen Forderungen entgegenstehende Positionierung ausgerechnet jener Staaten (insbesondere der USA und Großbritannien), die sich den westlichen Demokratieexport ausdrücklich auf ihre Fahnen geschrieben haben. Geradezu paradox erscheint, dass dieselben Akteure, wie beschrieben, fundamentale Prinzipien der libanesischen Demokratie zu übergehen, sie somit offensichtlich zu destabilisieren bereit sind, ohne dieses Verhalten auch nur in Frage zu stellen, geschweige denn es zum Thema einer öffentlichen Diskussion zu machen.

Aus diesen Gründen lässt sich schlussfolgern, dass es eher das fragile politische System des Libanon ist, welches maßgeblich aufgrund der – den Partikularinteressen der USA folgenden – internationalen Einmischung dabei ist, zu desintegrieren als die Hizbullah, die sich trotz alledem, was derzeit im Libanon stattfindet, einer nie gekannten Beliebtheit und Prominenz erfreut. Dass sie heute mit einem ihrer erbittertsten ehemaligen Bürgerkriegsgegner, mit Michel Aoun und dessen Freier Patriotischer Bewegung und somit mit der frei gewählten Interessenvertretung der Mehrheit der libanesischen Christen aufs engste liiert ist, spricht dafür, dass man auch gesellschaftlich keineswegs den integrativen Pfad verlassen hat, sondern vielmehr in steigendem Maße wie eine echte libanesische Mainstreampartei auftritt, die eine konfessionsübergreifende Politik für das gesamte Volk zu betreiben gewillt ist.

Das Bündnis zwischen Hizbullah und Freier Patriotischer Bewegung stellt in vieler Hinsicht ein bemerkenswertes Phänomen dar. Zum Ersten ist allein der Schulterschluss zwischen – wenn auch moderaten – Islamisten einerseits und einer die Landesmehrheit der Christen vertretenden Bewegung andererseits, insbesondere in diesen Tagen, in denen wir uns nach Meinung einflussreicher Autoren bereits im „Kampf der Kulturen" (judeo-christlich geprägte Welt vs. islamische Welt) befinden würden, als nicht von der Hand zu weisende Antithese zu derartigen Postulaten zu verbuchen. Zum Zweiten – und nicht weniger ungewöhnlich – haben sich hier in gewisser Weise auch soziale Klassen miteinander verbündet, denn auch, wenn sich eine solche Einteilung nicht präzise entlang der konfessionellen Linien vollziehen lässt, so stellen die Schiiten dennoch unwidersprochen in der Mehrheit die Unterklasse und die Christen zum größten Teil die gehobene Mittelklasse sowie die Oberklasse des Landes dar. Dies ist insofern besonders hervorzuheben, weil der gemeinsam vertretene Kurs des Bündnisses auf eine Angleichung der konfessionellen Repräsentanzen bzw. bestenfalls gar auf eine Abschaffung aller auf konfessioneller Zugehörigkeit beruhender Ungleichheiten im Libanon abzielt. Der individuelle Machtverlust vieler im Oppositionsbündnis vertretener, christlicher Führungspersonen wird so von diesen selbst bewusst mit vorangetrieben.

Hizbullah und der Libanon

Im nun folgenden Hauptteil dieser Arbeit wird noch oft auf die verschiedenen Aspekte und Ergebnisse des vorherigen Abschnitts zurückgekommen, denn der Status Quo der politischen, nationalen und gesellschaftlichen Integration der Hizbullah ist aufgrund seiner bedingten, empirischen Nachweisbarkeit eine vergleichsweise aussagekräftige Einflussgröße für die zu untersuchende Bedeutung des Faktors Hizbullah für Demokratie und Sicherheit des Libanon.

Das bisher Aufgezeigte sollte deutlich gemacht haben, dass es schwer möglich ist, die Partei Gottes ohne weitere Differenzierungen in eine der vorhandenen Kategorien für islamistische Bewegungen zu zwängen und dementsprechend zu beurteilen. Im Gegenteil scheint die Natur dieser Organisation einer Kategorisierung über die offensichtlichen Attribute – schiitisch, islamistisch und militant – hinaus nahezu vollkommen zu trotzen. Dies begründet sich großenteils sowohl in der Vielseitigkeit ihrer Beschäftigungsfelder als auch in ihrem ausgeprägten Pragmatismus und der hieraus resultierenden, organisationsinternen Dynamik. Um dieser Komplexität gerecht zu werden, wurde eine zwischen den verschiedenen Rollen der Hizbullah differenzierende Herangehensweise gewählt.

Konflikt- und Stabilisierungspotenziale der Hizbullah

Die separat abgehandelten Rollen der Hizbullah beziehen sich im Geiste der zentralen Fragestellung primär auf ihre jeweiligen Auswirkungen auf die Sicherheitslage des Libanon. Die Frage bei deren Identifizierung und Festlegung war daher nicht nur die, ob die Hizbullah sie tatsächlich objektiv einnehmen oder gar selbst als solche darstellen würde, sondern auch, ob ein gravierender (um nicht jedes einzelne Beschäftigungsfeld der Hizbullah zu einer eigenen Rolle überzustilisieren), von den jeweils anderen Rollen abzugrenzender Wirkungsbereich auszumachen war. Ein solcher kann, wie zu zeigen sein wird, in bestimmten Fällen alleine durch die Art der normativen Wahrnehmung der Hizbullah und des darin begründeten Umgangs mit ihr durch andere ausschlaggebende Akteure konstituiert sein. Dabei war es zwar für die Bewertung bedeutend, für die bloße Identifizierung der Rollen jedoch erst einmal sekundär, inwieweit jene Wahrnehmungsweisen sich mit dem empirischen Material bzw. mit der Wirklichkeit decken. Am Ende eines jeden Abschnittes wird eine kompakte Einzelbewertung stehen, wobei die Frage der proportionalen Vergleichbarkeit dieser Ergebnisse im Hinblick auf Art und Ausmaß der jeweiligen Wirkungsbereiche im Fazit berücksichtigt wird.

Terrorismus

In westlichen und israelischen wissenschaftlichen Abhandlungen und Medienberichten über die Hizbullah wird nur selten auf das Attribut „terroristisch" verzichtet, wenn es darum geht die Gruppierung zu charakterisieren. Obgleich sich der umstrittene Wahrheitsgehalt dieser Darstellungsweise hier nicht abschließend klären lassen wird, erscheint ein kurzer Überblick über den Sachverhalt unumgänglich.

Vor allem kurz vor und während der Zeit ihrer Namensfindung gab es diverse kleinere islamistische Gruppierungen, deren Ziele sich nicht grundlegend von denen der Hizbullah unterschieden und die ebenso in Kontakt mit Iran standen bzw. von dort protegiert wurden. So kam es, dass solche Gruppen teilweise Entführungen und/oder Anschläge unter Bekennernamen wie „Gemeinschaft der Hizbullah" oder sogar „Hizbullah" durchführten, ohne dabei zwangsläufig etwas mit der späteren libanesischen Hizbullah zu tun zu haben. Sich zur – im Koran erwähnten – Partei Gottes bzw. deren Umfeld zu zählen, lag für viele islamistische Gruppierungen aus denselben Gründen, aus welchen die Hizbullah diesen Namen für sich wählte, schlicht nahe, um ihr Selbstverständnis möglichst präzise und prägnant auszudrücken. Viele jener Splittergruppen gingen später in der eigentlichen Hizbullah auf, manche verschwanden mit der Zeit und nur die wenigsten bestehen bis heute.[281]

In diesem Zusammenhang sind unbedingt die berühmt gewordenen Bombenanschläge auf die US-Botschaft Beirut im April 1983 und auf die Unterkünfte der Multinational Forces im Oktober desselben Jahres zu nennen. Im ersten Fall gab es 63 Opfer und bei letzterem kamen – in zwei aufeinander folgenden Detonationen – rund 240 US-Marines und 50 französische Fallschirmjäger ums Leben.[282] Palmer-Harik schreibt zu den Hintergründen:

„Während sich weder irgendeine Person, noch eine Gruppierung jemals offiziell zu diesen Anschlägen bekannt hat, kam durch damalige Anrufe bei einer internationalen Presseagentur heraus, dass sie durch eine bisher noch unbekannte Organisation durchgeführt wurden, die sich selbst Islamischer Jihad nannte. Der Anrufer identifizierte seine Gruppe als „nach Märtyrertum strebende Soldaten Gottes" und fügte hinzu, dass ihr Ziel die Errichtung einer islamischen Republik im Libanon und die Vertreibung der Israelis und ihrer Unterstützer sei.

---
[281] Palmer-Harik, 2004, S. 37f, 169ff.
[282] Ebd., S. 36; Kinder und Hilgemann, 2002 (1966), S. 575.

Eine neue Kraft im Kampf um den Libanon hatte die Arena betreten."[283]

Schon bald nach diesen Ereignissen am 31. April 1984 zogen die Multinational Forces wieder aus Beirut ab. Die USA und Israel bezichtigen bis heute die Hizbullah, verantwortlich für diese und weitere Operationen mit terroristischem Hintergrund zu sein. So vor allem für die Entführung kuwaitischer Flugzeuge 1984 und 1988, Anschläge auf die israelische Botschaft in Buenos Aires 1992, auf ein jüdisches Gemeindezentrum in Buenos Aires 1994 und auf die israelische Botschaft sowie eine jüdische Wohlfahrtsorganisation in London 1994.[284] Darüber hinaus wird der Hizbullah seitens der USA, Israels und anderer westlicher oder westlich orientierter Staaten die Verantwortung für eine Vielzahl von Geiselnahmen – mit teilweise tödlichem Ausgang für die Opfer – während der libanesischen Geiselkrise gegeben.

Während des gesamten libanesischen Bürgerkrieges fanden nahezu täglich Geiselnahmen statt. Auf diese Weise wurden Tausende von Libanesen verschleppt, deren Schicksal in vielen Fällen bis heute nicht aufgeklärt worden ist. Nur die Wenigsten kamen lebend zurück. Dem gegenüber meint und markiert die o.g., in der Literatur gängige Bezeichnung „libanesische Geiselkrise" explizit jene Phase des zweiten libanesischen Bürgerkrieges, während der es auch zur Entführung von Ausländern kam. Im Kern erstreckte sich diese Periode, in deren Verlauf insgesamt mindestens 87 US-amerikanische und europäische[285] – Staatsbürger gekidnappt und teilweise gefoltert und/oder ermordet wurden, über den Zeitraum von 1984-1986, unter Berücksichtigung frühester und spätester Ausläufer von 1982-1992. Sie begann mit der Entführung von drei iranischen Offiziellen und deren Fahrer im Juni 1982 durch die rechtsgerichtete maronitische Phalange und endete mit der Freilassung der letzten, damals noch verbliebenen westlichen Geiseln durch ein kompliziertes Netzwerk von verschiedensten Interessensparteien, von denen mit an Sicherheit grenzender Wahrscheinlichkeit zumindest eine der Iran war, im Juni 1992. Auch in diesem Zusammenhang taucht in Bekennerschreiben und -bekundungen sowie im Zuge von Ver-

---

[283] Nicht zu verwechseln mit Islamischer Jihad für Palästina. Siehe Palmer-Harik, 2004, S. 36.
[284] Vgl. Jorisch, 2004, S. 11f; Israeli Information Center, 2003, S. 20.
[285] Hierbei handelte es sich u.a. um 17 US-amerikanische, 14 britische, 15 französische und jeweils sieben schweizerische und westdeutsche Staatsbürger. Siehe Jaber, 1997, S. 113.

handlungen über die Freilassungen von Geiseln neben vielen anderen Namen erneut und wiederholt die Bezeichnung „Islamischer Jihad" auf.[286]

Die Hizbullah bezog nach Angaben Shaykh Subhi al-Tufaylis während dieser Zeit die Position, dass die Geiselnahmen dem Libanon und seinem weltweiten Ansehen nur schaden würden. Zudem seien sie mit dem Glauben und den Interessen der Hizbullah nicht vereinbar gewesen, weswegen die Gruppierung versucht habe, zu intervenieren und Geiseln freizubekommen.[287] Ranstorp gibt dem entgegen an, dass die Hizbullah mit dem Tod von fünf Geiseln in Verbindung stehen würde.[288] In einem Fall, dem von Abd al-Hadi Hamadih, Mitglied der Hizbullah und nachweislich direkt in einige Geiselnahmen verstrickt, wird die Trennlinie zwischen den Kidnappern und der Gruppierung tatsächlich relativ dünn. Dieser verfolgte aber wohl eine Art private Vendetta, um seinen Bruder, der zuvor in Frankfurt a.M. festgenommen worden war, freizupressen. Jaber gibt an, dass man davon ausgeht, dass die gesamte Affäre ausschließlich durch den mächtigen Hamadih-Familienclan koordiniert wurde und die Hizbullah keinen direkten Einfluss auf die Ereignisse hatte.[289] Die Hizbullah selbst hat eine solche Version immer wieder bekräftigt und besteht darauf, auch sonst nichts mit den Geiselnahmen dieser Zeit zu tun zu haben. Qassem schreibt:

„Die Aktionen unserer Partei werden erklärt und unser Verhaltenscodex ist sehr klar [...] Hizbullah war nie involviert und trägt keine Verantwortung für irgendwelche dieser Ereignisse"[290]

Der offiziellen Argumentation der US-Regierung nach, soll „Islamischer Jihad" aber nichts weiter als ein von der Hizbullah für diese und weitere unpopuläre Aktionen verwendeter Deckname sein. Der Drahtzieher hinter den meisten solcher Aktivitäten soll derselben Version nach Imad Fayez Mughniyyah, ein ehemaliges Mitglied der PLO, sein. So schreibt Jorisch:

„Mughniyyah steht wegen seiner vermuteten Beteiligung an verschiedensten terroristischen Aktivitäten [...], auf der Most Wanted Terrorists-Liste des FBI. [...] Mughniyyah hat Berichten zufolge Netzwerke in Südamerika, den USA, Europa und West-Afrika aufgebaut und dient zusätzlich als Bindeglied zwischen Hizballah, Hamas, Islami-

---

[286] Vgl. ebd., S. 97ff, 220f.
[287] Zitiert nach ebd., S. 124.
[288] Palmer-Harik, 2004, S. 37.
[289] Siehe ebd., S. 139.
[290] Siehe Qassem, 2005, S. 232.

scher Jihad für Palästina, Al-Qaida und anderen terroristischen Organisationen"[291]

Auf die Person Imad Fayez Mughniyyah muss an dieser Stelle, auch aufgrund jüngster Entwicklungen, etwas ausführlicher eingegangen werden. Die Beziehung Mughniyyahs zur Hizbullah war lange Zeit ungeklärt[292] und sein Hintergrund bleibt bis dato einer der umstrittensten Punkte in der gesamten internationalen Diskussion über die Organisation. Ihre Führung hat noch bis vor kurzem jegliche Verbindung und teilweise gar die bloße Kenntnis seines Namens bestritten.[293] Hasan Nasrallah hat ihn zwar schon früher sinngemäß als „Kämpfer für den Frieden" bezeichnet, seine Mitgliedschaft in der Hizbullah hat er jedoch niemals bestätigt.[294]

Als Imad Mughniyyah am 12. Februar 2008 in der syrischen Hauptstadt Damaskus durch eine Autobombe gezielt getötet wurde, gab die Hizbullah-Führung unmittelbar darauf seine Zugehörigkeit zur Partei und seine Führungsposition im Islamischen Widerstand bekannt. Nasrallah nannte ihn in seiner Trauerrede vom 14. Februar, einen „geliebten Bruder, Kämpfer und Kommandanten".[295] Für sein Märtyrertum, wie sein Tod von dieser Warte aus betrachtet wird, macht die Hizbullah Israel verantwortlich. Von der israelischen Führung wird dies bestritten.[296] Sean McCormack, Sprecher des US State Departement, gab die folgende, offizielle Stellungnahme ab:

„Die Welt ist ohne diesen Mann [Imad Mughniyyah] ein besserer Ort. Er war ein kaltblütiger Killer, ein Massenmörder und ein Terrorist, der für den Verlust unzähliger unschuldiger Leben verantwortlich ist."[297]

Obwohl eine solche Wahrnehmungsweise unter den Regierungen im Westen zu dominieren scheint – immerhin stand Mughniyyah auch auf der Liste der Terroristen und Terrororganisationen der EU –,[298] äußerte der italienische Außenminister Massimo D'Alema sich kritisch bezüglich des Attentats,

---

[291] Siehe Jorisch, 2004, S. 12.
[292] Palmer-Harik, 2004, S. 193.
[293] Ebd., S. 169ff.
[294] Siehe Kramer, Martin: Imad who?, Middle East Strategy at Harvard (MESH), Olin Institute: Weatherhead Center for International Affairs, 14.02.2008.
[295] Siehe Hizbullah (Hrsg.): H.E. Sayyed Nasrallah Speech in Full: History will mark martyr Moghnieh blood as the start of the fall of "Israel", 14.02.2008.
[296] International Herald Tribune: Israel on high alert as end of Mughniyeh mourning period draws near, 16.03.2008.
[297] Siehe Shadid, Anthony; Ibrahim Alia: Bombing Kills Top Figure in Hezbollah. Commander Linked To Anti-U.S. Attacks, The Washington Post, 14.02.2008.
[298] Siehe EU-Council of Ministers (EU-Rat), 31.05.2006, S. 25ff.

als er in einem Interview sagte: „Nach meiner Definition war die Autobombe in Damaskus Terror."[299]

Das prompte Bekenntnis der Hizbullah zur Mitgliedschaft Mughniyyahs kam nicht nur überraschend, sondern erscheint angesichts der Vorwürfe, die diesem insbesondere seitens der USA und Israels gemacht werden, auch strategisch fragwürdig. Denn durch die verbriefte Mitgliedschaft Mughniyyahs erweitert sich das Feld für Spekulationen erheblich. Zudem sehen sich diejenigen Kritiker der Hizbullah, die sie als terroristische Organisation einschätzen, insofern bestätigt, als dass sie schon zuvor fest von der Zugehörigkeit Mughniyyahs zur Partei Gottes ausgegangen waren.

So schreibt Martin Kramer, Bezug nehmend auf solche Autoren, die eine Mitgliedschaft zuvor in Frage gestellt haben:[300]

„Jetzt, da Nasrallah Mughniyyah in seiner Lobrede offiziell in das Pantheon Hezbollahs größter Märtyrer (zusammen mit Abbas al-Musawi und Raghib Harb) eingereiht hat, erscheint diese Frage [ob Mughniyyah Mitglied gewesen ist] absurd. Dass sie überhaupt je aufkam, ist ein Ergebnis der Disziplin der Hezbollah, wenn es darum geht an Lügen festzuhalten, die ihren Interessen dienen. Eine ihrer Hauptinteressen besteht darin, den Terrorapparat vor einer genauen Überprüfung zu schützen, dessen Aufbau Mughniyyah seine Lebenszeit gewidmet hat. Diese geheime Branche zu verstecken [...] macht es leichter, die Bewegung [die Hizbullah] an nutzlose Idioten im Westen zu verkaufen, die darauf bestehen, dass die Bewegung seit Jahren keinen oder vielleicht niemals Terror angewandt hat.[...] Die Literatur ist voll von Behauptungen, nach denen Mughniyyah nicht wirklich zur Hezbollah gehörte [...], alles um seine terroristischen Aktivitäten von der Partei zu distanzieren. [...] Die Wahrheit ist (und war schon immer) einfach. Die Hezbollah ist vieles, aber sie beinhaltete immer eine geheime Terrorismus-Abteilung [...] "[301]

Magnus Ranstorp trägt in einem Kommentar zu Kramers Beitrag einige Ergebnisse seiner eigenen Recherche zum Thema vor, die eine Verbindung zwischen Imad Mughniyyah und einigen der in Frage stehenden Taten nahe legen. Was die offensichtlich empfundene Unzulänglichkeit der Analysen

---

[299] Siehe Rapoport, Meron: Italian FM says Mughniyah killing in Damascus was act of 'terror', Haaretz.com, 22.02.2008.
[300] Kramer bezieht sich zuvor direkt auf die diesbezüglichen Ausführungen von Judith Palmer-Harik (2004). Siehe Kramer, 2008.
[301] Siehe ebd.

anderer Autoren zu Mughniyyahs Mitgliedschaft in der Hizbullah betrifft, kommt er zu ähnlichen Schlussfolgerungen wie Kramer, wenn er sagt:

„Wir waren nicht überrascht, Nasrallah Rache schwörend über dem Sarg Mughniyyahs stehen zu sehen. Dasselbe kann nicht für Amal Saad-Ghorayeb und Andere gesagt werden, die die Bedeutung des höchsten Hizbullah-Kommandeurs stets heruntergespielt, wenn nicht gänzlich ignoriert haben."

Allerdings räumt er selbst noch zu Beginn seiner Ausführungen ein, dass sich die Beweislage bzgl. Mughniyyah „relativ begrenzt" darstelle.[302]

Der Chefredakteur der libanesischen Tageszeitung *The Daily Star*, Marc J. Sirois, gibt demgegenüber an, dass nur sehr wenig über Mughniyyah wirklich bekannt wäre. Auch sonst wird in seinem Artikel „Man and myth: making sense of Imad Mughniyeh" vom 15. Februar 2008 ein anderer Eindruck vermittelt als bei Kramer und Ranstorp. Nach einem kurzen Exkurs zu den Begleitumständen der Entwicklung dessen, was er sinngemäß als die „Post-1982er Schule des bewaffneten Kampfes" (bezogen auf den arabischen Raum) bezeichnet, der er auch Mughniyyah zuordnet, heißt es hier:

„Zunächst einmal ist es schlichtweg unmöglich für ihn gewesen, seine Hände in all den Aktivitäten gehabt zu haben, die ihm von Freunden wie Feinden zugeordnet werden […], die Anzahl der ihm angelasteten Operationen und deren geografische Positionen machen es umso unwahrscheinlicher, dass irgendein einzelner Mann eine direkte Rolle in allen von ihnen gespielt haben könnte […]. Faktisch ist nahezu alles was über Mughniyyah gewusst zu werden geglaubt wird – inklusive seines Todes selbst – zweifelhaft.[…]".[303]

Danach wird beschrieben, wie die Hizbullah (die ebenfalls der erwähnten Post-1982er Schule zugeordnet wird) es stets verstanden habe, ein Schicksal wie das vieler anderer libanesischer und palästinensischer Gruppen abzuwenden, die stark darunter gelitten hätten, sich nicht ausreichend vor israelischer Infiltration geschützt zu haben. Abschließend resümiert Sirois:

---

[302] Siehe Ranstorp, Magnus: Responses to "Imad who?" (Kramer, 2008) Nr. 3, 17.02.2008.
[303] Siehe Sirois, Marc J.: Man and myth: Making sense of Imad Mugniyeh, The Daily Star, 15.02.2008.

„[...] was wissen wir wirklich über Imad Mughniyyah und seine Karriere? Fast nichts. Wir wissen, dass er eine neue Generation des Widerstandes repräsentierte, die verstanden hat, wie wichtig es ist, ihre Geheimnisse vor dem gewaltigen Netzwerk menschlicher und technologischer Bedrohungen, das gegen sie aufgeboten wurde, zu schützen und die auch mit den modernen Techniken vertraut war. Wir wissen auch, dass dieselbe Generation die Kunst der unkonventionellen Kriegsführung über die Jahre perfektioniert hat, was letztlich zu Israels Rückzug im Jahre 2000 führte. Besonders beeindruckend ist, dass sie 2006 eine wichtige Hürde in der Entwicklung und Ausführung einer hybriden Operationsstrategie überwunden zu haben scheint, als ihre zellenbasierten Einheiten einer weitaus größeren und verschwenderisch ausgerüsteten konventionellen Armee von Angesicht zu Angesicht gegenüberstanden und diese (auf dem Boden) in nahezu jedem Anlauf frustrierten. Es ist als Symbol dieser Leistungen und der neuen Wahlmöglichkeit, die sie für diejenigen mit sich bringen, die dachten, dass sie niemals in ernsthafte Verhandlungen mit 'rückständigen' Arabern und Muslimen eintreten müssten, als das sich an Mughniyyah erinnert werden sollte. Es wäre schade, wenn wir nichts als die konkurrierenden Darstellungen 'Märtyrer' vs. 'Mörder' zu hören bekommen würden, die aus einem Anstieg militärischer Konkurrenzfähigkeit, eher einen Grund für Krieg als ein Instrument für Frieden werden lassen."[304]

Zu der von tausenden schiitischen Trauergästen besuchten Beerdigung Imad Mughniyyahs am 14. Februar 2008 in einem südlichen Vorort Beiruts kam selbst der iranische Außenminister Manouchehr Mottaki, um der zurückgelassenen Familie und der Hizbullah sein Beileid auszusprechen und der iranische Präsident Mahmoud Ahmadinejad ließ durch einen mitgegebenen Brief das seine bekunden.[305]

Neben den libanesischen Verbündeten haben auch führende Politiker des Regierungstreuen-Bündnisses, namentlich Saad Hariri und Fuad Siniora, das Attentat auf Mughniyyah verurteilt und ihre Trauer bekundet. Hariri hat bei dieser Gelegenheit zu nationaler Einigkeit aufgerufen und in der Mitteilung Sinioras soll es geheißen haben: „Lasset Gott in all seiner Gnade

---

[304] Siehe ebd.
[305] Siehe International Herald Tribune: Iran's foreign minister at funeral in Lebanon of slain Hezbollah commander Mughniyeh, 14.02.2008.

diesen Märtyrer willkommen heißen und ihm Unterkunft im Himmel gewähren".[306]

Hasan Nasrallah betonte in seiner Rede, dass die Hizbullah und der Islamische Widerstand bereit wären, jeglicher potenziellen Aggression gegen den Libanon entgegenzutreten und er fügte hinzu, dass Imad Mughniyyah „zehntausende gut ausgebildete Kämpfer zurückgelassen [habe, die] bereit zum Märtyrertum" seien."[307]

Israel bzw. die israelische Führung adressierend und hinsichtlich der Ermordung Mughniyyahs auf syrischem Boden, sagte er:

> „Ihr habt Hajj Imad außerhalb des natürlichen Kampfgebietes getötet. Bisher habt ihr uns hier, in unserem Land bekämpft. Jetzt habt ihr die Grenze überschritten. [...] angesichts dieses Mordes, seines Zeitpunktes, des Tatorts und der Weise, auf die er ausgeführt wurde sage ich: da ihr [...] euch für einen offenen Krieg dieser Art entschieden habt, soll es so sein. Wie alle anderen Menschen, besitzen auch wir das heilige Recht zur Selbstverteidigung und alles, was dieses Recht einschließt um unser Land zu verteidigen, wird von unseren Brüdern und Führern unternommen werden, so Gott will. "[308]

Diese Zeilen Nasrallahs hatten eine geradezu explosive Wirkung. Das rührt nicht zuletzt daher, dass sie in der internationalen und auch in der regierungsnahen libanesischen Medienberichterstattung, mehrheitlich als eine „Erklärung des offenen Krieges" (gegen Israel) interpretiert wurden. Ausgesagt wurde aber vielmehr, dass, da das Attentat in Damaskus auf eine israelische Ausweitung des Konfliktes zu einem offenen Krieg hindeute – weil nicht auf libanesischem Terrain bzw. im israelisch-libanesischen Grenzgebiet zugeschlagen wurde – , die Hizbullah Willens und fähig sei, diese Kriegserklärung anzunehmen bzw. entsprechend zurückzuschlagen.[309]

Timur Goksel lehrt an der AUB und war seit 1979 Sprecher und Berater der UNIFIL. Er entgegnete auf die Frage, wie er den Libanon nach der Ermordung Imad Mughniyyahs sehen würde:

---

[306] Siehe Stern, Yoav: Nasrallah: Mughniyah's blood will lead to elimination of Israel, Haaretz.com, 14.02.2008.
[307] Siehe Hizbullah (Hrsg.), 14.02.2008.
[308] Siehe ebd.
[309] Vgl. Ebd.; Sirois, Marc J.: Hizbullah's valor is best served by discretion for now, The Daily Star, 19.03.2008; Shadid, Anthony: Hezbollah Chief Warns Israel of Wide War, Washington Post, 15.02.2008.

„Ich glaube nicht, dass dies erwähnenswerte Auswirkungen auf den Libanon haben wird. Die Hizbullah ist eine erwachsene Partei und ich glaube nicht, dass sie Vorteile aus dem Tod Mughniyyahs ziehen wird, um die Situation im Libanon zu beeinflussen. [...] Wie ich schon sagte, die Hizbullah hat Reife bewiesen und sie tut nicht das, was alle von ihr erwarten. Ich denke, dass die bisherige Reaktion der Hizbullah darauf hindeutet, dass wir keinen großen Effekt im Libanon selbst haben werden. Aber was könnte passieren? Es gibt viele mögliche Szenarien: Wenn die Ermittlungen [der Hintergründe des Attentats] erst abgeschlossen sind und – Gott bewahre – jemand beweisen sollte, dass eine libanesische Partei involviert gewesen ist, dann haben wir dieses Mal ein Problem, aber ich glaube nicht daran."[310]

Auf die Frage, ob er glaube, dass die Hizbullah eine Vergeltungsoperation durchführen könnte, ohne sich zu dieser zu bekennen, antwortete Goksel:

„Wie die meisten Menschen glaube ich, dass Israel hinter der Operation [dem Anschlag auf Mughniyyah] stand, aber diese Annahme basiert nicht auf Fakten, sondern auf [...] Erfahrungen. Aber sie übernehmen nicht die Verantwortung, obwohl jeder weiß, dass es Israel war. In bestimmten Momenten übernimmt man also aus taktischen Gründen besser nicht die Verantwortung. Ich bin mir sicher, dass die Hizbullah darüber nachdenkt, etwas Ähnliches zu machen, aber [...] jeder wird die Hizbullah beschuldigen. Es gibt Dinge, die wir nicht kontrollieren können, doch als Partei, denke ich, ist die Hizbullah erfahren genug um damit umgehen zu können."[311]

Angesichts der erörterten Ereignisse und Positionen, lässt sich zu Imad Mughniyyah für den hier relevanten Kontext feststellen: Obgleich es als wahrscheinlich gelten kann, dass er auf irgendeine Art und Weise an den Angriffen auf die Multinational Forces in Beirut und anderen Aktionen beteiligt war und obwohl offizielle US-Sprecher und Wissenschaftler wie Jorisch sich überzeugt geben, dass Mughniyyah darüber hinaus rege Verbindungen zu Al-Qaida unterhalten habe, so bleiben doch die meisten Aspekte seiner Existenz bis heute im Dunkeln und gesicherte Erkenntnisse gibt es kaum.[312]

---

[310] Siehe Goksel, Timur: I Think "Israel" was behind the assassination of Moghnieh. Interview gegenüber Mohamad Shmaysani von Al-Manar-Online, 22.02.2008.
[311] Ebd.
[312] Vgl. Sirois, 15. 02. 2008.

Was Kramer und Ranstorp bei anderen Autoren, konkret bei Judith Palmer Harik und Amal Saad-Ghorayeb bemängeln – nämlich deren behutsame Argumentationslinie bzgl. Imad Mughniyyahs Zugehörigkeit zur Hizbullah, zu einem Zeitpunkt, als diese noch nicht bewiesen war – belegt m.E. nur eins: Dass hier auf wissenschaftliche Genauigkeit Wert gelegt wurde, indem darauf verzichtet wurde, Mutmaßungen – ganz gleich wie wahrscheinlich - als Fakten zu präsentieren.

Ob Topterrorist, genialer Stratege, Märtyrer und Held oder „Symbol für die Emanzipation militanten arabischen Widerstandes", was oder wie viel von welchen dieser Charakterisierungen auf Mughniyyah am ehesten zutrifft, wird wohl vorerst auch weiterhin nur in den Köpfen der Menschen entschieden werden.

Was die erwähnte strategische Fragwürdigkeit betrifft, so bleibt sie nicht ganz von der Hand zu weisen. Sämtliche Anklagen der USA, die Hizbullah wäre eine terroristische Organisation, dabei insbesondere der Vorwurf der Verbindung zur Al-Qaida, beruhen hauptsächlich auf der Beziehung der Hizbullah zu Mughniyyah.[313] Allerdings standen diese Vorwürfe ohnehin im Raum und man muss wohl bedenken, dass die sich nunmehr herauskristallisierende, zentrale Funktion Mughniyyahs für den Islamischen Widerstand in Verbindung mit seinem Tod auch eine moralische Verpflichtung für die Parteiführung mit sich bringt, ihn in „angemessener Weise" zu ehren. Nasrallah sagte hierzu in seiner Trauerrede: „Heute ist es das Recht des Märtyrers Hajj Imad, dass seine Nation ihn kennt [...], so dass die Nation von seinem Geist seiner Botschaft und seinem Kampf inspiriert sei".[314]

Tatsächlich ist die mobilisierende Wirkung Mughniyyahs Todes auf die, die ihn als Märtyrer auffassen, keinesfalls zu unterschätzen. Durch die Verbindungen, die er offensichtlich hatte, trifft das im Besonderen auf den Iran und auf Palästina zu.[315] Der Iran hat beispielsweise schon eine Briefmarke mit seinem Antlitz drucken lassen und in Palästina soll sich Berichten zufolge bereits eine militante Gruppe mit dem Namenszusatz „die Märtyrer von Imad Mughniyyah und Gaza" gebildet haben.[316]

Wenn man ferner bedenkt, dass es hier vermutlich noch eine Menge Umstände gibt, von denen nur Eingeweihte wissen, fällt es nicht schwer sich vorzustellen, dass die Hizbullah-Führung aus ihrer Sicht gute strategische Gründe für ihr Handeln gehabt haben könnte; dies auch, wenn es im ersten Moment anders erscheint.

---

[313] Palmer-Harik, 2004, S. 169ff.
[314] Siehe Hizbullah, 14.02.2008.
[315] Vgl. International Herald Tribune: Hezbollah becoming more visible in West Bank after assassination of its military chief, 13.03.2008.
[316] Ebd; The Jerusalem Post: Iran issues Mughniyeh memorial stamp, 10.03.2008.

Kommen wir noch einmal zurück auf die Angriffe auf die Multinational Forces in Beirut von 1983. Jaber kommt hier, ohne sich hinsichtlich einer Beteiligung der Hizbullah eindeutig festzulegen, zu folgendem Schluss:

„Zu dieser Zeit war die Hezbollah noch nicht vollständig formiert. Sie hatte noch nicht die ausgereiften Strukturen oder die Führer und Offiziellen, die sie jetzt hat und war somit nicht in der Position, solche Operationen alleine zu planen und auszuführen"[317]

Lara Deeb wird zu der generellen Frage nach der vermeintlich terroristischen Natur der Hizbullah um einiges konkreter, wenn sie schreibt:

„Einer der Sätze, den man sich immer wieder und wieder zu wiederholen gezwungen sieht, weil er den Zielen der israelischen und US-Politik im Mittleren Osten unbequem entgegen steht, ist der folgende: Die Hizbullah ist keine terroristische Organisation. Zum einen ist es, aufgrund der vagen Bedeutung des Labels an sich, welches [...] benutzt wird, um die Gewalt und Rhetorik der USA und ihrer Alliierten zu rechtfertigen, problematisch [...] Zum anderen [...] ist dies eine Organisation, die sich verändert hat und gewachsen ist [...] von einer Miliz [...] zu einer vielseitigen Organisation, die sowohl eine legitime politische Partei als auch ein umfassendes soziales Netzwerk darstellt."[318]

Palmer-Harik macht darüber hinaus deutlich, dass die Hizbullah – selbst unter Einbeziehung der im Mittelpunkt der Anklage stehenden Anschläge von Beirut 1983 – nicht die Kriterien der vom US-State Departement verwendeten Definition von Terrorismus, die in dieser Frage die relevante ist, erfüllt, welche im Kern lautet: „Terrorismus ist die vorsätzliche und systematische Ermordung, Verletzung und Bedrohung von Unschuldigen, um zur Erfüllung politischer Ziele Angst zu schüren."[319]

Die Hizbullah aber, so in etwa Palmer-Harik weiter, habe anstatt eines solchen Vorgehens die Methode der Guerilla-Kriegsführung adaptiert und sich somit auf den bewaffneten Kampf gegen militärisches Personal und Einrichtungen beschränkt, was im Übrigen durch Aussagen hochrangiger israelischer Militärs bestätigt wird.[320]

---

[317] Siehe Jaber, S. 80.
[318] Siehe Deeb, 2006, S. 116.
[319] Siehe US State Departement, Patterns of Global Terrorism 1996 (Washington, DC: GPO, April 1997), zitiert nach Palmer-Harik, 2004, S. 166.
[320] Vgl. ebd., S 166ff.

Es bleibt also zusammenfassend festzuhalten, dass – wie immer die genauen Hintergründe aussehen und unabhängig davon, wie wahrscheinlich derartige Vorwürfe sein mögen – man hier der Korrektheit halber klarstellen muss, dass der Hizbullah bis heute de facto kein einziger Fall von terroristischer Aktivität nachgewiesen worden ist. Sämtliche Aktionen mit terroristischem Hintergrund, die dieser vor allem seitens der USA und Israels zugeschrieben werden, konnten, sollten oder durften folglich bisher nicht öffentlich bewiesen werden und werden von der Hizbullah selbst sowie weiten Teilen der libanesischen Staatsführung (bis zum Sommerkrieg 2006 noch von der gesamten Regierung) konsequent bestritten.[321] Daher überrascht es nicht, dass die Hizbullah sowie der ihr nahe stehende Geistliche Ayatollah Fadlallah zu den ersten Islamisten weltweit gehörten, die die Anschläge durch Al-Qaida vom 11. September 2001 umgehend, kompromisslos und öffentlich als terroristisch und inhuman brandmarkten. Dies wurde vor allem damit begründet, dass sich die Taten gegen unbeteiligte Zivilisten richteten und es daher keine Möglichkeit gäbe, sie auf irgendeine Weise islamrechtlich zu rechtfertigen bzw. zu legitimieren.[322]

Für die hier zu beantwortende Frage ist es aber – wie bereits angesprochen – sekundär, inwieweit die Vorwürfe zutreffen. Entscheidend ist, dass die USA und Israel die Hizbullah als terroristische Organisation betrachten und dementsprechend behandeln. Seit dem 11. September 2001 ist die libanesische Regierung daher verstärkt unter Druck durch die USA geraten, die Hizbullah zu entwaffnen und ihre vermeintlich terroristischen Elemente für deren Taten zur Rechenschaft zu ziehen. Bisher hielt die Regierung, zwischenzeitlich unter Beteiligung der Gruppierung selbst, diesem Druck stand. Doch hat der neuerliche Angriff Israels auf den Libanon Juli bis August 2006 und dessen offensichtliche rhetorische Gutheißung und Rückendeckung durch die USA (und – ein Novum – durch Deutschland) deutlich gemacht, dass der innerlibanesische Konsens darüber, dass die Hizbullah keine terroristische Organisation ist, im Zweifelsfall keinen Schutz davor bietet, die verheerenden Auswirkungen der Betrachtungsweise Israels und der USA hinnehmen zu müssen.

Insofern, als dass der Verweis auf die vermeintlich terroristische Natur der Partei Gottes die Rechtfertigung für jegliche militärische oder anderweitige Einflussnahme Israels und dessen Verbündeter im Libanon darstellt, und im Hinblick auf die vielen Opfer, die massive Zerstörung und die innenpolitischen Nachwirkungen des letzten Krieges, bedarf es keiner tiefer gehenden Analyse, um festzustellen, dass diese Rolle der Gruppierung – ob

---
[321] Ebd., S. 163ff, 193ff.
[322] Vgl. Sankari, 2005, S. 270ff; Qassem, 2005, S. 250.

nun aufgezwungen oder tatsächlich verkörpert – ein gravierendes Konfliktpotenzial für den Libanon beinhaltet. Hierbei ist es auch nur von marginaler Bedeutung, dass die Hizbullah spätestens seit Beginn ihres Integrationsprozesses – im offensichtlichen Bewusstsein über jene konflikttträchtigen Implikationen – mit allen ihr zur Verfügung stehenden Mitteln bemüht ist, ein terroristisches Image zu vermeiden.[323] Relevanz für den noch folgenden Teil der Untersuchung besitzt dieser Punkt aber dennoch, denn er sagt viel über Integrationswillen und -fähigkeit sowie das generelle Verhältnis der Organisation zur Gewalt aus.

Kampf gegen Israel

Neben der zuvor behandelten, stellt die Rolle der Hizbullah als einer der einflussreichsten Akteure des israelisch-arabischen Konfliktes mit Sicherheit die herausragende Quelle einer Sicherheitsbedrohung für den Libanon dar. Nun wäre es aber stark verkürzt, ihre Bedeutung auf diesen Faktor zu beschränken, denn die libanesische Front und der weit gehende innerlibanesische Konsens einer ablehnenden Haltung gegenüber der israelischen Libanonpolitik[324] schweißen die verschiedenen libanesischen Fraktionen auch zusammen. Insofern ist diese Rolle ein ebenso wichtiger Quell der gesellschaftspolitischen Legitimation der Gruppierung. Sehen wir uns die Fakten der aktuellen Konfliktsituation zwischen Israel einerseits und der Hizbullah gewissermaßen stellvertretend für den Libanon – dies auch, wenn nicht sämtliche libanesische Bürger damit einverstanden sind – andererseits etwas näher an.

Wie wir gesehen haben, hat sich die Hizbullah reaktiv auf die zweite israelische Libanoninvasion von 1982 hin formiert. Seither ist ihr erklärtes Hauptziel der innerlibanesische Widerstand gegen die israelische Besatzung. Seit dem Abzug der Israelis aus nahezu dem gesamten Libanon im Jahre 2000 argumentiert Israel einerseits, dass man sich aus dem Libanon zurückgezogen habe und es daher keine Rechtfertigung für Feindseligkeiten der Hizbullah oder des Libanon gegen Israel mehr gäbe. Im Gegenteil seien die zwischenzeitlichen und nach Angaben Israels eher gehäuften wie unmotivierten Raketenbeschüsse Nordisraels und der dort ansässigen Zivilbevölkerung durch die Hizbullah sowie die grundsätzliche Bewaffnung der Organisation eindeutige Verstöße gegen die hier relevante Resolution 425 des UN-Sicherheitsrates. Zudem betrachtet Israel die Hizbullah als extremistische Terrororganisation, die, noch hinzukommend, das Existenzrecht Israels explizit nicht

---

[323] Vgl. Palmer-Harik, 2004, S. 194.
[324] Ebd., S. 49.

anerkenne und vorhabe, den israelischen Staat zu vernichten, weshalb man auch – zumindest offiziell – unter keinen Umständen bereit ist, mit ihr zu verhandeln. Daher erwartet die israelische Regierung von ihrem libanesischen Gegenüber, dass dieses die Hizbullah entwaffnet und/oder zumindest von der israelisch-libanesischen Grenze fernhält, wie es die Resolution 425 verlange.[325] Solange dies nicht der Fall ist, behält man sich offensichtlich das Recht vor, im Zweifelsfall selbst einzuschreiten. Auch der letzte Krieg gegen den Libanon wurde neben dem erklärten Ziel der Befreiung der zwei durch die Hizbullah festgehaltenen israelischen Soldaten hauptsächlich auf diese Weise gerechtfertigt und begründet.

Wandgemälde von Schulkindern in Tyros:
Links: „*Wer hat das Recht auf mein Land; Ich oder der Feind?!*" Rechts: „*Die Shebaa Farmen*"

Die Hizbullah und mit ihr der überwiegende Teil der libanesischen Bevölkerung andererseits trägt vor, dass Israel seit Beginn der Besatzung zu keiner Zeit das gesamte libanesische Territorium geräumt habe und dass der Wi-

---

[325] Siehe Israeli Information Center, 2003, S. 19f. Resolution 425 fordert vordergründig den Abzug Israels aus dem Libanon und die Anerkennung der libanesischen Landesgrenzen. Siehe Sicherheitsrat der Vereinten Nationen (UN-Security Council) (Hrsg.): Resolution 425 (1978) on Israel-Lebanon, beschlossen durch den UN-Sicherheitsrat in seiner 2074. Sitzung vom 19.03.1978.

derstand gegen die Besatzung bzw. der bewaffnete Kampf für die Befreiung libanesischen Bodens somit unverändert Legitimität besäße. Man verweist hierbei – neben einigen weiteren, nicht unerheblichen Landstreifen – vor allem auf das in etwa 25 km lange und 8 km breite, wasserreiche Gebiet der Shebaa-Farmen, das von dieser Warte aus nach wie vor von Israel besetzt sei.[326]

Die Shebaa-Farmen liegen nach kartografischem Material aus der Zeit des französischen Mandats über den Libanon innerhalb libanesischen Territoriums. Nach der Staatsgründung Israels und zahlreichen aus den israelisch-arabischen Kriegen und Konflikten resultierenden Grenzverschiebungen wurde das Gebiet jedoch letztlich durch die UN als syrisch deklariert. Syrien und der Libanon haben seither wiederholt einvernehmlich offizielle Erklärungen abgegeben und schriftlich festgehalten, dass es sich bei den Shebaa-Farmen zweifellos um libanesisches Territorium handele. Israel vertritt jedoch, gestützt auf die kontroverse Festlegung durch die UN, die Position, ausschließlich syrisches Territorium okkupiert zu haben, während man sich aus dem Libanon vollständig zurückgezogen habe.[327] Über diese Angelegenheit hinaus verweist die Hizbullah einvernehmlich mit der libanesischen Regierung und dem größten Teil der Bevölkerung vor allem noch auf die folgenden, aus dieser Perspektive feindlichen Akte Israels:

Nahezu tägliche Luftraumverletzungen inklusive Psycho-Terror gegen die Zivilbevölkerung, indem von den Piloten der israelischen Luftwaffe bewusst Tiefflüge durchgeführt werden und dann die Schallmauer durchbrochen wird. Bei vielen der kriegsgeschüttelten Bewohner löst dies panische Angst vor Bombenangriffen aus.[328]

Eine Vielzahl von Bombenanschlägen und sonstigen Liquidierungsaktionen im Libanon, die aus dieser Sicht dem israelischen Auslandsgeheimdienst *Mossad* angelastet werden.[329]

Das jahrelange Einbehalten von Plänen über die Lage noch aus der Besatzungszeit verbliebener israelischer Landminen im Libanon.[330]

---

[326] Palmer-Harik, 2004, S. 139f.
[327] Vgl. ebd., S. 139ff; Jorisch, 2004, S. 14; Hamzeh, 2004, S. 141ff.
[328] Beobachtungen des Verf. im Libanon; Palmer-Harik, 2004, S. 183f.
[329] Jaber, 1997, S. 43ff, 120; Makdisi, 2006, S. 17f.
[330] International Crisis Group (Hrsg.): Israel/Hizbollah/Lebanon: Avoiding renewed Conflict, Beirut/Jerusalem/Amman/Brüssel, Middle East Report Nr. 59, 01.11.2006, S. 23.

Der Diebstahl libanesischer Wasserressourcen während der Besatzungszeit (in den wasserreichen Shebaa-Farmen auch aktuell).[331]

Die Verschleppung und oft jahrelange Inhaftierung hunderter libanesischer Staatsangehöriger (unterschiedlichster Konfessionen oder politischer Ausrichtung) in israelischen Gefängnissen ohne ordentlichen Prozess.[332]

Die wiederholte Anwendung umstrittener Waffen, wie Streu- und Splitterbomben sowie Phosphor- und Uranmunition, gegen die libanesische Zivilbevölkerung.[333]

Die während des letzten Krieges und bei vorhergegangenen Militäroffensiven im Libanon geschehene, überwiegend als vorsätzlich wahrgenommene Zerstörung der zivilen Infrastruktur, die damit einhergehenden humanitären Verluste, Tragödien und Umweltkatastrophen und der nahezu vollständige Zusammenbruch der libanesischen Wirtschaft (speziell im Hinblick auf die Tourismus-Branche).[334]

Seit dem Abzug Israels aus dem größten Teil der Sicherheitszone bis zum Ausbruch des letzten Krieges war die Hizbullah durchgehend die dominierende militärische Kraft im Südlibanon. Während dieser Zeit hat sie größtenteils die Sicherung der Grenze übernommen und in dieser Funktion nicht selten andere bewaffnete Gruppierungen bzw. Individuen – in mindestens einem Fall auch schon von der palästinensischen Fatah – davon abgehalten, auf eigene Faust grenzüberschreitende Aktionen gegen Israel durchzuführen.[335]

Die Hizbullah konnte an solchen Aktionen logischerweise wenig Interesse haben. Opfer unter der israelischen Zivilbevölkerung als potenzielle Folge bewaffneter Übergriffe, ohne dass es zuvor eine israelische Aggression gegeben hätte, hätten es den Gegnern der Hizbullah leicht gemacht, sie als die zentrale Kraft an der Grenze zur Verantwortung zu ziehen und ihre Kämpfer als Terroristen zu brandmarken.[336] Vornehmlich aus diesen Gründen gibt es Stimmen aus dem extremistischen Spektrum islamistischer Gruppierungen, wie insbesondere Al-Qaida, die die Hizbullah sinngemäß als „mit den

---

[331] Vgl. Palmer-Harik, 2004, S. 49, 143f, 159f; Qassem 2005, S. 266.
[332] Vgl. Qassem, 2005, S. 266.
[333] Den Einsatz von Streubomben rechtfertigt Israel mit der umstrittenen Feststellung, dass diese nicht explizit völkerrechtswidrig seien. Vgl. Tagesspiegel Online: Nahostkonflikt. Israel verteidigt Einsatz von Streubomben, New York, 25. Juli 2006.
[334] Makdisi, 2006, S. 20ff.
[335] Palmer-Harik, 2004, S. 189ff; Rosiny, 2006, S. 23.
[336] Palmer-Harik, 2004, S. 189ff.

Kreuzrittern kooperierende, zionistische Hilfstruppe" titulieren und zu ihrer Entwaffnung und Entfernung von der Grenze aufrufen.[337] Diese obskure Konstellation, in der die Hizbullah von den zwei diametral entgegen gesetzten Lagern ihrer Feinde für die jeweils vermeintliche Verbrüderung mit dem Gegenüber angegriffen wird, entbehrt nicht einer gewissen Ironie und veranschaulicht die Schwierigkeit ihrer akkuraten Einordnung.

Die aktuelle Situation nach dem Krieg hat nun noch einige signifikante Veränderungen mit sich gebracht, die zu berücksichtigen sind. Festzuhalten ist vor allem, dass die libanesische Regierung, maßgeblich aufgrund des erfolgreichen Widerstandes der Hizbullah, verhindern konnte, politisch vor Israel zu kapitulieren. Dies war in einem von den USA und ihren Verbündeten vorgeschlagenen Resolutionsentwurf – der der endgültigen Resolution 1701 zur Beendigung der Kampfhandlungen vorausging – gefordert worden. Bedeutend ist, dass sich hier zeigt, wie die Bewaffnung der Hizbullah indirekt zur Legitimation und Stärkung des libanesischen Staates beiträgt, was sich auch positiv auf ihre eigene Legitimität auswirkt.

Nach vorliegenden Studien hält sich die gesamte libanesische Seite, d.h. Staat, Hizbullah und die libanesische Armee in den für eine Waffenruhe entscheidenden Punkten an ihren Teil der Auflagen der Resolution 1701. Dies umfasst die Stationierung der libanesischen Armee an der Grenze zu Israel, die graduelle Reduzierung von Kämpfern der Hizbullah, das Einhalten der Waffenruhe und das Unterlassen von Provokationen. Als signifikante Einschränkungen der Auflagenerfüllung sind die bislang nicht vorgenommene Freilassung der israelischen Soldaten einerseits und die fortbestehende Bewaffnung der Hizbullah andererseits zu nennen.[338] Es ist allerdings anzumerken, dass weder die Armee je staatlicherseits beauftragt wurde, die Hizbullah zu entwaffnen noch die UNIFIL durch die Resolution zu so einem Schritt ermächtigt wurde. Insofern, dass im Einklang mit den Anordnungen der libanesischen Regierung keine sichtbaren, der Hizbullah zuzuordnenden Waffen südlich des Litanis präsent sind und alle ihrer Beobachtungsposten an der Grenze an die Armee übergeben wurden, interpretiert die Hizbullah-Führung ihr diesbezügliches Verhalten als legitim.[339] Des Weiteren steht die Armee dem bewaffneten Kampf der Hizbullah ohnehin nicht etwa ablehnend, sondern ausgesprochen positiv gegenüber, wie man ihren regelmäßig

---

[337] Siehe Rosiny, Interview, in: taz, 09.08.2006.
[338] Siehe Sicherheitsrat der Vereinten Nationen (UN-Security Council) (Hrsg.): Resolution 1701 (2006) on Lebanon, beschlossen durch den VN-Sicherheitsrat in seiner 5511. Sitzung vom 11.08.2006.
[339] Siehe Saad-Ghorayeb, Amal; Ottaway, Marina: In Their Own Words: Hizbollah's Strategy in the Current Confrontation, Carnegie Endowment for International Peace, Policy Outlook, Democracy & Rule of Law Program, Januar 2007, S. 9ff.

erscheinenden „Orientation Bulletins" und anderen offiziellen Stellungnahmen unmissverständlich entnehmen kann.[340] Eine erzwungene Entwaffnung der Partei Gottes durch die Armee scheint auch daher, zumindest noch in absehbarer Zukunft, mehr als unwahrscheinlich und auch seitens der UNIFIL wurde klar gestellt, dass sie zu einem solchen Schritt nicht bereit sei.[341]

Hasan Nasrallah gab bereits während des Krieges an, dass die Hizbullah nicht dem Willen des libanesischen Volkes im Weg stehen wolle und werde.:

> „Wenn das ganze Land meint, dass die Entsendung der Armee in den Süden des Libanon den Konflikt lösen wird, dann werden wir kein Hindernis in dieser Frage sein, denn die Armee würde die Souveränität des Landes retten. Aber wir sorgen uns immer noch um die Armee, weil sie nicht gut ausgerüstet ist, um einem solchen Feind [Israel] entgegenzutreten"[342]

Israel auf der anderen Seite verstößt – mit der Begründung der Nichterfüllung der o.g. Auflagen durch die Hizbullah – regelmäßig direkt gegen die mit Inkrafttreten der Resolution 1701 am 14. August 2006 begonnene Waffenruhe und provoziert damit große Verärgerung nicht nur auf libanesischer Seite, sondern auch bei den UNIFIL-Truppen im Südlibanon und den an dieser Mission beteiligten Staaten, allen voran Frankreich.[343] So gab es wiederholt Beschwerden des französischen Kommandeurs der UNIFIL-Friedenstruppe Alain Pellegrini über israelische Luftraumverletzungen im Libanon, die nach seiner Einschätzung einen Bruch der Waffenruhe darstellen würden sowie über Scheinangriffe der israelischen Luftwaffe auf die Kontingente der UNIFIL. Diese hätten daher bereits mehrfach kurz davor gestanden – so

---

[340] In einem Bulletin der Armee vom 11.07.2007 wird von den „heroischen Epen", die die Mitglieder des Widerstandes während ihrer Konfrontation mit dem „israelischen Feind" im Sommerkrieg 2006 „geschrieben" hätten, berichtet. Siehe Lebanese Army Website: Orientation Bulletin, Nr. 04/2007, 11.07.2007. In einer Stellungnahme vom 01.08.2005 heißt es u.a.: „[...] die Armee und das Volk gehen noch immer gegen die Besatzung an. Und [die Armee] beschützt den Widerstand und steht an dessen Seite bis zur Befreiung der Shebaa-Farmen und bis alle legitimen libanesischen Ansprüche erfüllt sind. Den Widerstand zu schützen [...] ist eine nationale und moralische Pflicht zugunsten der Interessen des Landes und des Volkes und den Widerstand aufzugeben, würde implizieren, dass man den Konflikt mit dem israelischen Feind beenden würde, ohne einen nachhaltigen und gerechten Frieden erreicht zu haben und ohne jede Garantie, dass die israelischen Aggressionen gegen den Libanon aufhören würden." Siehe Lebanese Army Website: Army Ceremony. The 60th anniversary of the Lebanese army. An altruism summarizing time, 01.08.2005.
[341] Siehe Saad-Ghorayeb; Ottaway, Januar 2007, S. 12.
[342] Siehe Spiegel-Online: Nahostkrieg. Hisbollahchef droht, Israel rückt vor, Beirut/New York, 10.08.2006.
[343] International Crisis Group, 2006, S. 15f.

Pellegrini wörtlich „auf die Flugzeuge zu feuern, die direkt unsere Truppen bedroht haben".[344] Auch seitens der deutschen Marine, die ebenfalls als Teil der UNIFIL-Mission vor Ort ist, wurden bereits mehrfach Beschwerden über bewusste Provokationen der Israelis und sogar das Abfeuern von Geschossen in der Nähe deutscher Schiffe laut.[345]

Bevor wir nun zu einer Beurteilung der Rolle der Hizbullah übergehen können, ist es notwendig, noch einmal auf vorhandene Annäherungspunkte und hierbei ebenfalls auf die Frage nach der Anerkennung des Existenzrechts Israels zu sprechen zu kommen. Denn obgleich es unbestreitbar stimmt, dass Israel und die Hizbullah sich in ihrer Rhetorik untereinander keine Existenzberechtigung einräumen und sich zudem verbal erniedrigen, so haben sich beide Parteien doch bereits seit einigen Jahren de facto gegenseitig anerkannt. Und zwar als sie sich durch mindestens zwei weniger bekannte Abkommen, zuerst in einem mündlichen, dem sog. Juli-Verständnis von 1993 und danach unter Hilfe von Vermittlern auch schriftlich im April-Verständnis von 1996, auf genau bestimmte Maßnahmen zur Begrenzung der Gewalt gegen die Zivilbevölkerung einigten. Ein internationales Monitoring-Komitee, zusammengesetzt aus Repräsentanten der USA, Syriens, Israels, des Libanon und Frankreichs, überwacht die Einhaltung der Übereinkünfte, die beiden Seiten die Angriffe auf zivile Ziele untersagen und bei einseitigen Vertragsbrüchen der jeweiligen Gegenseite begrenzte Vergeltungsaktionen – also gegebenenfalls auch Raketenbeschuss Nordisraels durch die Hizbullah – zugestehen.[346]

Ein weiterer wichtiger Meilenstein im Prozess der graduellen Annäherung war der am 29. Januar 2004 durchgeführte Gefangenenaustausch, bei dem die Hizbullah den israelischen Geschäftsmann Elhanan Tannenbaum und die Körper dreier toter Soldaten übergab und im Gegenzug 400 Palästinenser, 23 Libanesen, fünf Syrer, drei Marokkaner, drei Sudanesen, ein Libyer und ein Deutscher aus israelischer Haft entlassen wurden. Dieser Austausch, der von vielen Beobachtern unbemerkt zustande gekommen war, war das Ergebnis dreijähriger Verhandlungen unter aufwändiger und streng geheimer deutscher Vermittlung, die zu dieser Zeit von beiden Seiten als vertrauenswürdig angesehen wurde.[347]

Kommen wir zur Bewertung. Wir haben gesehen, dass die gegenseitige

---

[344] Siehe Zeit Online: Frankreich wirft Israel Scheinangriff vor, 04/2006, Hamburg, 09.11.2006.
[345] Siehe Heumann, Pierre: Schüsse auf deutsche Marine. Videobeweis soll Israel der Lüge überführen, in: Spiegel-Online, Tel Aviv/Berlin, 27.10.2006.
[346] Vgl. Makdisi, 2006, S. 18; Sankari, 2005, S. 254; Palmer-Harik, S. 122f, 181f; Rosiny, 2006, S. 5; Jaber, 1997, S. 203.
[347] Vgl. Qassem, 2005, S. 143ff; Hamzeh, 2004, S. 97f.

Anerkennung des Existenzrechtes auf beiden Seiten ambivalente Züge aufweist, sprich: der Anerkennung auf dem Papier die jeweilige diesbezügliche Rhetorik entgegensteht. Dies hat sowohl mit Überzeugungen als auch mit Klientelismus zu tun, denn beide Parteien haben auch eine gewisse Verpflichtung gegenüber ihrer Basis, die Verteidigung (wie der Kampf aus jeder Richtung betrachtet wird) gegen das aggressive Gegenüber zumindest augenscheinlich aufrechtzuerhalten – ein Umstand, der eine gegenseitige, verbal explizite Existenzberechtigungsanerkennung als Voraussetzung für Verhandlungen unrealistisch erscheinen lässt. Schneckener zeigt aber anhand des Beispiels Nordirland auf, dass eine solche nicht zwingend notwendig sein muss, um an den Verhandlungstisch zu gelangen:

> „Weder Unionisten noch Nationalisten verzichten bis heute auf ihre diametral entgegengesetzten Zielsetzungen [...] Dennoch änderten sie sukzessive ihre Strategie: Auf beiden Seiten stieg mehrheitlich die Erkenntnis, daß Konfrontationen und Terroraktionen dem jeweiligen Ziel nicht länger dienlich waren."[348]

Die Annäherungsschritte zwischen Israel und der Hizbullah scheinen dies zu bestätigen, denn um hierher zu gelangen, hat keine der beiden Seiten tiefer liegende Präferenzen oder auch ihre eben beschriebene Rhetorik aufgeben müssen. Interessanterweise hat die Hizbullah bei der Festnahme der zwei israelischen Soldaten offensichtlich vorgehabt, sie als Druckmittel in indirekten Verhandlungen mit Israel einzusetzen, weshalb sie auch von Anfang an immer wieder ihre Bereitschaft dazu betonte. Man hatte wohl aufgrund der Regelmäßigkeit der gegenseitigen, oft grenzüberschreitenden Scharmützel, die durch die Begrenzungen der Abkommen zwischen den Parteien nicht berührt werden (zumal sich diese nur auf Angriffe gegen die Zivilbevölkerung beziehen) nicht mit der Reaktion Israels gerechnet, sondern ernsthaft auf die Aufnahme weiterer Verhandlungen gehofft. So gestand Nasrallah am 27. August 2006 gegenüber einem libanesischem TV-Sender ein, die Situation im Vorfeld teilweise falsch eingeschätzt zu haben, als er sagte: „Wenn wir gewusst hätten, dass Israel wegen der zwei Soldaten einen derartigen Großangriff auf den Libanon beginnen würde, dann hätten wir sie gar nicht erst gefangen."[349]

Der Wille und die Bereitschaft zu Verhandlungen mit Israel scheinen bei der Hizbullah also vorhanden zu sein, was bei Schneckener als „Mindestmaß an Kooperationsbereitschaft der Eliten" bezeichnet wird und ihm zufolge als

---
[348] Siehe Schneckener, 2002 (1), S. 484.
[349] Siehe Bickel, 29.08.2006, S. 11.

zwingende Voraussetzung für den Einstieg in jeglichen Prozess der Konfliktregulierung zu betrachten ist.[350] Auch Rosiny weist indirekt auf diese Bereitschaft der Hizbullah hin, wenn er angibt, dass „Drohungen mit Selbsttötungsattentaten und martialische Militärparaden sowie Videos mit erfolgreichen Militäroperationen" der Hizbullah, „heute vorwiegend der Abschreckung" dienen.[351]

Wenn man sich die vorliegenden Daten – unter Einbeziehung zuvor behandelter Punkte – ansieht, fällt auf, dass es tatsächlich überaus schwierig ist, der Hizbullah in ihrem militärischen Vorgehen die Attribute einer geheimen, terroristischen und/oder extremistischen Vereinigung zuzuschreiben, wie es von israelischer Seite oft getan wird. Im klaren Gegensatz dazu ist die Partei Gottes ein berechenbarer Gegner,[352] dessen Ziele erklärt und Methoden deutlich abgesteckt sowie in ihrer Anwendung großenteils international überwacht sind. Ihre Führung ist sichtbar und ansprechbar und sie verschließt sich nicht vor – wenn auch im Falle Israels bisher nur indirekten – Verhandlungen. Die von Deutschland übernommene Vermittlerrolle und der internationale Druck auf die libanesische Regierung – beides laut Schneckener bedeutsame Faktoren auf dem Weg zur Konfliktbeilegung in einer Konstellation wie dieser –[353] haben neben den Anstrengungen des libanesischen Staates und der Hizbullah selbst unmittelbar dazu beigetragen, die Partei in einen Prozess der Annäherung mit Israel einzubinden, wie er zu Beginn dieser Auseinandersetzung noch nicht möglich erschien.

Nun liegt es nahe, diese Entwicklungen auf die Libanon- bzw. Hizbullah-internen Integrations-, Nationalisierungs- und Transformationsprozesse zurückzuführen, die die Entscheidungsträger der Organisation in eine Situation gebracht haben, in der sie nicht mehr umhin kommen, sich für ihre Taten öffentlich zu rechtfertigen und somit gut daran tun, solche bereits im voraus möglichst kompatibel mit anderweitigen Verantwortungsbereichen und strukturellen Zwängen zu gestalten. Auch hier zeigt sich, neben den erneuten Spillover-Effekten, ein essentielles Element der Konfliktregulierung: Die graduelle Änderung von Präferenzen der Konfliktparteien durch eine veränderte „Mittel-Ziel-Relation".[354] Als Ergebnis sollten die betroffenen Parteien vorzugsweise erkannt haben, dass bestimmte, zuvor verwandte Methoden sich aufgrund der veränderten eigenen Position und Situation nicht

---

[350] Siehe Schneckener, 2002 (1), S. 482.
[351] Siehe Rosiny, 2006, S. 13.
[352] Rosiny spricht von einem „kalkulierbarem Risiko" für Israel. Diese Ansicht wird auch von israelischen Experten bestätigt. Siehe ebd., S. 5. Vgl. Palmer-Harik, 2004, S. 165ff.
[353] Vgl. Schneckener, 2002 (1), S. 474ff.
[354] Siehe ebd. S. 484.

mehr eignen, um zu den gesteckten Zielen zu gelangen, weshalb ein selbst motiviertes Umdenken geradezu notwendig wird.

Vieles deutet darauf hin, dass erst der militärische Widerstand der Hizbullah der libanesischen Staatlichkeit realistische Verhandlungsmöglichkeiten gegenüber Israel eröffnet; nämlich von einer Position aus, die ohne die Hizbullah weitaus schwächer wäre, zumal mit ihr auch das entscheidende Druckmittel fehlen würde.[355] Zudem wird der Organisation von nicht wenigen Wissenschaftlern und einer deutlichen Mehrheit der Libanesen bescheinigt, durch ihre Guerilla-Operationen und ihr koordiniertes militärisches Agieren an der Grenze durchaus Etappenerfolge verzeichnen zu können: So die „Befreiung" libanesischen Bodens und eine deutliche Abnahme israelischer Angriffe auf zivile Ziele im Libanon.[356]

Solange sich diese öffentliche Meinung, nach der die Hizbullah als erfolgreiche Beschützerin vor willkürlicher israelischer Aggression betrachtet wird und auf die ihre Führung geradezu gezwungen ist, einzugehen, will sie ihre Legitimation nicht gefährden, nicht ändert, wird sich auch die Mittel-Ziel-Relation der Hizbullah nicht so weit verschieben, dass sie vollständig auf den bewaffneten Kampf verzichten wird. Dies verdeutlichend, verlautbarten Nasrallah, Qassem und weitere hohe Funktionäre im April 2007 bei verschiedenen Gelegenheiten, dass ihre Organisation bereit sei, sich entwaffnen zu lassen, sollte die Mehrheit der Libanesen das in einem direkten Referendum fordern.[357] Insofern hängen der weitere Kurs der Hizbullah in ihrer Rolle als bewaffnete Guerilla-Organisation und die Frage ihrer Entwaffnung nicht nur von ihrem eigenen Willen ab. Sie werden auch in hohem Maße vom weiteren Verhalten Israels gegenüber dem Libanon bzw. von der Glaubwürdigkeit von Israels Willensbekundungen zum Frieden in der Wahrnehmung der libanesischen Bevölkerung bestimmt sein.

Obwohl es im Hinblick auf den letzten Krieg mit all seinen dramatischen Folgen für den Libanon zynisch erscheinen mag, im Zusammenhang mit dieser Rolle der Hizbullah von Stabilisierungspotenzialen zu sprechen, so sind solche bei einer Gesamtbetrachtung der letzten Jahre und ihrer Ereignisse andererseits dennoch unleugbar und in nicht unerheblichem Ausmaß vorhanden. Und ebenso wie bei der zuvor analysierten Rolle der Hizbullah als vermeintliche Terrororganisation, die von dieser nur sehr bedingt getrennt zu betrachten ist, hängt die weitere Entwicklung auch hier wesentlich

---

[355] Rosiny, 2006, S. 5.
[356] Vgl. ebd., S. 3ff; Palmer-Harik, 2004, S. 120ff; Jaber, 1997, S. 17ff, 74; Hamzeh, 2004, S. 89.
[357] Siehe Daily Star: Hizbullah has enough arms to defend country, Nasrallah aide scoffs at border supervision, Beirut, 17.04.2007.

vom zukünftigen Verhalten der Gegenseite ab. Somit relativiert sich das Ausmaß des identifizierbaren Konfliktpotenzials erheblich.

Nicht zuletzt muss man sich auch die berechtigte Frage stellen, ob es nicht eine weitaus größere Sicherheitsbedrohung des Libanon darstellen würde, die Hizbullah, wie von israelischer Seite gefordert, umgehend zu entwaffnen. Der größte Teil des Libanon betrachtet Israel nach wie vor als ernsthafte Bedrohung und viele meinen, dass Israel im Libanon weiterreichende Pläne als die bloße Sicherung seiner Grenze verfolgt.[358] Und da nicht völlig unberechtigt davon ausgegangen wird, dass die libanesische Armee im Hinblick auf ihre Ausrüstung und das ihr zur Verfügung stehende Mittel der konventionellen Kriegsführung keine Erfolg versprechende Option zur Abwehr israelischer Aggressionen gegen den Libanon darstellt, erscheint es aus libanesischer Sicht fragwürdig, nun ausgerechnet den einzigen und zugleich höchst effektiven Garanten der defensiven Gegenwehr und den Trumpf in politischen Verhandlungen – also die Bewaffnung der Hizbullah – ohne weitere Garantien aufzugeben.[359]

Diese Rolle der Hizbullah ist also hinsichtlich ihrer nahezu gleichermaßen vorhandenen inhärenten Konflikt- und Stabilisierungspotenziale als ambivalent zu bewerten. Entscheidend ist aber vor allem, dass die Partei nachweislich zu weiteren Verhandlungen mit Israel bereit ist. Denn Schneckener macht, wenn er von der „Beteiligung aller Konfliktparteien" und in diesem Zusammenhang explizit von „para-militärischen Gruppen" spricht,[360] unmissverständlich deutlich, dass eine erfolgreiche Konfliktregulierung nicht auf die Einbindung imperativer Akteure, wie der Hizbullah, in die relevanten Verhandlungsprozesse zur Konfliktbeilegung verzichten darf und dass auch die Bewaffnung eines solchen Akteurs keinen prinzipiellen Grund für einen Verzicht auf diese Einbindung darstellt.

Staat im Staat

Wie bereits angesprochen, übernahm die Hizbullah während des Bürgerkrieges in den von ihr dominierten Gebieten die meisten der verlassenen staatlichen Institutionen und somit auch entsprechende Funktionen.[361] Hierzu zählen neben den öffentlichen und sozialen Dienstleistungen wie dem Wiederaufbau, Wohnungs- und Straßenbau, der Müllentsorgung, der Trinkwasser-, Elektrizitäts- und medizinischen Versorgung, dem Aufbau und Betrei-

---

[358] Vgl. Rosiny, 1996, S. 60f; Saad-Ghorayeb, 2002, S. 134ff.
[359] Rosiny, 2006, S. 5.
[360] Siehe Schneckener 2002 (1), S. 480f.
[361] Rosiny, 1996, S. 135.

ben ihrer Medien, Bildungsinstitutionen, Kinderheime und -tagesstätten, Kulturzentren, Moscheen und Landwirtschaftskooperativen sowie Stipendienvergaben und Rentenzahlungen, vor allem ein eigenes, islamisches Gerichtssystem und – zumindest potenziell – die Bewaffnung der Organisation. Aufgrund jener durchaus umfangreichen und staatsähnlichen Infrastruktur, hauptsächlich aber wegen ihrer Bewaffnung und der damit einhergehenden Untergrabung des staatlichen Gewaltmonopols wird die Hizbullah von ihren Kritikern und in okzidentalen Medien oft als „Staat im Staat" bezeichnet.[362]

Von ihren Befürwortern hingegen werden die hier relevanten Anstrengungen und Einrichtungen vielmehr als komplementär betrachtet. Dies sowohl im Hinblick auf die aus ihrer Sicht potenziell wie tatsächlich feindlichen Akten und Souveränitätsverletzungen gegenüber ohnmächtigen libanesische Armee als auch in vielen internen Belangen – ob nun fahrlässig oder unverschuldet – impotente Staatlichkeit. An deren Stelle habe die Hizbullah, vereinfacht ausgedrückt, zumindest in ihren Machtbereichen solange Missstände zu bekämpfen und Versäumnisse auszugleichen, bis der libanesische Staat wieder voll und auf gerechte Weise handlungsfähig sei. Seit dem Taif-Abkommen von 1989 betont die Hizbullah kontinuierlich, dass ihre

> „'Waffen des Widerstands' [...] nicht der innenpolitischen Einflussnahme oder gar der Machtübernahme, sondern ausschließlich der Befreiung besetzten libanesischen Territoriums und der Abwehr israelischer Angriffe"[363]

dienen würden. Diese Darstellung der Sachlage, die auch von Teilen der Regierung geteilt wird, wird durch den seit Beendigung der Auseinandersetzungen mit der Amal 1990 frei von nach innen gerichteten, gewaltsamen oder mit (aktiven wie passiven) Gewaltandrohungen verbundenen Aktionen gebliebenen Werdegang der Hizbullah anschaulich bestätigt. Von Qassem bzw. der Hizbullah selbst wird dies neben der grundsätzlichen Feststellung, dass man unter keinen Umständen eine „Regierung in einer Regierung" sein wolle, folgendermaßen begründet:

> „Es war [immer] ein Element [der Hizbullah-Politik], die Benutzung von Waffen durch Partei-Mitglieder unter einer existierenden Regierung für wie auch immer geartete interne Balance oder Kontroll-Akte

---

[362] Siehe Zand, 2006, S. 156.
[363] Siehe Rosiny, 2006, S. 4.

zu verbieten, da eine solche Nutzung nur zu Antagonismus und internen Differenzen führen würde."[364]

Auch Rosiny erkennt diesen Umstand ausdrücklich an, wenn er festhält: „Die Hizb Allah lehnt alle innermuslimischen und innerlibanesischen Kämpfe strikt ab."[365] Palmer-Harik weist zudem auf das spezifische Verhalten der Hizbullah in der innerlibanesischen Politik hin, das sie als „ebenso opportunistisch wie alle anderen [politischen Akteure im Libanon] auch"[366] bezeichnet. Hier ist aber vor allem ihre diesbezügliche Schlussfolgerung relevant:

„Dieses [pragmatische und opportunistische] Agieren überzeugte viele Libanesen, dass die radikale Militanz der Hezbollah für die Israelis reserviert war und nicht auf eine Zerstörung der freiheitlichen, libanesischen Lebensart abzielte."[367]

Trotz alledem muss man unmissverständlich klarstellen, dass diese Situation vernünftigerweise kein Dauerzustand sein kann. Zur Wiedererlangung seiner vollen Stabilität und Souveränität – Attribute, die letztlich essentielle Parameter eines nachhaltigen Friedens darstellen – muss der libanesische Staat zwingend das Gewaltmonopol zurückgewinnen. Wie erwähnt, ist man sich dieses Umstands im Libanon und auch bei der Hizbullah durchaus bewusst. Nur wurden jüngere positive Entwicklungen, die sich speziell um eine Stärkung der libanesischen Armee und die Idee einer Inkorporierung des al-Muqawamah al-Islamiyyahs drehten, vorerst durch den letzten Krieg und dessen Nachwirkungen zum Stillstand gebracht.[368]

Kommen wir nun zum Gerichtssystem der Hizbullah. Hierzu zählen hierarchisch organisierte Gerichtshöfe auf kommunaler, regionaler und nationaler Ebene. Die Rechtssprechung richtet sich dabei – was wenig überraschen dürfte – nach der Scharia. Da diese für bestimmte Vergehen prinzipiell auch die Todesstrafe legitimiert, kam es während der Phase der absoluten Abwesenheit staatlicher Autorität – wie bei den meisten größeren Bürgerkriegsparteien, die in vielen Fällen ebenfalls ihr eigenes Gerichtssystem aufgebaut hatten – mehrfach zu Exekutionen, zuletzt im Jahre 1994.[369]

---

[364] Siehe Qassem, 2005, S. 105.
[365] Siehe Rosiny, 2006, S. 17.
[366] Siehe Palmer-Harik, 2004, S. 78.
[367] Siehe ebd., S. 78.
[368] Rosiny, Interview, in: taz, 09.08.2006.
[369] Darauf, dass die Hizbullah von anderen durch die Scharia legitimierten Strafen, wie der Vornahme von Amputationen, Steinigungen o.ä. Gebrauch gemacht hätte, gibt

Im Unterschied zu den verschiedenen staatlichen bzw. staatlich beauftragten libanesischen Gerichten ist der Zugang zum Gerichtssystem der Hizbullah entweder äußerst kostengünstig oder umsonst, weshalb es besonders von den vielen mittellosen Libanesen – muslimisch wie nichtmuslimisch – gerne und stark in Anspruch genommen wird. Hamzeh notiert: „Natürlich ist diese Praxis vorteilhaft für die Geringverdienenden, die sich einen Anwalt an den staatlichen Gerichtshöfen nicht leisten können."[370] Rosiny gibt an, dass die Hizbullah ihre Hilfe etwa bei Autounfällen oder Ehestreitigkeiten geradezu „relativ unaufdringlich"[371] offeriere. Zudem verweist er auf die Volksnähe dieses Gerichtssystems als zusätzliche Motivation der Bevölkerung, es zu frequentieren, wenn er postuliert, dass die Hizbullah-Gerichte „den Lebenszusammenhängen und kulturellen Werten der Gemeinschaft näher stehen als das von Frankreich [...] eingesetzte Zivilgerichtssystem" und dass daher „ihre Urteile besser respektiert"[372] werden würden.

Seit dem Wiedererstarken des staatlichen Systems hat die Hizbullah ihres diesem unterordnen müssen, um eine – zumindest begrenzte – eigene Legitimität bewahren zu können. Ihre Urteile werden seither in der Regel durch einen einfachen Verwaltungsakt von den staatlich beauftragten schiitischen Gerichtshöfen (arab.: *j'afari*) anerkannt.[373] Welches der beiden Gerichtssysteme die Bürger für sich in Anspruch nehmen wollen, bleibt deren individueller Entscheidung überlassen.

Bezüglich der Konfliktbearbeitung und -prävention in den von ihr dominierten Gebieten – vor allem in der Bekaa-Ebene, wo Klanstrukturen vergleichsweise deutlich zu Tage treten – legt die Hizbullah großen Wert auf die islamisch legitime Methode der Mediation zur Streitbeilegung, vorzugsweise in Fällen einer ansonsten zu befürchtenden Blutrache durch ein Mitglied der geschädigten Konfliktpartei. Hierbei wird versucht, ein Blutgeld als Kompensationszahlung für das Verzichten der geschädigten Partei auf die ihr – zumindest nach traditioneller Auffassung – theoretisch durchaus zustehende *Vendetta* (dt.: Blutrache) auszuhandeln. Bis 2004 hat die Hizbullah auf diese Weise in mindestens 200 Blutfehden vermittelt und nach eigenen Angaben zwei Drittel erfolgreich beilegen können, wobei sie in einigen Fällen sogar selbst die Entschädigungszahlung übernommen hat.[374]

Die Hizbullah verfolgt hinsichtlich ihrer „innergemeinschaftlichen An-

---

es laut Rosiny keinerlei Hinweise. Vgl. ebd., 2006, S. 19 (FN 52).
[370] Siehe Hamzeh, 2004, S. 105.
[371] Siehe Rosiny, 2006, S. 19
[372] Siehe ebd., 1996, S. 295.
[373] Ebd., S. 295.
[374] Vgl. ebd., 2006, S. 20; Hamzeh, 2004, S. 106ff.

strengung"[375] – wie man aus Perspektive der Hizbullah, die sich nicht als in Konkurrenz, sondern vielmehr komplementär zum Staat betrachtet, wohl diese gesamte Rolle hätte bezeichnen können – seit Beginn ihres Integrationsprozesses bewusst und erklärtermaßen einen kontinuierlichen Kurs der prophylaktischen Konfliktbearbeitung. Damit hat sie entscheidend zur Stabilisierung und Konsolidierung sowie zum allgemeinen Fortschritt der gesellschaftlichen Situation im Postbürgerkriegs-Libanon beigetragen. Hierbei übernimmt sie angesichts ihrer öffentlichen, sozialen und humanitären Leistungen und Entwicklungsprojekte nach wie vor eine beherrschende Funktion.[376]

Gemeinsamer Wahlkampfwagen der Hizbullah und Amal in Tyros

Wenngleich die aktuelle Situation des libanesischen Staats hinsichtlich der begrenzten Unterminierung seines Gewaltmonopols durch die Hizbullah zweifelsohne als problematisch zu bezeichnen ist, darf man für eine Bewertung dennoch nicht die historischen und politischen Ursachen und Begleit-

---

[375] Die „innergemeinschaftliche Anstrengung" wird seitens der Hizbullah als ein essentieller Teilbereich des größeren Jihad (al-Jihad al-akbar) gewertet. Vgl. Rosiny, 2006, S. 9.
[376] Ebd., S. 6f, 9, 19f.

umstände außer acht lassen, aus denen sie erwachsen ist. So hat die bisherige Analyse auch aufgezeigt, dass die Hizbullah oftmals gar nicht in der Position war, die Situation nach ihren Wünschen zu gestalten, sondern vielmehr gezwungen war, auf externe Parameter zu reagieren. Demzufolge scheint es schwierig, zu behaupten, die Hizbullah untergrabe vorsätzlich die Autorität des Staates. Das ändert zwar nichts an der Tatsache, dass sie dem Staat sein Gewaltmonopol vorenthält, der fehlende Vorsatz ist aber zugleich – unter Beachtung ihres erfolgreichen Integrationsprozesses bzw. ihres allgemeinen Libanon-internen Auftretens und Betragens – ein starkes Indiz dafür, dass von diesem Zustand keine akute Bedrohung ausgeht.

Weder hat die Hizbullah seit Beendigung ihres Kleinkrieges mit Amal 1990 jemals ihre Waffen nach innen gerichtet – auch nicht, nachdem sie einmal direkt von der libanesischen Armee angegriffen wurde (mit dem Ziel, eine ihrer Demonstrationen zu unterbinden, wobei rund ein Dutzend Hizbullah-Kämpfer erschossen wurden),[377] noch hat sie ihre Bewaffnung jemals rhetorisch als Druckmittel bei politischen Verhandlungen eingesetzt. Im Gegenteil demonstriert die Hizbullah ihre innenpolitische Stärke mit Vorliebe anhand der immensen Zahl ihrer Anhänger in der Bevölkerung, indem sie gegebenenfalls Massendemonstrationen und Kundgebungen organisiert und somit eindrucksvoll von einigen essentiellen Mitteln der Demokratie Gebrauch macht.

Die Tatsache, dass sie bei solchen Ereignissen teilweise Waffen zeigt sowie auch Militärparaden abhält, ist wiederum nicht von ihrer zuvor behandelten Rolle als Konfliktpartei im Kampf gegen Israel getrennt zu betrachten, denn schließlich hört dieser – aus Sicht der Hizbullah so gesehene – Verantwortungsbereich nicht auf zu existieren, während innenpolitische Themen behandelt werden. Wenn die Partei Gottes sich präsentiert, so auch stets als libanesische Widerstandsbewegung, was sich aus ihrer erklärten diesbezüglichen Priorität ergibt. Man muss hier auch die moderne politische und gesellschaftliche Kultur des Libanon berücksichtigen, die nicht zuletzt aufgrund des zurückliegenden Bürgerkrieges und des Dauerkonfliktes mit Israel im Allgemeinen recht militaristisch ist.

Unter demselben Aspekt kann man die Wehrerziehung von Kindern und Jugendlichen, die in einem Teil der Hizbullah-Schulen und -Jugendeinrichtungen zum Programm gehört, relativieren, womit auf keinen Fall suggeriert werden soll, dass es nicht legitim wäre, diese Praxis zu kritisieren oder dass dies nicht auch bei Libanesen der Fall wäre. Die tragische Feststellung, die getroffen werden soll, ist vielmehr die, dass die kriegs- und leidgeprüfte libanesische Bevölkerung – unabhängig von der Hizbullah – den prinzipiellen

---

[377] Hamzeh, 2004, S. 121.

Umstand, dass eine nationale Partei Waffen zur Schau trägt oder Jugendliche mit solchen vertraut macht, sicherlich nicht ebenso kritisch betrachtet wie der größte Teil der westlichen Welt, der in der jüngeren Vergangenheit kontinuierlich in relativem Frieden gedeihen konnte.

Nach diesen Abwägungen muss man feststellen, dass die innerhalb dieser Rolle relevanten kritischen Faktoren – also die Bewaffnung und das semiautonome Gerichtssystem der Hizbullah – außer bei der direkten Interaktion der libanesischen Regierung mit Israel, den USA und einigen anderen westlichen Staaten nur wenig real wirkendes Konfliktpotenzial enthalten. Wenn man die weiteren signifikanten Einflussgrößen, also vor allem die Anstrengungen der Hizbullah in den öffentlichen, sozialen, humanitären, pädagogischen und karitativen Bereichen hinzuzieht, wird schnell deutlich, dass die innergemeinschaftlichen Anstrengungen der Hizbullah bzw. ihre staatsähnlichen oder -kompensierenden Funktionen vielmehr ein unverzichtbares Stabilisierungspotenzial beherbergen.

Durch diese Anstrengungen liefert die Hizbullah dem libanesischen Volk dringend benötigte Leistungen, zu deren der Staat offenbar nicht fähig oder willens ist und die daher ansonsten in vielen Fällen schlicht ausbleiben würden.[378] Somit leistet die Hizbullah einen Beitrag zum sozioökonomischen Ausgleich des Gefälles zwischen den Schiiten als politischer Unterklasse des Libanon und den anderen Gemeinschaften,[379] womit sie – Schneckener folgend – eine wichtige strukturelle Voraussetzung für eine nachhaltige Stabilisierung des Landes forciert.[380]

Nationallibanesische politische Partei

In ihrer Rolle als nationallibanesische politische Partei übernimmt die Hizbullah seit der jüngeren Vergangenheit teilweise simultan Regierungs- und Oppositionsfunktionen zum einen, sowie gesamtlibanesisch und schiitisch-klientelistisch orientierte Vertretungsfunktionen zum anderen. Primär ist sie aber definitiv als Oppositionspartei einzuordnen, weil sie sich ausdrücklich am konfessionellen politischen System des Libanon, dabei insbesondere an dessen Implikation, dass politische Ämter nicht nach Qualifikationen, sondern nach konfessionellen Gesichtspunkten vergeben werden, stört.[381]

Den in der libanesischen Politik und nur scheinbar kontroverserweise auch bei der Hizbullah selbst (in ihrer mit Amal geteilten Funktion als poli-

---
[378] Deeb, 2006, S. 118.
[379] Vgl. Rosiny, 1996, S. 92ff.
[380] Vgl. Schneckener, 2002 (1), S. 475, 483ff.
[381] Rosiny, 2006, S. 18.

tische Vertretung der schiitisch-libanesischen Interessen) stark zutage tretenden Klientelismus lehnt die Hizbullah eigentlich prinzipiell ab. Die strukturellen Zwänge vor Ort lassen ihr aber kaum eine andere Möglichkeit, als hier dennoch teilweise mitzuspielen. Auch daher betont die Hizbullah sinngemäß immer wieder, dass ihre Leistungen und ihre politische Arbeit unter bestmöglicher Berücksichtigung der Interessen aller Libanesen, im Speziellen aber der der Bedürftigen gehandhabt würden. Folgerichtig richtete sich ihr Wahlprogramm zu den Parlamentswahlen von 1992 „An unsere lieben, großmütigen LibanesInnen, [und] unsere teueren Unterdrückten".[382] Mit dieser Taktik, bei welcher die Organisation zwar jene strukturellen Zwänge und mithin traditionsreiche Verhaltensmuster kritisiert, sich ihnen aber zugleich unterordnet, versucht sie auf friedliche Weise, die subjektiv als negativ bewerteten Zustände langsam aber sicher aufzubrechen und langfristig zu beseitigen.

So äußern Sprecher der Hizbullah häufig ihre Ungehaltenheit darüber, dass Wahlkämpfe im Libanon im Wesentlichen mittels der Gesichter prominenter Personen und unrealistischer Versprechungen, statt über wirklich relevante und realpolitische Inhalte geführt und ausgefochten werden. Durch die offizielle Politik würde daher nur wenig bis gar nichts an vorhandenen Missständen behoben werden.[383] Insofern kann es nur wenig überraschen, dass die Partei versucht, hier mit gutem Beispiel voranzugehen: Als einzige aller politischen libanesischen Fraktionen legt sie seit 1992 regelmäßig ein umfassendes und detailliertes Wahlprogramm vor,[384] an das sie sich offenbar auch moralisch gebunden fühlt, zumal sie in den von ihr dominierten Gebieten bereits dabei ist, viele ihrer sozialpolitischen Vorhaben – insoweit dies bisher möglich war, ohne direkt mit der Regierung in Konflikt zu geraten – in die Tat umzusetzen. Der Fakt, dass ihre Leistungen dabei unabhängig von Konfession und Klasse allen libanesischen Bürgern zugänglich sind, zeigt, wie die Hizbullah bemüht ist, mit legitimen Mitteln schrittweise den Konfessionalismus zu untergraben.[385]

Wie bereits dargelegt, kann die Hizbullah als politische Partei bisher auf eine steile und erfolgreiche Karriere zurückblicken. Nach ihrem Erfolg bei den Kommunalwahlen von 1998 konnte ein Politiker der Organisation daher sogar schon einmal den französischen Ministerpräsidenten Jacques Chirac persönlich zur Gratulation empfangen, der den Hizbullah-Abgeordneten nach Palmer-Harik „wärmstens" begrüßt haben soll.[386]

---

[382] Hizbullah's 1992 Election Programme, zitiert nach Qassem, 2005, S. 272.
[383] Vgl. ebd, S. 192; Ranstorp, 1998, S. 22.
[384] Vgl. Qassem, 2005, S. 192.
[385] Ranstorp, 1998, S. 24.
[386] Siehe Palmer-Harik, 2004, S. 104.

Dieser Erfolg der Hizbullah in ihrer politischen Rolle erklärt sich aus der Korrespondenz verschiedener Punkte. Erstens betreibt die Hizbullah eine effektive Sozial- und Wirtschaftspolitik, mit der sie den realen Alltagsbedürfnissen eines Großteils der Bevölkerung mehr als alle anderen Parteien im Libanon entgegenkommt. Zweitens kann sie aus der Perspektive vieler Libanesen echte Erfolge, nämlich ihre subjektiv als solche wahrgenommenen Siege über Israel sowie die vielen von ihr begründeten sozialpolitischen wie ökonomischen Einrichtungen, Errungenschaften und Verdienste vorweisen, ohne dabei in Verdacht zu geraten, unlautere Mittel benutzt zu haben, geschweige denn auf solche angewiesen zu sein. Drittens sind auch die Liquidität sowie die Logistik der Hizbullah wichtige Faktoren, ohne die sie bei weitem nicht so viele Menschen erreichen könnte, wie es der Fall ist, was besonders deutlich wird, wenn man sich in diesem Zusammenhang noch einmal das Ausmaß des Medienimperiums der Organisation ins Gedächtnis ruft. Viertens ist der Grad an Professionalität, Zuverlässigkeit und Glaubwürdigkeit der Hizbullah, der sich in großen Teilen aus der religiös bedingten Disziplin ihrer Führung und Mitglieder erklärt, im Libanon einzigartig, weshalb man ihren Aussagen über politische Vorhaben selbst bei bevorstehenden Wahlen und über alle konfessionellen Grenzen hinweg in der Regel Glauben schenkt.[387] Der maronitische Patriarch des Libanon, Kardinal Nasrallah Butros Sfeir, der signifikanterweise für viele Christen der Opposition gegen die syrische Libanonpolitik spricht, merkte einmal an: „im Unterschied zu anderen politischen Parteien, die sagen, was sie nicht tun, unterscheiden sich die Worte der Hizbullah in nichts von ihren Handlungen."[388]

Fünftens ist hier der ausgeprägte Pragmatismus der Partei anzuführen, der es ihr erst erlaubt, sich trotz aus islamistischer Sicht teilweise umstrittener und problematischer Fragestellungen in das säkulare politische System und die Demokratie ihrer Heimat einzufügen und an Wahlen partizipieren zu können, ohne dabei ihre Basisunterstützung zu verlieren.[389] Der Umstand, dass die Hizbullah offenbar bereit ist, mit nahezu jeder politischen Partei, ja selbst mit ehemaligen Bürgerkriegsgegnern, wie Aouns Freier Patriotischer Bewegung, zu koalieren, um den im konfessionellen System begründeten Anforderungen der jeweilig zu erstellenden Wahllisten im Libanon gerecht zu werden, veranschaulicht diesen Pragmatismus derweil auf das Deutlichste. Er verweist aber auch auf parallele Anstrengungen der Hizbullah in den Bereichen der Aussöhnung, Dialogführung und Konfliktbearbei-

---

[387] Vgl. Deeb, 2006, S. 116ff; Ranstorp, 1998, S. 25; Hamzeh, 2004, S. 113f.
[388] Zitiert nach Qassem, 2005, S. 207.
[389] Vgl. Ranstorp, 1998, S. 2ff; Hamzeh, 2004, S. 108ff, 115.

tung,"[390] auf die unter dem nächsten Punkt noch genauer eingegangen wird. Schließlich und sechstens – und dies ist besonders bedeutsam – hat die Hizbullah es geschafft, mit ihrer Integration in die Gesellschaft und das politische System des Libanon, mit ihrer simultanen Nationalisierung und Distanzierung von anfänglichen Plänen, in naher Zukunft eine islamische Theokratie aus dem Libanon zu machen, glaubhaft und ehrlich zu erscheinen und so die Unterstützung vieler Libanesen aus den verschiedensten Konfessionen, Bevölkerungsgruppen und Schichten sowie deren Wählerstimmen zu gewinnen.[391]

Dem Behandelten zufolge lassen sich für die Rolle der Hizbullah als nationallibanesische Partei tatsächlich keinerlei Konfliktpotenziale ausmachen. Im Gegenteil stellt die engagierte Partizipation der Organisation am politischen System des Libanon sowohl das vermutlich wichtigste Indiz für den bisherigen Erfolg ihrer Integrations- und Nationalisierungsprozesse als auch zugleich einen entscheidenden Meilenstein mit katalysierender Wirkung für deren Fortschritt dar. Somit birgt diese Rolle also ausschließlich und in besonderem Maße Stabilisierungspotenziale. Ferner offenbart sie anschaulich die friedenspolitische Sinnhaftigkeit einer Einbindung islamistischer Gruppierungen in nationale politische Prozesse, zumindest, wenn sich solche so deutlich wie die Hizbullah hierfür bereit zeigen und die erforderlichen Attribute mitbringen.[392]

Vermittler und Brückenrollen

Durch einen unmittelbar nach Einstellung der Bürgerkriegsfeindlichkeiten maßgeblich gemeinsam mit Ayatollah Fadlallah initiierten, interkonfessionellen und intraislamischen Dialog versucht die Partei Gottes, ihre Position in der libanesischen Gesellschaft zu festigen und einem zukünftigen Bürgerkrieg präventiv entgegenzuwirken. Angesichts des einst tief greifenden Konfliktes zwischen maronitisch-christlich- und schiitisch-dominierten Milizen und des darin begründeten, besonders hohen Aussöhnungsbedarfs nimmt der Dialog mit den Maroniten eine vergleichsweise privilegierte Stellung ein. Dennoch ist er nur ein Teil der Anstrengungen auf diesem Gebiet, die sich ebenso an alle anderen Gemeinden und Konkurrenten wie auch an die Verbündeten innerhalb der eigenen Gemeinde richten.[393]

---

[390] Vgl. Palmer-Harik, 2004, S. 75ff; Rosiny, 2006, S. 20.
[391] Vgl. Palmer-Harik, 2004, S. 78.
[392] Saad-Ghorayeb bescheinigt der Hizbullah gar, sich in ihrem politischen Vorgehen „ausschließlich auf humanistische Kriterien" zu berufen. Siehe Saad-Ghorayeb, 2002, S. 17.
[393] Vgl. Rosiny, 2006, S. 23; Qassem, 2005, S. 207.

Jener geradezu universelle Dialog findet in regelmäßiger, teilweise institutionalisierter Form vor allem unter den Eliten statt, aber die Parteiführung ist bemüht, ihn auf sämtliche Ebenen auszuweiten. So versucht sie mittels ihrer Bildungs- und Freizeiteinrichtungen sowie Jugend- und Studentenorganisationen bereits Kindern und Jugendlichen den unvoreingenommenen Kontakt zu und Respekt gegenüber Un- oder Andersgläubigen und grundsätzlich allen Menschen – mit Ausnahme der Arroganten, Imperialisten und Zionisten – ans Herz zu legen. Außerdem soll eine beispielhafte und würdige Repräsentation des Islam durch das individuelle Verhalten erreicht werden. Somit wird direkt an der Basis effektiv mit dem Abbau von gegenseitigen Stereotypen und Vorurteilen begonnen. Auch diverse weitere Aktivitäten, wie eine hinsichtlich ihrer vielen nichtschiitischen, dabei vornehmlich christlichen Besuchern sehr erfolgreiche Reihe von Kennenlerntreffen in den privaten Unterkünften von Hizbullah-Partisanen, wurden schon veranstaltet.[394]

Bei den Elitenkontakten zwischen der Hizbullah und den Maroniten lassen sich nach Palmer-Harik zwei ausschlaggebende Katalysatoren für deren bis heute kontinuierliche Intensivierung identifizieren: Erstens, die Beteiligungen an politischen Wahlen der beiden Lager und zweitens, die israelischen Aggressionen gegen den Libanon seit dem Frieden von Taif. Was den ersten Punkt betrifft, so hatten beide Seiten gute Gründe sich politisch anzunähern. Das politische System des Libanon macht es praktisch unmöglich, ohne ein Koalieren mit dem konfessionellem Gegenüber selbst bei noch so großem individuellen Erfolg wirklich politisch handlungsfähig zu sein und klientelübergreifende Politik durchsetzen zu können.

Zudem sind die christlichen Eliten sich durchaus darüber im Klaren, dass die exponentiell wachsende schiitische Bevölkerung des Libanon – von ihrer physischen Präsenz mal ganz abgesehen – sich nicht ewig mit ihrer proportionalen Unterrepräsentanz abfinden wird. Ihre Bedürfnisse und Forderungen sollte man daher vernünftigerweise ernst nehmen. Die Hizbullah weiß auf der anderen Seite um die reale politische Macht der Christen im Land und ebenso, dass man, selbst wenn die konfessionelle Distribution von Sitzen im Parlament und Anteilen an der Regierung den tatsächlichen demografischen Verhältnissen entsprechen würde, nicht um diese herum kommen würde.

Zudem war die Aussicht auf friedliche, regelmäßige und sämtliche konfessionellen wie politischen Manifestationen des Landes mit einbeziehende Diskussions- und Dialoggelegenheiten durch den parlamentarischen Rahmen einer der Hauptbeweggründe für die Hizbullah, sich überhaupt am politischen System des Libanon zu beteiligen. Hierin sah und sieht man eine

---

[394] Palmer-Harik, 2004, S. 73ff.

große Chance zur gegenseitigen Annäherung und Aussöhnung. So schreibt Qassem:

> „Repräsentanten der verschiedensten libanesischen Konfessionsgruppen und Bezirke werden Teil [...] eines Netzwerks und direkte Diskussionen mit allen Parteien über verschiedene Themen sind möglich. Dies kann zu engen Verbindungen und [gegenseitigem] Verständnis führen, auf Irrglauben beruhende Barrieren und Vorstellungen eliminieren und im Ergebnis zu einer Stärkung des Dialogs und der gegenseitigen Akzeptanz führen." [395]

Die israelischen Vergeltungsaktionen gegen den Libanon, nach israelischer Darstellung gegen die Hizbullah, nach der Beendigung des Bürgerkrieges zielten speziell darauf ab, die Partei im Libanon politisch zu isolieren und erreichten ihr Ziel nicht. Im Gegenteil führten die Angriffe, von denen die drastischsten Operation Verantwortungsübernahme (engl.: Operation Accountability) vom Juli 1993 und Operation Früchte des Zorns (engl.: Operation Grapes of Wrath) vom April 1996 waren, zu einer weiterreichenden Verbrüderung zwischen der Hizbullah und verschiedenen maronitischen Fraktionen. So hielt man unter dem Eindruck dieser Ereignisse eine erhöhte Anzahl von Notfalltreffen vor allem mit Patriarch Nasrallah Butros Sfeir – heute ein Fürsprecher der Regierungstreuen und somit politischer Gegner der Hizbullah – und der Maronitischen Bruderschaft ab, in denen es vorrangig um die Erhaltung einer geschlossenen Front bei der nationalen Landesverteidigung ging.[396] Auf die Frage, ob die Hizbullah eine Terrororganisation sei, antwortete Sfeir bezeichnenderweise einmal: „Diese Menschen sind libanesische Bürger, die versuchen, ihre Heimat von Fremdbesetzung zu befreien; wir alle danken ihnen für ihre Anstrengungen."[397]

Nun stellen rein machtpolitische Abwägungen sicherlich nicht mehr (falls dies überhaupt jemals der Fall war) den einzigen Faktor von Belang für die Annäherung dar. Vielmehr haben sich die Präferenzen der betroffenen Akteure auf beiden Seiten durch aus dem Dialog resultierende Lernprozesse und den darin begründeten Abbau von gegenseitigen Stereotypen und Vorurteilen sowie durch die Harmonisierung gewisser innenpolitischer und wirtschaftlicher Überlegungen tatsächlich verschoben. So kann heute zumindest teilweise von ehrlicher Sympathie und Mitgefühl als weitere und jüngere Motivationen für die Zusammenarbeit gesprochen werden. Dies belegen

---
[395] Siehe Qassem, 2005, S. 190.
[396] Vgl. ebd., S. 109ff, 205ff; Palmer-Harik, 2004, S. 73f.
[397] Siehe Palmer-Harik, 2004, S. 180.

Ereignisse, bei welchen man sich auch ohne opportune Beweggründe (oder gar entgegen solchen) gegenseitig ausgeholfen hat, sowie ein allgemein behutsamer Umgang miteinander. Ähnliche Phänomene lassen sich zunehmend unabhängig von der Hizbullah sowohl auf Eliten- als auf Volksebene in vielen Teilen des Landes beobachten, wobei man von einem Idealzustand noch weit entfernt ist.[398]

Neben dieser Förderung der gutnachbarschaftlichen, maßgeblich christlich-schiitischen-Beziehungen betreibt die Hizbullah vor allem auch eine intraislamische Annäherungspolitik.[399] So notiert Qassem: „Die Erlangung islamischer Einigkeit zwischen Sunniten und Schiiten, in allen Ländern und auf allen Ebenen, ist eines der fundamentalen Ziele der Hizbullah."[400] Weiter führt er dann aus, dass mit dieser Einigkeit keine Gleichheit im Sinne einer absoluten Angleichung der beiden unterschiedlichen Interpretationen des Islam gemeint ist – was von ihm als unnötig wie unrealistisch bewertet wird –, sondern die praktische Zusammenarbeit auf Basis der vorhandenen gemeinsamen Nenner.[401]

Hierzu unterhält die Partei rege Kontakte zu den verschiedenen sunnitischen, aber auch nahezu allen anderen muslimischen sowie ökumenisch-islamischen Eliten, Gemeinden und Dachorganisationen im Libanon sowie teilweise – mit besonderer Referenz zu Palästina, Syrien, Iran und Irak – darüber hinaus. Auf nationaler Ebene ist man bisher auch nicht vor einer begrenzten politischen Kooperation mit dem sunnitischen, aber säkular orientierten Hariri-Klan, dabei im Übrigen auch nie vor Rafik Hariri selbst zurückgeschreckt.[402] Dies ist insofern signifikant, als dass man die Hizbullah insbesondere in Israel, Europa und den USA – durch die Mutmaßungen über Syriens angebliche Weisungsbefugnis – teilweise mit der Ermordung Rafik Hariris im Februar 2005 in Verbindung bringt.[403] Dieser hatte sich in den Jahren zuvor nicht selten auf internationaler Bühne für den libanesischen Widerstand und für eine klare Abgrenzung von dessen Aktivitäten gegenüber Terrorismus stark gemacht.[404] Trotz der offensichtlichen Dissonanzen, die zwischen der Hizbullah und Hariri zweifelsohne bestanden, erscheint es auch im Kontext des sonstigen innerlibanesischen Auftretens der Organisation kaum möglich, eine sinnvolle Motivation für eine vermeintli-

---
[398] Vgl. ebd., S. 75ff.
[399] Rosiny, 2006, S. 23.
[400] Siehe Qassem, 2005, S. 225.
[401] Siehe ebd., S. 225f.
[402] Vgl. ebd., S. 224ff; Rosiny, 2006, S. 20.
[403] El-Gawhary, Karim: Libanons Ex-Premier bei Anschlag getötet, in taz. Die Tageszeitung, 15.02.2005.
[404] Vgl. Palmer-Harik, 2004, S. 180f.

che Beteiligung an Hariris Ermordung auszumachen. Vielmehr würde es allen Erfahrungen mit dieser pragmatischen Organisation widersprechen.

Was die Kontakte zu Palästina betrifft, so finden auch diese mit nahezu allen ansprechbaren palästinensischen Akteuren religiöser, politischer, militärischer oder ziviler Natur auf sämtlichen Ebenen statt.[405] Der Schwerpunkt liegt hier aber aufgrund der islamistischen Verbundenheit und trotz des vermeintlichen schiitisch-sunnitischen Gegensatzes neben Islamischer Jihad für Palästina (arab.: *al-Jihad al-Islami fi Filistin*) vor allem auf der Hamas. Hatte bereits Khomeini – sowie viele andere muslimische Geistliche – die Befreiung Palästinas zur Pflicht aller Muslime erklärt, so unterstützt auch die Hizbullah logistisch, rhetorisch – wiederum tonangebend via Al-Manar – und propagandistisch den palästinensischen Widerstand bzw. den Kampf gegen Israel, z.B. durch Militärparaden mit Solidaritätsbekundungen oder durch das aufwändige Zelebrieren des 1979 durch Khomeini ins Leben gerufenen Jerusalem-Tages am jeweiligen letzten Freitag des heiligen Fastenmonats (arab.: *Ramadan*).

Während es bekannt ist, dass die Hizbullah in der Vergangenheit Hamas-Kämpfer ausgebildet hat,[406] liegen auf direkte personelle Beteiligungen an der zweiten Intifada – von einigen zeitlich abgestimmten Entlastungsoperationen im Gebiet der Shebaa-Farmen (abseits der Intifada) und von unbestätigten Berichten über Verstrickungen in Waffenlieferungen an palästinensische Gruppierungen abgesehen[407] – keine Hinweise vor. Die Hizbullah selbst besteht, wie bereits angesprochen, darauf, einzig zur Befreiung libanesischen Bodens militärisch gegen Israel vorzugehen. Da die Interessen der libanesischen Nation hier offensichtlich gegenüber der islamisch geforderten Solidarität mit den Palästinensern bevorzugt behandelt werden, verweist auch dieser Umstand auf die fortgeschrittene Nationalisierung der Partei.[408]

Hamzeh gibt an, dass die Hizbullah eine Modellfunktion für Gruppen wie Hamas und Islamischer Jihad für Palästina erfülle, da sie ihre subjektiv als Siege betrachteten militärischen Erfolge gegen Israel vorweisen könne.[409] Qassem widerspricht dem keineswegs, stellt dieses Verhältnis aber erstens als etwas ausgeglichener dar und nennt zweitens zusätzliche Gründe, wenn er schreibt:

„So wie die Hizbullah von der Erfahrung des palästinensischen Widerstandes und seiner Geschichte des Kampfes mit Israel profitiert

---

[405] Vgl. Hamzeh, 2004, S. 41f, 77ff, 147.
[406] Vgl. ebd., S. 39ff, 146ff.
[407] Palmer-Harik, 2004, S. 185ff.
[408] Siehe Rosiny, 2006, S. 17, 22f.
[409] Siehe Hamzeh, 2004, S. 148.

hat, [...] hat das palästinensische Volk in den politischen [...] Taktiken [...] der Hizbullah Inspiration und neue Hoffnung auf Befreiung gefunden."[410]

Ein weiterer wichtiger Berührungspunkt zwischen der Hizbullah und den muslimischen wie auch einigen nichtmuslimischen Fraktionen aller Spektren ist der durch die Partei ins Leben gerufene *Islamic Current* (arab.: *al-Tayyar al-Islami*). Dieser ist eine Art institutionalisierte Konferenz der meisten direkt mit der Hizbullah kooperierenden, politisch aktiven Organisationen aus dem Libanon und dem regionalen Umfeld. Die Partei hat ihn zum Zwecke der Koordinierung gemeinsamer Projekte und zur Erörterung aktueller Themen ins Leben gerufen. Er umfasst u.a. die „Libanesischen Brigaden des Widerstandes gegen die Besatzung", Hamas und Islamischer Jihad für Palästina, die libanesische Fraktion der Islamischen Gemeinschaft (arab.: *al-Jama'h al-Islamiyyah*) und den sunnitisch-schiitischen Verband der muslimischen Geistlichen (arab.: *Tajamu'a al-Ulama' al-Muslimin*).[411]

Die Hizbullah trägt zudem – teils gezielt, teils durch eigendynamischen Prozessen unterliegende Automatismen – zu einer Annäherung der ursprünglich gegensätzlichen Strömungen des Panislamismus einerseits und des arabischen Nationalismus bzw. Panarabismus andererseits bei. Damit wird ein tief greifendes Problem, namentlich die moderne innerarabische Spaltung, direkt am Ausgangspunkt anvisiert und zumindest auf der Mikroebene angegangen. Die Hizbullah identifiziert und bekämpft gewissermaßen denselben Feind bzw. aus dieser Sicht dessen ideologische Verkörperungen – Kolonialismus, Imperialismus und Zionismus – als Ursprung und Motor der aktuellen Missstände und Probleme der arabischen und der islamischen Welt. Hierdurch wird es panarabisch orientierten, potentiellen wie aktiven Befürwortern, Unterstützern oder Mitgliedern dieser Organisation möglich, sie harmonisch in das eigene, in diesem Falle vorwiegend marxistisch geprägte Weltbild einzugliedern, ohne es dafür signifikant ändern zu müssen. Voraussetzung ist, dass ihr spezifischer Islamismus dabei nicht als Bedrohung für die eigenen Werte empfunden wird.

Ähnlich verhält es sich folgerichtig mit anderen marxistisch und/oder säkular ausgerichteten Individuen. Die Hizbullah hat heute bereits viele solcher Unterstützer und Mitglieder und deren Zahl zeigt zunehmende Tendenz. Förderlich wirkt, dass die Hizbullah ihrerseits auch nichtislamische sowie teilweise eindeutig säkulare Symbolfiguren und Gesellschaften – wie Ernesto Guevara, Hugo Chavez, Fidel Castro und das kubanische Volk, die

---
[410] Siehe Qassem, 2005, S. 183.
[411] Vgl. Hamzeh, 2004, S. 41f, 77ff.

Bevölkerung Nordirlands, Daniel Ortega oder Nelson Mandela – explizit als Mitstreiter im Kampf gegen die weltweite „Unterdrückung der Beraubten durch die Arroganten" (vor allem durch die USA) anerkennt und „würdigt".[412]

Die Hizbullah stellt also letztlich auch eine Art ideologisches Sammelbecken aller mit der derzeitigen soziopolitischen und ökonomischen Situation in der islamischen Welt Unzufriedenen dar. Sie ist also in der Lage, sowohl die verschiedensten politischen Fraktionen und Denkrichtungen anzuziehen, als diese auch langfristig zu halten. Rosiny gibt an, dass „die Islamische Bewegung traditionelle und moderne Berufsgruppen, abstiegsbedrohte und aufsteigende Schichten" umfasse, und dass diese „den Typus des traditionellen Patriarchen genauso [einschließe] wie die selbstbewußt mehr Mitspracherechte und persönliche Freiheiten einklagende Muslimin."[413]. Des Weiteren wird ausgeführt:

> „Zu ihr gehören fanatisierte und zu allem bereite Zeloten ebenso wie an westlichen Universitäten gebildete Hochschulwissenschaftler, die in sachlichen Diskursen ihre neuen Erkenntnisse vertreten. In ihr finden sich Mitglieder der städtischen und ländlichen sozialen Schichten."[414]

Insofern, als dass die Hizbullah also wie jede Mainstreampartei alle möglichen Strömungen, Ideologien und Individuen anzieht, ist es im Hinblick auf potentiell vorhandene Fanatiker oder andere Störenfriede (*spoiler*) von besonderer Bedeutung, inwieweit die Elite der Gruppierung in der Lage ist, ihre Reihen zu ordnen.[415] Angesichts der relativ rigiden und hierarchischen Struktur der Hizbullah und ihrer Disziplin, für die sie unter Freunden wie Feinden bekannt ist, ist dies offensichtlich gegeben. Es stellt sich daher die Frage, ob es nicht sicherer ist, wenn vereinzelte Zeloten durch die Strukturen der Hizbullah geradezu zwangsdiszipliniert werden, als dass solche, ohne eine vergleichbare, von ihnen anerkannte Autorität, auf sich gestellt und mit ihren potenziell gefährlichen Gedanken allein ihr Schicksal suchen würden.[416]

Der bisherige interne Umgang der Partei mit extremeren Elementen bzw. mit denen, die sich als solche zu erkennen gegeben haben (wie der al-Tufayli-Fraktion), scheinen die Annahme, nach welcher es nicht ohne Kon-

---
[412] Vgl. Saad-Ghorayeb, 2002, S. 21.
[413] Siehe Rosiny 1996, S. 165.
[414] Siehe ebd.
[415] Schneckener, 2002 (1), S. 478ff.
[416] Vgl. ebd.

sequenzen möglich ist, sich innerhalb der Hizbullah nicht ihrer offiziellen Linie unterzuordnen, zu bestätigen. Dies umso mehr, wenn man bedenkt, dass Shaykh Subhi al-Tufayli als ihr erster Generalsekretär zu den ursprünglich einflussreichsten Mitgliedern gehörte, ihn dies aber nicht vor dem Auschluss aufgrund seines Ungehorsams gegenüber der Parteilinie retten konnte. Allerdings reichen solche Hinweise, unabhängig davon wie überzeugend sie scheinen mögen, nicht aus, um hierzu eine endgültige Aussage treffen zu können. Eine separate Untersuchung dieser Fragestellung, die an dieser Stelle aber nicht vorgenommen werden kann, wäre sicherlich von Relevanz für die Forschung.

Dass die Hizbullah Fanatismus und Extremismus sowohl offiziell von sich weist und grundsätzlich ablehnt als auch diese Eigenschaften bei anderen islamischen und islamistischen Bewegungen ausdrücklich kritisiert, ist derweil offenkundig. So schreibt Qassem:

„Die grundsätzliche Verteidigung islamischer Bewegungen [im Sinne der Parteiergreifung durch die Hizbullah] befreit diese nicht von ihren Verpflichtungen, ihre Ziele und ihre Herangehensweise zu überprüfen und ihre Erfahrungen auf der Ebene der Bevölkerung und des Regimes ihrer Heimat zu evaluieren. [...] Offenheit und der [Wille zum] Dialog sollte unter diesen Bewegungen ermöglicht werden [...] Viele islamische Bewegungen binden sich selbst an fanatische Restriktionen und Partikularitäten, die zu [...] sektiererischem Eifer führen und effektive Kooperation verhindern. [...] Es ist erforderlich, dass solche Bewegungen wenigstens den kleinsten aller Schritte in Richtung Dialog unternehmen; sie sollten jede Möglichkeit der konstruktiven Zusammenarbeit nutzen."[417]

Konkret hat die Hizbullah bisher (trotz Sympathien) türkische, algerische und ägyptische islamistische Organisationen für ihre extremistischen Tendenzen gerügt und ihnen nahe gelegt, baldmöglichst in einen Annäherungsprozess mit ihren jeweiligen Heimatstaaten und deren politischen Systemen einzutreten.[418]

Kommen wir jetzt zu einer Bewertung dieser Rolle. Wenn man das Behandelte betrachtet, fällt auf, dass die Hizbullah kaum Mühen scheut, um ihre innerlibanesischen und regionalen Kontakte aufrechtzuerhalten und auszubauen. Wir haben gesehen, dass sie diese auf innerlibanesischer Ebene vor allem zum Dialog und zur Annäherung an ihr politisches und konfessio-

---
[417] Siehe Qassem, 2005, S. 223.
[418] Vgl. Saad-Ghorayeb, 2002, S. 23f.

nelles Umfeld nutzt, womit sie neben der Festigung ihrer eigenen Position einen entscheidenden Beitrag zur Befriedung der libanesischen Nachbürgerkriegsgesellschaft leistet.[419] Durch ihre Initiative zum Dialog mit allen relevanten innerlibanesischen Fraktionen hat sie nicht nur für Berührungspunkte zwischen sich und letzteren, sondern ebenfalls für solche der meisten anderen Akteure untereinander gesorgt. Auf regionaler Ebene nimmt sie eine beherrschende Brückenfunktion zwischen der arabischen und der iranischen Welt, der arabischen und der islamischen Welt, dem schiitischen und dem sunnitischem Islam sowie nicht zuletzt dem Libanon und Palästina ein.[420]

Durch ihre, von der Basis bis zu den Eliten auf allen gesellschaftlichen wie geografischen Ebenen stattfindenden, unvoreingenommenen Kontakte zu den unterschiedlichsten politischen und konfessionellen Fraktionen – gar inklusive des Vatikans –,[421] zu allen möglichen islamischen und islamistischen Bewegungen und Dachorganisationen, zu den verschiedensten arabischen, dabei insbesondere palästinensischen Gruppierungen, zu Reformern und Konservativen im Iran, sowie nicht zuletzt durch ihre nachweisliche Verhandlungsbereitschaft gegenüber Israel stellt die Hizbullah einen einzigartig einflussreichen, zugleich handlungsfähigen Ansprechpartner dar; auch für Pazifizierungsvorhaben im Libanon und im gesamten Nahen Osten.[422]

Schließlich muss man also feststellen, dass diese Rolle der Partei Gottes nicht nur entscheidende Stabilisierungspotenziale und bemerkenswerte integrative Auswirkungen für den Libanon birgt, sondern dass es auch im Hinblick auf den Frieden in der gesamten Region geradezu fahrlässig und kontraproduktiv wäre, jene Potenziale weiterhin politisch weithin zu negieren sowie die gesamte Hizbullah mehr oder weniger unreflektiert zu dämonisieren und dabei oft einzig auf ein Zerrbild ihres Islamismus zu reduzieren. Im Gegenteil scheint es durchaus im Bereich des Möglichen, dass die Hizbullah in der Zukunft eine aktive Vermittlerrolle bezüglich der aktuellen Dissonanzen zwischen den USA und Israel einerseits und Syrien und Iran andererseits übernehmen könnte. Voraussetzung dafür wäre – und hier scheint noch die größte Hürde zu bestehen –, dass die anderen entscheidenden Akteure des Nahostkonflikts und der Weltpolitik sich zumindest partiell zur Anerken-

---

[419] Ebd., S. 480ff.
[420] Vgl. Kramer, Martin: Hizbullah: The Calculus of Jihad, S. 13, in: Marty/Appleby (Hrsg.): Fundamentalisms and the State: Remaking Polities, Economies, and Militance/The Fundamentalism Project, vol. 3, Chicago, University of Chicago Press, 1994, S. 539-556; Hamzeh, 2004, S. 149.
[421] Vgl. Ranstorp, 1998, S. 23.
[422] Vgl. Hamzeh, 2004, S. 41f, 77ff, 149; Qassem, 2005, S. 2; Kramer, 1994, S. 12f.

nung und Kooperation mit der libanesischen Hizbullah bereit zeigen würden.[423]

Wirtschaftsunternehmen

Die Hizbullah unterhält heute eine Vielzahl eigener Wirtschaftsunternehmen. Hamzeh gibt an, dass eine genaue Auflistung zwar nicht verfügbar sei, dass aber „dutzende von Supermärkten, Tankstellen, Warenhäusern, Restaurants, Baufirmen und Reise-Agenturen"[424] dazugehören würden, wobei letztere sich auf Reisen zu den heiligen Stätten des Islam, wie Mekka, Medina, Nadjaf oder Qom, spezialisiert hätten. Des Weiteren sind hier eigene Baugenossenschaften und Wohnsiedlungen sowie ein teilweise selbst, teilweise durch der Partei nahe stehende Persönlichkeiten unterhaltenes Netzwerk aus Banken, Kreditanstalten und Geldwechselstuben sowie nicht zuletzt der Verkauf von Merchandise-Artikeln und schiitisch-religiösen Devotionalien zu nennen. Rosiny merkt an, dass die Hizbullah hierdurch auch Arbeitsplätze geschaffen hat, an denen sie ihre islamistischen Sittenvorstellungen, wie die Geschlechtertrennung oder bestimmte Kleidungscodes, verwirklicht sieht.[425]

In eigens gegründeten Produktions-, Vermarktungs- und Konsumenten-Kooperativen werden ferner Erzeugnisse verbilligt an Bedürftige ausgegeben, werden schwere Landwirtschaftsmaschinen wie Traktoren bereitgestellt, Sozialversicherungsleistungen, verschiedenste Lehrgänge, Existenzgründungsprogramme und zinslose Kredite für verarmte Landwirte, Kleinbauern und andere Unternehmer angeboten. Viele dieser Aktivitäten sind Teil eines übergreifenden Entwicklungsprogramms mit dem 1988 begonnen wurde und im Zuge dessen (zumindest bis 2004), um nur ein Beispiel zu nennen, durchschnittlich eine neue Landwirtschaftskooperative pro Jahr entstanden ist. All dies soll dazu beitragen, lokale und nationale Produkte gegenüber denen der internationalen Konkurrenz (im Speziellen gegenüber den oft günstigeren Exportgütern aus Syrien) zu stärken und so insbesondere die schwierige Lage der Bauern und der Landarbeiter zu verbessern.[426]

Bleibt zu erwähnen, dass viele der letztgenannten Unternehmungen – die aufgrund ihrer Non-Profit-Ausrichtung eigentlich eher unter Entwicklungs-

---

[423] Hierbei ist es von besonderer Bedeutung, dass die Hizbullah im Unterschied zu vielen anderen islamistischen Gruppierungen trotz ihrer oppositionellen Haltung zur Außenpolitik der USA und deren Verbündeter nicht etwa den Westen als Ganzes verdammt, sondern bestimmte westliche Aspekte und sozialpolitische Konzepte ausdrücklich begrüßt. Vgl. Saad-Ghorayeb, 2002, S. 108f.
[424] Siehe Hamzeh, 2004, S. 64.
[425] Siehe Rosiny, 1996, S. 133f.
[426] Vgl. Rosiny, 1996, S. 133ff; Palmer-Harik, S. 86ff.

hilfe als unter wirtschaftlicher Betätigung zu subsumieren sind, aber aufgrund ihrer Bedeutung für die wirtschaftliche Entwicklung des Libanon dennoch in diesem Kontext berücksichtigt werden müssen – in Zusammenarbeit mit den sozial-karitativen Einrichtungen der Hizbullah, dabei zumeist mit Jihad al-Bina, koordiniert und durchgeführt werden. Die hier betrachtete Rolle kann daher in der Realität nicht komplett von jener als „Staat im Staat" getrennt werden, während sich die Wirkungsbereiche durchaus voneinander abgrenzen lassen.[427]

Abgesehen davon, dass die Organisation sich in großen Teilen aus ihren wirtschaftlichen Bestrebungen finanziert und diese somit einen Beitrag sowohl zu ihrer Unabhängigkeit von iranischen Subventionen als auch zur Aufrechterhaltung ihres militärischen Widerstandes und ihres sozialen Engagements leisten, haben sie vor allem direkte positive Auswirkungen auf die ökonomische Lage des Libanon, dabei im Verhältnis zur historischen Ausgangslage besonders auf jene der Schiiten. Wirtschaftlicher Aufschwung und die damit hoffentlich einhergehende Schaffung von Arbeitsplätzen, vor allem aber der ökonomische Ausgleich – hier zwischen den Schiiten und den anderen konfessionell-ethnischen Bevölkerungsgruppen des Libanon – werden nicht nur von vielen Wissenschaftlern,[428] sondern auch von der Hizbullah-Führung als Voraussetzung für sozialen Frieden eingestuft. Die Partei trägt hier also bewusst und gezielt einen wichtigen Teil bei.

Im Hinblick auf die miserablen Wachstumsraten der libanesischen Wirtschaft der letzten Jahrzehnte, welche zwischenzeitlich komplett zum Stillstand kamen oder gar rückläufig waren,[429] sowie aufgrund des dem Land mit dem letzten Krieg erneut verpassten massiven ökonomischen „Tiefschlags"[430] lässt sich die Bedeutung dieser Aktivitäten kaum hoch genug einschätzen, umso mehr im Hinblick auf die trotz des Krieges weitgehend intakte und handlungsfähige Infrastruktur der Hizbullah. Somit lassen sich auch für den Wirkungsbereich dieser Rolle erhebliche Stabilisierungspotenziale für den Libanon identifizieren, die zudem noch absolut mit der wirtschaftspolitischen Kultur des Landes und seiner freien Marktwirtschaft harmonieren.[431] Nebenbei untermauern sie erneut die gesellschaftspolitische Legitimation

---

[427] Vgl. Rosiny 1996, S. 133ff; Qassem, 2005, S. 83ff; Palmer-Harik, S. 90ff; Hamzeh, 2004, S. 49ff, 64f.
[428] Vgl. Schneckener, 2002 (1), S. 475.
[429] Palmer-Harik, 2004, S. 93f.
[430] Vgl. Fattouh, Bassam und Kolb, Joachim: The Outlook for Economic Reconstruction in Lebanon after the 2006 War, in: The MIT Electronic Journal of Middle East Studies, Vol. 6, Sommer 2006, S. 96-114.
[431] Vgl. Hamzeh, 2004, S. 64.

und den bisherigen Erfolg der Libanonisierungs-, Integrations- und Transformationsprozesse der Hizbullah.

Demokratietauglichkeit der Hizbullah

„Es gibt natürlich viele Gegner, die ihre [Hizbullahs] religiöse Agenda kritisieren. Aber es gibt auch Säkulare und sogar Atheisten, die sie gewählt haben, weil sie von vielen als eine professionelle, stabilisierende und demokratisierende Kraft wahrgenommen wird."[432]

Stephan Rosiny, 2006

Die Hizbullah hat sich spätestens seit ihrer Beteiligung an den Parlamentswahlen von 1992 im Großen und Ganzen an die Spielregeln der libanesischen Demokratie gehalten. Den Faktor ihrer Bewaffnung muss man auch hierbei gesondert bewerten, denn wie aufgezeigt, stellt dieser – obgleich er der entscheidende politische Reibungspunkt bleibt – keine akute Bedrohung nach innen und insofern keinen Akt gegen die Demokratie des Landes dar, da er offizielle Anerkennung und Legitimation durch die Regierung genießt. Klammert man diesen aus, so bleibt der einzige signifikante Verstoß gegen die Spielregeln die bereits angesprochene eigenmächtige Hinrichtung vom Februar 1994. Damals verurteilte und exekutierte die Hizbullah einen 16-jährigen Jungen wegen Mordes. Die darauf folgende öffentliche Empörung im Land galt bezeichnenderweise nicht der Tatsache, dass es sich um die Hinrichtung eines Minderjährigen handelte, sondern der Untergrabung des staatlichen Gewaltmonopols.[433]

Die hier zu klärende Frage ist insofern nicht so sehr die, ob die Hizbullah sich den Umständen entsprechend in mindestens für Staat und Gesellschaft des Libanon akzeptabler Weise an die Regeln des politischen Systems hält und sich in dessen demokratische Strukturen fügt, denn diese ist relativ eindeutig zu bejahen. Aber inwieweit handelt sie aus der Überzeugung, nach bestem Wissen und Gewissen das Richtige für Stabilität und Sicherheit des Libanon zu tun? Spielt sie nicht vielleicht lediglich aus opportunistischen Gründen mit, um sich nach erfolgreicher Unterwanderung des Staatsapparates so bald wie möglich gegen die Demokratie zu wenden und den Libanon danach gewaltsam in eine islamische Theokratie zu verwandeln? Kurz: Wie ehrlich meint es die Hizbullah mit der Demokratie?

Um dies zu überprüfen, wird in der Folge die verbale wie real an den Tag

---

[432] Siehe Rosiny, Interview, in: taz, 09.08.2006.
[433] Siehe ebd., 2006, S. 19.

gelegte Haltung der Partei zu den sechs von Hamzawy, Brown und Ottaway identifizierten kritischen Grauzonen[434] des Verhältnisses islamistischer Gruppierungen gegenüber demokratischen Strukturen analysiert werden. Hierbei wird auch das allgemeine Verhältnis der Hizbullah zur Gewalt bzw. Gewaltanwendung thematisiert, wobei selbstredend nicht mehr zu klären ist, ob Gewaltanwendung bei der Organisation vorkommt, sondern vielmehr, wo und wie diese freigegeben und begrenzt wird, welche Methoden verwandt werden und wie der allgemeine moralische Standpunkt der Hizbullah sich diesbezüglich darstellt.

Islamische Gesetzgebung

Die Scharia ist für die islamistische Hizbullah die einzige uneingeschränkt legitime Quelle rechtlicher Ordnung. Wie erwähnt, hat sie diese auch teilweise auf kommunaler Ebene implementiert, allerdings spätestens seit 1990 ohne jeglichen Zwangscharakter für die Bevölkerung. Trotzdem unterwirft sich die Organisation selbst in der Realität staatlicher Gesetzgebung und demokratischen Strukturen. Dies wird möglich, da die Hizbullah in jenen Strukturen teilweise mit islamischen Idealen harmonierende Werte identifiziert, die folgerichtig zumindest keinen Verstoß gegen die Scharia darstellen und daher von einem islamistischen Standpunkt aus legitimiert werden können. So verlautbarte Ibrahim al-Amin – damals offizieller Sprecher der Hizbullah – bereits im Jahre 1985:

„Wir arbeiten nicht an der Verwandlung des christlichen Systems in ein islamisches, sondern an der Errichtung eines Systems der Gerechtigkeit, Gleichheit und Freiheit für alle Teile des Volkes. Wir wollen niemandem ein System aufzwingen."[435]

Die Debatte über islamisch legitime Beteiligungsmöglichkeiten an einem säkularen und demokratischen Staatssystem kam innerhalb der Hizbullah bereits kurz nach ihrer Gründung auf, bekam aber spätestens ab Anfang der 1990er Jahre, als man erstmals begann, eine Beteiligung an den Parlamentswahlen in Erwägung zu ziehen, eine neue Qualität. Die interne Diskussion darüber, wie weit eine solche Beteiligung gehen darf, hat seither niemals aufgehört,[436] und wie durch die mittlerweile vorgenommene Regierungspartizi-

---

[434] Brown/Hamzawy/Ottaway, 2006, S. 8ff.
[435] Ibrahim al-Amin, in: as-Safir vom 05.07.1985, abgedruckt in: Schams 1989/1, S. 1281, zitiert nach Rosiny, 1996, S. 221.
[436] Vgl. Qassem, 2005, S. 187ff.

pation aufgezeigt, befinden sich die Parameter in Bewegung und sind keinesfalls starr, was sich neben dem allgemeinem Pragmatismus der Partei auch teilweise aus den dem Schiitentum eigenen, vergleichsweise eher weit gefassten Interpretationsmöglichkeiten bestimmter islamrechtlicher Aspekte erklärt.[437]

Die Hizbullah plädiert für eine reformistische, an die Anforderungen der Moderne angepasste Interpretation der Scharia, was ihr die Annäherung an die libanesische Demokratie erleichtert, da man sich bei der Interpretation nach dieser Sichtweise nicht zwangsläufig rigide an bestimmte Wortlaute halten muss, wie es bei anderen fundamentalistischen Manifestationen teilweise der Fall ist. Insofern hatte und hat die Hizbullah eine Vielzahl von Möglichkeiten in ihrer islamistischen Doktrin, was als eine der Grundvoraussetzungen für ihren erfolgreichen Integrationsprozess registriert werden kann. Die Bereitschaft der libanesischen Islamisten um die Hizbullah, primär im Dienste des Landes zu arbeiten – selbst wenn dies die Unterordnung unter als sub-optimal bewertete Strukturen bedeutet – wird besonders an der folgenden Äußerungen Fadlallahs deutlich:

„Wenn die Menschen vom Islam überzeugt werden, so ist es selbstverständlich, daß der Islam herrschen wird. Wenn uns dies aber nicht gelingt, wird er wie jede andere politische Richtung mit den anderen Bewegungen im Dienste des Landes und zur Sicherheit aller Menschen zusammenarbeiten."[438]

Am Beispiel der Erfahrungen vieler marxistisch orientierter Bewegungen Europas, die – nachdem sie erkannt hatten, dass sich die revolutionäre Umgestaltung der Gesellschaft in ihren spezifischen Situationen als utopische Idee erwies – den Weg durch die parlamentarische Demokratie einschlugen, führt Fadlallah zudem aus, dass ein solcher Weg prinzipiell positiv zu bewerten sei, weil er den betroffenen Akteuren den Zugang zu den Entscheidungszentren ermögliche:

„Angesicht dessen [der Erfahrung der marxistischen Parteien] finden wir prinzipiell keinen Hintergrund, diese Methode [der Weg durch die demokratisch legitimierten Institutionen] nicht ebenfalls als eine der realistischen Methoden anzuwenden, um das geforderte Ergebnis zu erreichen, nämlich an die Regierungsstellen oder in deren Nähe zu

---

[437] Vgl. Ruthven, 2000 (1997), S. 115ff.
[438] Verlautbarungen Fadlallahs, in: as-Safir vom 17.03.1987, abgedruckt in: Schams 1989/2, S. 70f, zitiert nach Rosiny, 1996, S. 220.

gelangen oder in einigen Bereichen Erfolg auf dem Weg der Veränderung zu erringen."[439]

Zusammenfassend lässt sich also sagen, dass die Hizbullah eine durch die Scharia reglementierte, islamische Regierungsform unbedingt als Ideal betrachtet und theoretisch auch weiterhin anstrebt, die Demokratie aber gleichwohl als geeigneten und – wenn auch eingeschränkt – legitimen Rahmen sieht, einen Mindestgrad sozialer Gerechtigkeit zu verwirklichen. Dies jedenfalls, solange die Implementation einer islamischen Alternative aufgrund des Widerstandes großer Teile der libanesischen Gesellschaft, den man wiederum in Wort und Tat eindeutig respektiert, utopisch, weil nicht gewaltlos durchzusetzen, bleibt.

Insofern richtet sich das Bekenntnis der Hizbullah, sich vor allem selbst an die Scharia zu halten sowie dieselbe anderen nahe zu bringen bzw. durch ihr Gerichtssystem und andere Institutionen gezielt anzubieten – ohne dabei gegen staatlich-libanesische Gesetzgebung zu verstoßen –, nicht gegen die libanesische Demokratie und stellt keine erkennbare Bedrohung für sie dar. Palmer-Harik berichtet von einem eher das Gegenteil suggerierenden Ereignis bei einem der regelmäßigen Protokolltreffen noch zur Zeit der israelischen Besatzung zwischen der Hizbullah und Mitgliedern des damals gegen die Regierung opponierenden christlichen Lagers. Dort sollen einige der Christen ihre Enttäuschung über das „neue Regime" geäußert haben.[440] Die Vertreter der Hizbullah sollen ihnen daraufhin geraten haben, sich „trotz ihrer Enttäuschung in das politische System zu integrieren und diesem positiv zu begegnen."[441]

Da es der Hizbullah aus ihrer Perspektive zwingend gelingen muss, ausnahmslos jeden Standpunkt zu weltlichen wie religiösen Belangen, den sie vertritt, islamrechtlich zu legitimieren, sind die im Folgenden behandelten Punkte nicht von diesem zu trennen. Eher stellen sie kleine Fallbeispiele für den konkreten Umgang der Hizbullah mit der Scharia in der Praxis sowie für ihre jeweilige politische wie theologische Argumentation dar.

---

[439] Fadlallah, in: al-Muntalaq Nr. 2, 1985, abgedruckt in: Schams 1989/1, S. 545f, zitiert nach ebd., S. 222f.
[440] Gemeint ist hier wohl das „nach-Taif Regime", also die „zweite libanesische Republik". Siehe Palmer-Harik, 2004, S. 74.
[441] Siehe ebd.

Gewalt

„Und kämpft um Gottes willen gegen diejenigen, die gegen euch kämpfen! Aber begeht keine Übertretung (indem ihr den Kampf auf unrechtmäßige Weise führt)! Gott liebt die nicht, die Übertretungen begehen."[442]

Koran, Surat al-Baqara, (2:190)

Die Haltung einer islamistischen Organisation zur Gewalt stellt vermutlich den signifikantesten Indikator für Aussagen über ihre Toleranzschwelle gegenüber ihrer Umgebung und somit ihrer allgemeinen Umgänglichkeit dar. In der Studie Browns, Hamzawys und Ottaways, in der das übernommene Modell der sechs Grauzonen vorgestellt und erläutert wird, wird bereits explizit auf die diesbezügliche Sonderrolle von Hizbullah und Hamas, die in ihrem im Nahen und Mittleren Osten weitläufig als Widerstand wahrgenommenem Kampf gegen Israel begründet liegt, eingegangen:

„Keine der Gruppen droht damit, Gewalt anzuwenden, um interne Macht zu erlangen; hierfür wenden sie sich zur Wahlurne. Beide fordern aber zugleich auch das Recht ein, einem externen Feind – Israel – Widerstand zu leisten. Und diese Positionen sind oft sehr populär und werden nicht nur von einer Stamm-Klientel unterstützt."[443]

An anderer Stelle beschreibt Hamzawy beide Gruppen hinsichtlich dieses vermeintlichen Widerspruchs zudem als „moderate Islamisten mit einer interessanten Besonderheit",[444] wobei „Besonderheit" erneut ihre Militanz gegenüber Israel meint. Insofern, als dass Hizbullah, wie Hamas – nach wie vor und mindestens noch auf absehbare Zeit –, aktiv in den bewaffneten Konflikt mit Israel verstrickt seien, befänden sie sich weiterhin in der Grauzone der Gewaltanwendung, woran auch ihre demonstrierte „Bereitschaft, die politischen Spielregeln in ihren jeweiligen nationalen Kontexten zu befolgen" nichts ändere.[445]

Nun ist dieser Auffassung prinzipiell zuzustimmen. Dennoch scheint auch von Relevanz, inwieweit und mit welcher Qualität die Hizbullah diese

---

[442] Siehe Koran, *Surat al-Baqara* (dt.: [die] Sure[:] *die Kuh*), 2: 190, zitiert nach Paret, Rudi: Der Koran. Übersetzung von Rudi Paret, Stuttgart, Kohlhammer Verlag, 2004 (1979), S. 30.
[443] Siehe Brown/Hamzawy/Ottaway, 2006, S. 12.
[444] Siehe Hamzawy, 2005, S. 4.
[445] Siehe ebd.

Grauzone ausfüllt. Denn obgleich bewaffnete Konflikte mit Sicherheit niemals akzeptable, geschweige denn wünschenswerte Umstände darstellen, gibt es doch große qualitative Unterschiede im spezifischen moralischen Umgang einzelner Akteure mit Gewalt. Diese wiederum sagen – wie bereits angesprochen – durchaus viel über die Toleranzschwelle eines Akteurs und somit über dessen allgemeine Verträglichkeit für sein Umfeld, also in diesem Fall vor allem über die Bedeutung der Hizbullah für Demokratie und Sicherheit des Libanon aus. Deshalb wäre es verkürzt, diesen Punkt mit der reinen Tatsachenfeststellung, dass die Hizbullah einen bewaffneten Kampf gegen Israel führt und sich daher in einer Grauzone befindet, abzuschließen. Das wäre auch problematisch, weil eine solche Herangehensweise dem sonstigen, im Allgemeinen eher moderaten Auftreten der Hizbullah nicht gerecht werden würde und somit einer potenziellen Nutzung hierin begründeter Chancen auf konstruktive Konfliktbearbeitung in ihren Wirkungsfeldern im Wege stünde.

Die Begrenzung und Freigabe von Gewalt folgt bei der Hizbullah genauen religiösen Vorgaben bzw. Interpretationen, in vielen Punkten der moderaten Linie Ayatollah Fadlallahs. Zumal ihre Aktionen gegenüber Israel sowie solche Israels gegenüber dem Libanon zudem weitläufig durch ein internationales Monitoring-Komitee überwacht werden, lässt sich festhalten, dass die Gewaltanwendungen der Hizbullah sich alles andere als unberechenbar, sich vielmehr einem definierten Schema folgend darstellen, welches sowohl für Konfliktbeobachter als auch für den Gegner (Israel) relativ klar erkennbar ist.

In der Terminologie der Hizbullah wird jedwede individuelle wie gemeinschaftliche, nach außen wie nach innen gerichtete Anstrengung, die im Sinne des Islams als positiv zu bewerten wäre, als Jihad bezeichnet. Dabei wird zwischen dem größeren Jihad (arab.: *al-Jihad al-akbar*), der nach Rosiny als „'Anstrengung der Selbstperfektionierung' übersetzt werden kann"[446] und dem militärischen, kleineren Jihad (arab.: *al-Jihad al-asghar*), der nach schiitischer Deutung ausschließlich defensiv, dabei primär zur Verteidigung der Umma und der Nation (arab.: *Watan*), seines eigenen Lebens, der Familie und des Besitzes und anderer islamrechtlich geschützter Individuen und Bevölkerungsgruppen – wie sämtliche Anhänger einer der großen, monotheistischen Buchreligionen – genutzt werden darf, unterschieden. Der offensive Jihad, auf den sich etwa die sunnitische Al-Qaida in ihrer Gewaltanwendung beruft, bleibt aus dieser Sicht in Abwesenheit des zwölften Imam al-Mahdi grundsätzlich verboten.[447]

---

[446] Siehe Rosiny, 2006, S. 6.
[447] Vgl. ebd.

Im Allgemeinen wird Gewalt von der Hizbullah nur als ultima ratio und bei Abwesenheit von Alternativen angewandt.[448] Dabei ist man der festen Überzeugung, dass die Identität des palästinensischen Volkes ohne dessen bewaffneten Widerstand mittlerweile nicht mehr existieren würde bzw. der Libanon ohne den eigenen Kampf in mindestens demselben Ausmaß wie bis ins Jahr 2000 oder aber bereits komplett von Israel besetzt wäre. Demnach sei ein Mindestmaß an Gewalt der einzige Weg, Israel zu irgendwelchen Konzessionen zu bewegen, und somit in diesem Falle unverzichtbar.[449]

Im Krieg zerstörter Krankenwagen im Südlibanon. Steinformation davor zeigt an, dass dieser Bereich noch nicht gesichert ist und Explosionsgefahr besteht

Der Selbsttötungsakt im kleineren Jihad, der von der Hizbullah und denen, die ihre Interpretation teilen, als Märtyrertum und in westlichen Darstellungen zumeist als Selbstmordanschlag bezeichnet wird, wird von der Hizbullah zwar prinzipiell legitimiert und gilt bei ihr als höchst ehrbare Form der Selbstaufopferung, stellt dabei aber bei weitem kein inflationär eingesetztes Mittel dar. Im Gegenteil ist die spezifische Genehmigung eines solchen durch die Parteiführung an enge Auflagen geknüpft. Hierzu gehört,

---
[448] Ebd.
[449] Vgl. Qassem, 2005, S. 171ff.

dass keine alternative Option mehr erkennbar sein darf und dass das ausführende Individuum sowohl freiwillig bereit sein muss als auch ausschließlich lautere Absichten – d.h. keine egoistischen Motive, wie Ruhmessucht oder Lebensflucht, die den Selbsttötungsakt zum islamrechtlich verbotenen Selbstmord degradieren würden – verfolgen darf. Des Weiteren muss sich die Operation, in der der Selbsttötungsakt vollzogen werden soll, nach einer Art Kosten-Nutzen-Rechnung und einer Einschätzung der Risiken – beides nach bestem Wissen und Gewissen der Parteiführung – als nützlich und Erfolg versprechend im Sinne der Zielsetzung darstellen. Schließlich dürfen keinerlei andere durch die Scharia festgelegten Vorgaben – wie vor allem das Verbot der Tötung unbeteiligter Zivilisten – verletzt werden.[450]

Von den Selbsttötungsaktionen von Islamischer Jihad und dessen vermeintlicher Verbindung zur Hizbullah abgesehen, hat die Organisation bis dato maximal zwölf Selbsttötungsanschläge und diese ausschließlich gegen militärische Einrichtungen und Personal der israelischen Armee und der Südlibanesischen Armee in der einstigen Sicherheitszone durchgeführt. Seit sie sich dabei aber seit Ende des Bürgerkrieges mit dem simultanen Anwachsen ihrer Ressourcen, ihrer Infrastruktur und ihrer Erfahrung in steigendem Maße auf die Führung eines Guerillakrieges mit den für einen solchen typischen, militärischen Mitteln verlagerte, nahm die Anzahl der durch die Hizbullah legitimierten Selbsttötungsakte kontinuierlich ab. Der bisher letzte Anschlag dieser Art fand im Libanon im Jahre 1999 statt[451] und selbst im letzten Krieg mit Israel von Juli bis August 2006 verzichtete die Parteiführung, trotz ihrer „Tausenden von Todesbereiten", mit denen immer noch gerne und regelmäßig gedroht wird, gänzlich auf diese Methode.

Es sollte auch angemerkt sein, dass alle der durch die Hizbullah in Auftrag gegebenen Selbsttötungsoperationen insgesamt weniger als ein Drittel derartiger im Libanon bisher durchgeführten Akte stellen. Die Mehrheit der Anschläge wurde derweil von verschiedenen säkularen und nationalistischen Kräften allesamt gegen israelische Besatzungstruppen verübt, was Norton zu dem Schluss bringt, dass „die Taktik, Selbstmord-Anschläge zu verüben, häufiger durch nationalistische und patriotische als durch religiöse Impulse motiviert" gewesen sei.[452]

Rosiny postuliert sinngemäß, dass der gesamte Märtyrerkult, den die Hizbullah seit jeher mit großem Aufwand betreibt, sich im Allgemeinen abgeschwächt habe und dass ihr diesbezügliches Gebaren und ihre Rhetorik – also Videos von erfolgreichen Märtyreroperationen auf Al-Manar, Militärpa-

---
[450] Vgl. Rosiny, 2006, S. 10f.
[451] Vgl. ebd., S. 11f.
[452] Siehe Norton, 2007, S. 80.

raden mit als solchen erkennbaren Todesbereiten oder verbale Drohungen – heute vorwiegend der Abschreckung und psychologischen Kriegsführung dienen würden.[453]

Eine grundsätzliche Ausnahme von dem Verbot der Tötung unbeteiligter Zivilisten macht die Hizbullah bei Vergeltungsaktionen in Form eines Raketenbeschusses ziviler israelischer Ziele nach vorhergehender Tötung libanesischer Zivilisten durch das israelische Militär. Darüber hinaus rechtfertigt sie Selbsttötungsanschläge durch palästinensische Bürger auf dem gesamten Gebiet des historischen Palästina. In beiden Fällen soll dies zu einem Gleichgewicht des Schreckens führen, das Israel davon abbringen soll, libanesische oder palästinensische Zivilisten zu töten. Hinsichtlich der palästinensischen Selbsttötungsakte bringt sie ferner eine ähnliche Argumentation vor wie viele der militanten palästinensischen Bewegungen selbst. Nach dieser sind – aufgrund der israelischen Militärpflicht – Frauen und Männer gleichermaßen nicht in diesem Sinne als Zivilisten und zudem nicht als Unbeteiligte, sondern vielmehr als Besatzer und potenzielle Soldaten sowie Siedler als eine Art Usurpatoren einzustufen.[454]

Die Tatsache, dass zwischen 1992 und 2000 insgesamt 14 israelische Zivilisten während des Beschusses Nordisraels mit Katjuscha-Raketen durch die Hizbullah ums Leben kamen, wobei im gleichen Zeitraum 500 libanesische und palästinensische Zivilisten durch die israelische Armee und die verbündete Südlibanesische Armee getötet wurden, spricht nicht dafür, dass die islamistischen Guerilleros aus dem Libanon jene Vergeltung (die ihr durch die angesprochenen, international überwachten Abkommen mit Israel prinzipiell zugestanden wird) mit Vehemenz betreiben würden. Angesichts ihrer bereits damals für eine Guerillaarmee immensen militärischen Ressourcen deutet dieser Umstand eher auf bewusst geübte Zurückhaltung hin.[455]

Darauf, dass die Hizbullah sich auch gegenüber ihren Feinden an ihre moralischen Vorstellungen gebunden fühlt, weist außerdem ihr konkreter Umgang mit den Milizionären der Südlibanesischen Armee – nachdem ihr Islamischer Widerstand im Jahre 2000 nach Israels Rückzug in die ehemalige Sicherheitszone einzog und deren Entwaffnung sowie Gefangennahme und überwiegend reibungslose Überstellung an die staatlichen Institutionen übernahm – hin. In einigen Fällen hat die Organisation sich hierbei aber mit der Rechtfertigung, als einzige Fraktion verlässliche Aussagen über vermeintliche Doppelagenten und Spione liefern zu können, in den staatlichen Auf-

---

[453] Siehe Rosiny, 2006, S. 13.
[454] Vgl. Jorisch, 2004, S. 67.
[455] Rosiny, 2006, S. 20f.

gabenbereich eingemischt. Palmer-Harik spricht von „Intervention",[456] wofür die Partei Gottes damals von *Amnesty International* kritisiert wurde. Dem libanesischen Staat wurden von Amnesty International zugleich schwerwiegende Vorwürfe, wie Folter und übereilte Verurteilungen von Kombattanten der Südlibanesischen Armee im Vorfeld und Zuge von Scheinprozessen, entgegengebracht.[457]

Auch was den jüngsten Krieg von Juli bis August 2006 betrifft, konnten der Hizbullah bisher von keiner Seite Verletzungen von Menschenrechten oder der vorsätzliche Missbrauch von Zivilisten als menschliche Schutzschilder – wie es nicht nur von israelischer Seite immer wieder gerne dargestellt wird – nachgewiesen werden. Die israelische Regierung hingegen sieht sich heftigen Vorwürfen verschiedenster neutraler Menschenrechtsorganisationen und der UN ausgesetzt, diverse internationale Konventionen und Abkommen verletzt zu haben. So heißt es seitens *Human Rights Watch*: „Die israelischen Streitkräfte haben absichtlich auf Zivilisten gezielt"[458] und an anderer Stelle weiter: „Human Rights Watch konnte keine Fälle ausmachen, in welchen die Hizbullah vorsätzlich Zivilisten als Schilder benutzt hätte"[459]

Was die Anwendung von Gewalt in Form von durch die Scharia legitimierten gesetzlichen Strafen in Folge von Urteilen der Hizbullah-Gerichtshöfe betrifft, so sind hier vor allem mehrfache Hinrichtungen hauptsächlich während der Bürgerkriegszeit, zuletzt jedoch wie erwähnt 1994, anzuführen. Über Durchführungen von anderen, besonders aus westlicher Sicht archaisch und sadistisch anmutenden, aber durch die Scharia prinzipiell möglichen Körperstrafen, wie Amputationen, öffentlichen Auspeitschungen oder Steinigungen, so wie es im Iran vorkommt, ist seitens der Hizbullah nichts bekannt.

Gewalt gegen den eigenen Körper, was nach dieser Sicht Rauchen, Alkohol- und Drogenkonsum einschließt, wobei Ersteres nur verpönt, Letzteres in beiden Fällen islamrechtlich verboten ist, wird von der Hizbullah mit Ausnahme des beschriebenem Märtyrertums entsprechend konsequent abgelehnt. Die traditionelle Selbstgeißelung einiger Schiiten im Rahmen der traditionellen *Ashoura*-Feierlichkeiten interpretiert die Hizbullah in Harmonie mit der Position Fadlallahs, als „rückständig und unislamisch".[460] Anstatt sein Blut sinnlos zu vergeuden, solle man es lieber spenden, um somit ver-

---

[456] Leider wird nicht klar, von welcher Art Intervention die Rede ist. Siehe Palmer-Harik, 2004, S. 130.
[457] Ebd., S. 129f.
[458] Siehe Human Rights Watch (Hrsg.): Fatal Strikes. Israel's Indiscriminate Attacks Against Civilians in Lebanon, Volume 18, No.3 (E), August 2006, S. 3.
[459] Siehe ebd.
[460] Siehe Rosiny, 2006, S. 16.

wundeten Widerstandskämpfern helfen zu können, oder aber selbst in den Kampf gegen die „Ungerechtigkeit und Unterdrückung" ziehen.[461] Sankari gibt an, dass Muhammad Fadlallahs Ansicht nach, „ein solches Schauspiel [...] keine zivilisierte Ausdrucksform darstellen" könne.[462] An anderer Stelle heißt es zudem: „Fadlallah hatte erklärt, dass das Ritual [der Selbstgeißelung] kulturell reaktionär, sozial rückständig, und im Hinblick auf die Scharia illegitim sei."[463]

Politischer Pluralismus

Obgleich die Hizbullah nach wie vor das Ideal eines Islamischen Staates als das ihrer Ansicht nach beste und gerechteste hochhält, so hat sie sich, wie die bisherigen Ausführungen aufgezeigt haben sollten, doch mit der politischen Realität des Libanon und seinen Implikationen – also auch mit dem politischen Pluralismus – abgefunden. Durch dessen vielfältige Inanspruchnahme für ihre beschriebene Bündnispolitik, im Zuge derer sie mit allen möglichen konfessionellen wie säkularen Strömungen und Manifestationen koaliert bzw. sich friedlich mit solchen auseinandersetzt, kann man sogar sagen, dass sie diesen Pluralismus eher fördert als gefährdet. So gibt Deeb an:

„seit 1992 hat die Führung der Hizbullah immer wieder die Implikationen der multikonfessionellen, libanesischen Gesellschaft sowie die Wichtigkeit der konfessionellen Koexistenz und des Pluralismus des Landes anerkannt. Es sollte auch festgehalten werden, dass viele der Hizbullah-Mitglieder nicht in einem islamischen Staat leben wollen; vielmehr wollen diese, dass die Partei ihre Interessen in einem pluralistischen Libanon vertritt."[464]

Ihre Verantwortung gegenüber ihrer vielfältigen Klientel sowie ihre starke Einbindung in das politische System des Landes lassen berechtigt darauf hoffen, dass die Organisation sich mittlerweile in einem Stadium der Integration befindet, von dem aus es aus ihrer Sicht keinen Erfolg versprechenden Weg zurück mehr gibt. Insofern, dass die Hizbullah zwar unverändert fundamentalistische und islamische Werte hochhält und verkörpert, zugleich aber den Extremismus als Mittel grundsätzlich zurückweist, verschafft sie sich selbst die Möglichkeit, ihrem großenteils anders denkenden Umfeld mit

---

[461] Siehe, Sankari, 2005, S. 257.
[462] Siehe ebd., S. 46.
[463] Siehe ebd., S. 257.
[464] Siehe Deeb, 2006, S. 117f.

Akzeptanz oder zumindest Toleranz entgegenzutreten. Somit schafft es die Hizbullah, sowohl vor ihrer islamistischen Basis zu bestehen als auch andersgläubige und säkulare, dabei gar atheistische Individuen auf ihre Seite zu ziehen und glaubwürdig auch deren Interessen zu vertreten.[465]

Zivilrechte

Ein fundamentaler Bereich des hier gemeinten Rechtsgebietes, welches sein deutsches Äquivalent hauptsächlich im Zivilrecht findet, ist das Personenstandsrecht. Dieses reglementiert vorrangig die verwaltungsrechtlichen Aspekte von Geburten, Todesfällen, Hochzeiten und sonstigen Veränderungen im Familienstand, wie Adoptionen, aber auch Erb- und Nachlassangelegenheiten. Nun stellt die Position der Hizbullah zum Personenstandsrecht einen relativ problematischen Aspekt ihres allgemeinen Verhältnisses zur Demokratie dar. So spricht sich die Organisation konsequent für ein Verbot der Zivilehe sowie gegen bestimmte Formen der konfessionellen Mischehe (die durch die Zivilehe aber ohnehin mit abgedeckt werden würden) aus.[466] Zwar widerspricht sie mit dieser Haltung keinesfalls libanesischer Gesetzgebung, da die aktuelle Rechtslage sich entsprechend dieser Haltung der Hizbullah gestaltet, allerdings stellt sie sich damit eindeutig gegen die Bestrebungen einer nicht unerheblichen Zahl von Libanesen sowie nicht zuletzt gegen die Etablierung der individuellen Freiheit, sich Form und Art seiner Ehe selbst aussuchen zu können.

Als Argumentation für diesen Standpunkt trägt Qassem sinngemäß vor, dass das rechtliche Rahmenwerk einer Zivilehe, zumal dieses von Staat zu Staat variiere, sich nicht primär nach den realen Bedürfnissen der potenziellen Ehegemeinschaft, sondern vielmehr nach rein organisatorischen Gesichtspunkten richten würde. Die islamische Ehe aber – so Qassem weiter – würde den optimalen Rahmen für alle Eventualitäten bieten, da sie neben anderen Vorteilen die generelle Anerkennung islamischer Gesetzgebung durch die Eheleute nach sich ziehen würde – was selbstverständlich als Tugend betrachtet wird –, und es zudem möglich sei, Individualregelungen mit in den mündlichen Ehevertrag aufzunehmen, sofern solche nur mit der Scharia in Einklang zu bringen wären.

Ein von Qassem etwas überbewertetes – weil in der Praxis selten relevantes – Beispiel, nach dem die Zivilehe auch das Problem in sich berge, dass ein adoptiertes Kind aufgrund dessen rechtlicher Gleichstellung mit vorhandenen leiblichen Kindern und trotz seiner Blutsfremdheit zu seinen Adoptiv-

---
[465] Vgl. ebd., S. 118.
[466] Qassem, 2005, S. 213ff.

geschwistern prinzipiell keines derselben heiraten dürfe, wird dann als weiterer Beleg für die Mangelhaftigkeit des Modells der Zivilehe vorgetragen. In der islamischen Ehe hingegen hätte ein Adoptivkind weder denselben rechtlichen Status wie die leiblichen Kinder, noch würde es wie ein solches behandelt werden, weshalb es unter diesen Bedingungen sowohl juristisch als auch psychologisch-emotional möglich und rechtens wäre, dass z.b. ein adoptierter Junge später seine Adoptivschwester heirate.[467]

Mischehen zwischen Angehörigen der drei großen monotheistischen Buchreligionen – sowie zwischen den verschiedenen Glaubensgemeinden innerhalb einer Religionsgemeinschaft – seien nach Qassem zwar umstritten, aber prinzipiell zu legitimieren, vorausgesetzt, dass der Mann im Falle von interkonfessionellen Ehen muslimisch wäre. Diese Vorgabe, über die sich sämtliche islamischen Rechtsschulen einig sind, ergäbe sich aus dem Fakt, dass der Islam als letzte – und von Muslimen als komplementär zu ihren Vorgängern aufgefasste – dieser Religionen zwar das Christentum sowie das Judentum sowie deren wichtige Propheten ausdrücklich anerkenne und unter Schutz stelle, andersherum allerdings eine offizielle Beachtung der Berechtigung des Islams sowie der Prophetenrolle Muhammads nicht gegeben wäre. Daher wäre im Falle der Heirat zwischen einer Muslimin und einem Juden oder Christen zu erwarten bzw. aus dieser Sicht zu befürchten, dass die Muslimin zum Übertritt zum Glauben des Mannes gedrängt oder gar gezwungen werden würde. In der Hauptsache bezieht die Hizbullah also aus diesem Grund strikt Position gegen alle Formen der Mischehe, in welchen der Mann nichtmuslimisch ist.[468]

Auffällig ist, dass die sonst – wenngleich stets islamrechtlich abgesicherte – äußerst rationale und logische Argumentationslinie der Partei in dieser Frage einen Bruch aufweist. Obgleich die Argumente Qassems für die islamische Ehe und deren Implikationen aus muslimischer Sicht durchaus in sich schlüssig sind, so bringt er doch außer hier nicht aufgeführten religiösen Dogmen wenig Überzeugendes gegen die Sinnhaftigkeit einer Einführung der Zivilehe vor. Außerdem übersehen seine Beispiele in vieler Hinsicht die grundsätzliche Möglichkeit des rationalen und verantwortungsbewussten Handelns der betroffenen Individuen. Denn weder wird hier der muslimischen Frau in einer interkonfessionellen Ehe genügend Durchsetzungsvermögen und Selbstbewusstsein zugetraut, dass sie sich unter gegebenen Umständen selbst für oder gegen ihre Religion entscheiden könnte, noch wird ihr das Recht auf eine solche Entscheidung überhaupt zugesprochen. Zudem

---

[467] Siehe ebd., S. 214ff.
[468] Siehe ebd., S. 217ff.

wird auch dem Ehepartner offensichtlich nur wenig Respekt gegenüber dem Glauben und der Selbstentfaltung seiner Frau zugetraut.

Hier scheint ein grundsätzliches Konzept des Islamismus, nämlich das des Primats des Wohlergehens der Umma über das des Individuums zum Tragen zu kommen. Denn zumindest auf philosophischer Ebene ist es nicht unproblematisch, dem Individuum vollständige Entscheidungsfreiheit zuzugestehen, besonders wenn das zur Untergrabung der Interessen der Gemeinschaft führen könnte. Das wiederum hat unmittelbare Rückwirkungen auf das islamistische Konzept des Individuums und dessen Mündigkeit – in diesem Fall als gemindert wahrgenommen – an sich.[469]

Interessanterweise widerspricht dies signifikant der Position der Organisation zu eng verwandten, ebenfalls mit individueller Entscheidungsfreiheit in Verbindung stehenden Themen, wie zu den nachfolgend behandelten Frauenrechten. Jene ideologische Kontroverse kann mit der heterogenen Struktur der Hizbullah erklärt werden, zumal die hier angewandte Interpretation der Scharia von dem sonst eher an Ayatollah Fadlallahs Vorgaben orientierten Kurs der Partei zu innerlibanesischen Gesellschaftsfragen abweicht.

Nun sind libanesische Reformisten bemüht, die rigiden Restriktionen des libanesischen Heiratsrechts – das jährlich Hunderte von Pärchen dazu treibt, zur Hochzeitsschließung nach Zypern auszuweichen, weil dort geschlossene Eheformen, die im Libanon nicht möglich gewesen wären, häufig nach zähen bürokratischen Bemühungen dennoch im Libanon anerkannt werden – zu lockern bzw. gänzlich abzuschaffen. Die Hizbullah jedoch, so wie im Übrigen auch die kumulierte Mehrheit der anderen muslimischen wie christlichen Fraktionen im Libanon,[470] steht einer Modernisierung dieses Bereichs unleugbar entgegen. Aufgrund der hier erkennbaren Tendenz zu einer weniger sachlichen, dafür umso mehr dogmatischen Argumentation lässt sich berechtigterweise daran zweifeln, dass die Hizbullah, was diesen Punkt betrifft, andere Meinungen zulassen würde, falls sie die Möglichkeit hätte, darüber zu entscheiden. Insofern muss man festhalten, dass die Partei Gottes sich diesbezüglich derzeit noch in einer Grauzone im Sinne der verwendeten Definition bewegt.[471]

---

[469] Vgl. Brown/Hamzawy/Ottaway, 2006, S. 14.
[470] Nach Qassem, der sich auf eine Meinungsumfrage der Zeitung As-Safir von 1998 beruft, vertreten 69,5 % der Gesamtbevölkerung, dabei 88 % der Sunniten, 81 % der Schiiten, 57 % der Drusen, 42 % der Maroniten, 52 % der sonstigen Katholiken und 36 % der Orthodoxen Christen eine ablehnende Haltung gegenüber einer offiziellen Einführung der Zivilehe im Libanon. Siehe Qassem, 2005, S. 218 (FN 1). Vgl. Hanf, 1990, S. 181ff.
[471] Brown/Hamzawy/Ottaway, 2006, S. 14.

Frauenrechte

Wenngleich das gesamte Thema Frauenrechte innerhalb der Hizbullah kontrovers diskutiert wird und sich ein hochgehaltenes Ideal nur schwer ausmachen lässt, kann man in der Realität feststellen, dass die Organisation einen breiten Rahmen für deren Stärkung und Durchsetzung bietet. Nun ist es in diesem Zusammenhang wichtig, von eurozentristischen Betrachtungsweisen und im Westen vielfach vorhandenen Stereotypen des Islams Abstand zu nehmen. Denn würde man bereits das Tragen des Chadors bzw. gar des traditionellen muslimischen Kopftuches als prinzipiell frauenfeindlich und unterdrückerisch bewerten, so müsste man an dieser Stelle feststellen, dass die Hizbullah – da sie diesen Kleiderkodex fördert und zumindest in minimaler Ausprägung von ihren weiblichen Mitgliedern fordert – [472] eine chauvinistische und frauenfeindliche Organisation ist und könnte diesen Punkt somit abhaken.

Hierzu soll nur erwähnt sein, dass eine solche Auffassung wenig mit der Haltung vieler Musliminnen im Libanon gemein zu haben scheint. Und ohne potentielle Konstellationen, in denen das Aufzwingen eines bestimmten Kleidungskodex als Mittel zur Unterdrückung genutzt wird, leugnen zu wollen – im Gegenteil wird eher davon ausgegangen, dass solche durchaus existieren – muss man sich dennoch vor Augen halten, dass es im Libanon nicht wenig Musliminnen (zumindest die überwiegende Zahl der vielen weiblichen Hizbullah-Mitglieder) gibt, welche die vielfache westliche Anti-Kopftuchhaltung keinesfalls als hilfreich bei ihrer Befreiung, sondern vielmehr als Angriff auf auch ihre islamisch geprägte Kultur empfinden.

Aus islamischen Quellen sowie aus den über die Jahre entstandenen Traditionen lassen sich heute sowohl „das überkommene Bild der ihrem Mann untertänigen Frau als auch egalitäre Prinzipien deduzieren."[473] Dementsprechend gibt es auch innerhalb der Hizbullah und ihres Umfelds unterschiedliche Interpretationen. Vermutlich ist es somit vorwiegend auf Ayatollah Fadlallah zurückzuführen, dass die Hizbullah heute – sowie Fadlallah selbst – zu den modernsten Manifestationen des weltweiten islamistischen Spektrums zu zählen ist. Denn trotz der eben aufgezeigten Ausnahme zum Heiratsrecht und allgemein vorhandenen abweichenden Meinungen innerhalb der Partei verfolgt die Organisation letztlich einen eher auf die Förderung und Stärkung von Frauenrechten ausgerichteten Kurs, der in vieler Hinsicht den In-

---

[472] Vgl. Fadlallah, Sayyid Ayatollah Muhammad Husayn: On Woman & Family. Questions and Answers About Woman, von: The web site of the religious authority Sayyed Muhammed Hussein Fadlallah (im Folgenden: Fadlallahs Website 2006).
[473] Siehe Rosiny, 1996, S. 271.

terpretationen Fadlallahs folgt. Von diesem islamistischen Standpunkt aus, „wird die Wertgleichheit von Mann und Frau postuliert, genauso wie ihre Funktionsungleichheit als selbstverständlich vorausgesetzt wird."[474]

Auf seiner persönlichen Website, www.bayynat.org.lb, schreibt Fadlallah hierzu:

> „Wenn der Heilige Koran über Frauen & Männer spricht, gesteht er beiden gleichwertige Verantwortung zu, wenn also Frauen von ihrer Natur aus verderbt wären, warum sollten sie solch eine Verantwortung auferlegt bekommen. Entsprechend der göttlichen Gerechtigkeit im Islam, sind Frauen wie Männer; weder ist sie [die Frau] absolut gut, noch komplett schlecht."[475]

Im Allgemeinen setzt Fadlallah sich stark für eine Neuorientierung bei der Deutung der Rolle der Frau im Islam sowie der damit unmittelbar zusammenhängenden traditionellen Mädchenerziehung ein. Da nach ihm jedes Individuum, also auch die Mädchen und Frauen, selbst entscheidungsfähig und für sich verantwortlich sind, entbindet dies die Jungen und Männer von ihrer vermeintlichen Pflicht, für die Ehre der weiblichen Familienmitglieder gerade zu stehen, was einen völlig neuen Ansatz ermöglicht. Ein Vater habe demnach zwar die Pflicht, seine Tochter zu tadeln, wenn sie vom rechten Weg abkomme, dies allerdings primär in seiner Funktion als Gläubiger, der einen vom Glauben Abgekommenen zurechtweisen sollte, und nicht auf andere Weise oder mit anderem Maß, als man einen Jungen tadeln würde.

Archaische Bestrafungen von Mädchen und Frauen für voreheliche Geschlechtskontakt lehnt Fadlallah als unislamisch ab. Auf seiner Website postuliert er zudem, dass eine Muslimin im Zweifelsfall gar einen Mann, welcher „nicht die islamischen Qualitäten verkörpere" heiraten dürfe, sofern dieser nur seine Frau nicht in der Ausübung ihres Glaubens beschränke oder auf sonstige Weise ihr Leben problematisiere.[476]

Hier liegt also eine der zuvor von Qassem gehörten diametral entgegenstehende Herangehensweise an praktisch dieselbe Fragestellung vor. Folglich kann man in etwa sagen, dass, während Qassems Beispiele eher Unmündigkeit und Unverantwortlichkeit der betroffenen Akteure als wahrscheinlich voraussetzen, Fadlallahs Ansätze an deren gesunden Menschenverstand, Verantwortungsbewusstsein und Entscheidungsfähigkeit appellieren. In der

---

[474] Siehe ebd., S. 273.
[475] Siehe Fadlallahs Website 2006: On Woman & Family. Questions and Answers About Woman.
[476] Siehe ebd.: On Woman & Family. The choice of the partner.

konkreten Frage, ob ein Mädchen oder eine Frau sich im Zweifelsfall vollkommen unabhängig von der Meinung ihres Vaters selbstständig ihren Ehepartner aussuchen dürfe, heißt es seitens Fadlallahs daher:

„Es gibt keinerlei Vormundschaft über das mündige, vernünftige und reife junge Mädchen, genauso wie es keine Vormundschaft über den mündigen, vernünftigen und reifen Jungen gibt, da der Mensch, sobald er erwachsen und reif geworden ist, entscheidungsfähig ist."[477]

Soviel also zu dem hier einschlägigen, juristisch-theologischen Rahmenwerk. Was nun das Verhalten der Hizbullah in der Praxis betrifft, so lässt sich vor allem feststellen, dass die Organisation sich zu großen Teilen aus Frauen rekrutiert und dass diese in ihr auch hohe Positionen einnehmen. Dass diese gehobenen Posten sich bisher auf die sozialpolitischen, dabei insbesondere die frauenspezifischen Einrichtungen und Unternehmungen wie den Hizbullah-Frauenverband beschränken, spiegelt die beschriebene Philosophie wider, nach welcher Männer und Frauen zwar gleichwertig, aber nicht gleichartig wären. Daher werden letztere vor allem mit traditionell weiblich besetzten Aufgaben betraut (ein Missstand, der kein spezifisch islamistisches Problem ist, sondern sich vielmehr bei den meisten politischen Parteien weltweit beobachten lässt).

Zudem übernehmen viele der weiblichen Mitglieder organisatorische Aufgaben oder halten politische Reden im Rahmen von Versammlungen oder Parteitagen.[478] Auch im Islamischen Widerstand und dem Parteisicherheitsdienst sind Frauen vertreten. Das Aufstellen von Kandidatinnen bei nationalen Wahlen ist bisher zwar noch nicht vorgekommen, zumindest hatte man dies aber bereits ernsthaft in Betracht gezogen und sich folglich nicht aus islamrechtlichen Gründen dagegen entschieden.[479]

Mit der Ermöglichung und Forcierung des Zugangs von Frauen zu Bildungsinstitutionen hat die Hizbullah derweil einen – sich teilweise deutlich gegen die traditionell patriarchalische Gesellschaftsordnung des Landes bzw. eines großen Teils der islamischen Welt stemmenden – Prozess in Gang gesetzt, der sich in Zukunft wohl eigendynamisch fortsetzen wird. So hat sie nicht nur die erste nur für Frauen bestimmte theologische Hochschule des Libanon gegründet, sondern unterhält mittlerweile eine Vielzahl von teilweise ausschließlich Frauen zugänglichen Bildungseinrichtungen aller Art. Hier-

---

[477] Siehe Fadlallah, Sayyid Ayatollah Muhammad Husayn: Die Welt der Jugend, 1995, S. 207, zitiert nach Rosiny, 1996, S. 273.
[478] Vgl. ebd., S. 275; Jaber, 1997, S. 161
[479] Rosiny, 1996, S. 275.

mit verschaffte die Hizbullah ihrer weiblichen Klientel – speziell den schiitischen Frauen, deren Bildungsgrad traditionell besonders niedrig und deren Analphabetenrate dementsprechend hoch lag – neue soziale Aufstiegschancen sowie die Möglichkeit, mit theologischen Argumenten partielle Neuinterpretationen des Korans einzufordern, was zuvor nahezu ausschließlich Männern vorbehalten war bzw. immer noch überwiegend ist.[480]

Ein weiterer essentieller Bereich ist das spezielle Engagement der Partei Gottes für Witwen, vorzugsweise solcher, deren Männer als „Märtyrer des Widerstandes" gefallen sind. In der traditionellen Interpretation und Anwendung islamischer Gesetzgebung haben Witwen einen – wenngleich nicht als schandhaft sondern bemitleidenswert einzuordnenden – schweren Stand, da ihnen etwa bezüglich des weiteren Schicksals und der Obhut evtl. vorhandener Kinder nur wenig Rechte zugestanden werden. Zudem bedeutet der Wegfall des Ehemanns in einer Gesellschaft, in welcher der Mann traditionell als alleiniger Entscheidungsträger angesehen wird, für die zurückbleibende Witwe normalerweise mehr als nur einen emotionalen Verlust. Er bedeutet auch den völligen Ausfall jeglicher finanzieller und sozialer Sicherheit.

Hiergegen sucht die Hizbullah vorzugehen, indem sie durch ihre Gerichtshöfe tendenziell die Rolle der Witwen stärkt, indem sie ihnen z.B. in Sorgerechtsprozessen überwiegend Recht zuspricht und unabhängig davon in vielen Fällen deren soziale Absicherung in Form von Unterhalts- oder sonstigen Zahlungen übernimmt. Auch hat die Organisation spezielle Wohnhäuser für Witwen errichtet, in denen diese ohne Angst vor evtl. zu befürchtenden familiären Repressalien kostenlos leben können. Sollte sich eine solche dann entscheiden, neu heiraten zu wollen und in der Folge ausziehen, so wird ihr zuvor in Anspruch genommenes Haus automatisch zurück an den Witwentreuhandfond der Hizbullah überschrieben.[481]

Des Weiteren hat die Partei für die bisher einzigen auf Frauen spezialisierten umfassenden Krankenstationen des Libanon gesorgt, in denen sämtliche islamrechtlichen Kriterien erfüllt sind. Da ein Mann außer in Extremsituationen keine Frau körperlich behandeln darf, hat die Hizbullah in ihren frauenspezifischen medizinischen Einrichtungen, wie Gynäkologien, Mutter-Kind-Zentren und speziellen Geburtenkliniken hochqualifizierte Medizinerinnen für alle Eventualitäten bereitgestellt. Aufgrund der oftmals schlechten finanziellen Situation von Frauen, dabei wie erwähnt besonders der Witwen, stehen die meisten dieser Dienstleistungen ihrer Klientel kostengünstig oder gratis zur Verfügung.[482]

---

[480] Ebd., S. 275f.
[481] Vgl. Jaber, 1997, 162.
[482] Vgl. ebd., S. 159f.

Religiöse Minderheiten

Dieser Punkt wird an dieser Stelle nicht mehr sonderlich vertieft werden, da bereits nahezu alle relevanten Aspekte abgehandelt wurden. So kooperiert die Partei, wie bereits mehrfach dargelegt, mit allen islamischen, anders- oder ungläubigen Individuen und Fraktionen im Libanon und großenteils darüber hinaus, also auch mit religiösen Minderheiten, vorausgesetzt, dass diese nicht mit Israel affiliiert sind oder der Hizbullah konkret und ausdrücklich feindlich gegenüberstehen. Dass die Hizbullah religiöse Minderheiten nicht nur rhetorisch, sondern auch in der Praxis akzeptiert, lässt sich an ihrem dies bestätigenden Werdegang überprüfen, in welchem es ab 1989 – also nach dem Abstellen des anfänglichen gravierenden Fehlverhaltens der Organisation, dem vor allem die Intoleranz gegenüber Andersgläubigen zugrunde lag – nie wieder zu dem widersprechenden Vorkommnissen kam.

Eine signifikante Ausnahme bildet ein Teil ihrer Rhetorik gegenüber Israel und dem Judentum. Hierbei kam es in der Vergangenheit mitunter zu ambivalenten Stellungnahmen. Einerseits respektiert man den jüdischen Glauben und somit gläubige Juden, wie bereits erwähnt, ausdrücklich als eine der großen monotheistischen Buchreligionen. Auch hat sich die Hizbullah-Führung bereits in eher freundschaftlicher Atmosphäre mit antizionistisch positionierten Juden, wie dem US-amerikanischen Prof. Noam Chomsky – der bei dieser Gelegenheit im Übrigen die Bewaffnung der Hizbullah im Hinblick auf Israel als gerechtfertigt bezeichnet haben soll – getroffen.[483] Andererseits kam es auf Al-Manar bereits mehrfach zu Äußerungen, bei denen der Zionismus, den man grundsätzlich als implizit rassistisch und terroristisch bewertet, rhetorisch mit dem Judaismus gleichgesetzt und dementsprechend beleidigend betitelt wurde.

Dies betrifft Berichten zufolge sowohl hochrangige Hizbullah-Mitglieder wie Hasan Nasrallah, der nach Jorisch einmal sinngemäß gesagt haben soll: „Wenn sie [die Juden] sich alle in Israel versammeln, spart uns das die Mühe, ihnen weltweit nachzustellen"[484] als auch nicht direkt der Hizbullah zuzurechnende Studiogäste bei Al-Manar. So soll der damalige Großmufti des Nordlibanon, Shaykh Taha al-Sabounji, hier im April 2002 laut Jorisch die folgende Einschätzung abgegeben haben:

„Judaismus ist ein Projekt gegen die gesamte Menschheit. Es wird Zeit, dass die Welt dies versteht [...] Es gibt keinen Zionismus [...]

---

[483] Siehe Middle East Media Research Institute (Hrsg.): Chomsky meets with Hizbullah Leaders in Lebanon, Washington, MEMRI, 15.05.2006.
[484] Nasrallah, Sayyid Hasan, Oktober 2002, zitiert nach Jorisch, 2004, S. 65.

Es gibt nur Judaismus [...] Zionismus ist eine Legende, ein Mythos [...] Dies sind die Menschen, die Muslims, Christen und die Propheten getötet haben [...] sogar das Weiße Haus wird von Zionisten und Juden regiert – und das, obwohl Amerika ein christliches Land ist."[485]

Trotz solcher Vorkommnisse, die sowohl als klare Einschränkung der Toleranz der Hizbullah gegenüber anderen Religionen als auch als Ausnahme zu ihrem sonstigen Verhalten zu verzeichnen sind, adressiert die Partei doch in den meisten Fällen Israel und den Zionismus und nicht das Judentum per se. Fadlallah hat es einmal sinngemäß so ausgedrückt, dass, selbst wenn Israel ein muslimischer Staat wäre oder gar alle Juden in Israel zum Islam konvertieren würden, er immer noch unverändert gegen Israel bzw. Israelis vorgehen würde; ganz einfach, weil diese die Palästinenser vertrieben hätten und nicht etwa weil sie Juden seien.[486]

Letztlich ist aber aufgrund des zuvor Genannten festzustellen, dass die Hizbullah sich hier zumindest tendenziell in einer Grauzone bewegt. Dass aus Israel in der Vergangenheit mit den antijudaistischen Äußerungen vergleichbare gegenüber Arabern, Iranern und Muslimen zu vernehmen waren, ist zwar der Objektivität halber wichtig anzumerken, spielt aber keine Rolle für das zu bewertende Betragen der Hizbullah.

---

[485] al-Sabounji, Shayk Taha, auf Al-Manar, 4. April 2002, zitiert nach Jorisch, 2004, S. 64.
[486] Siehe Sankari, 2005, S. 255; Rosiny, Interview, in: taz, 09.08.2006.

Fazit

Überprüfen wir nun die gesammelten Ergebnisse zusammengefasst anhand Schneckeners Faktoren und Kriterien hinsichtlich der zentralen Fragestellung nach der Bedeutung des Faktors Hizbullah für Demokratie und Sicherheit des Libanon. Das Faktorenbündel (A) betrifft die „strukturellen Merkmale der Gruppe", also in diesem Falle der Hizbullah und ihrer Anhänger. Hierzu ist zu sagen, dass letztere die größte und einflussreichste schiitische Strömung des Landes konstituieren, dass die libanesischen Schiiten unter den aktuellen Umständen sowohl als das, was Hanf eine „beherrschte Mehrheit"[487] nennt, als auch als konfessionell-ethnische, nationale Bevölkerungsgruppe einzuordnen sind und dass die Siedlungsräume der schiitischen Bevölkerung sich spätestens seit nach dem Bürgerkrieg als relativ kompakte Segmente ausmachen lassen.

Der letztgenannte Punkt hat nach Schneckener eine begünstigende Auswirkung auf den Prozess der Friedenskonsolidierung, weil es aufgrund der relativen territorialen Einheit der Gruppe verwaltungstechnisch leichter möglich ist, Regelungen, die diese im Ganzen betreffen, zu implementieren. Für den vorliegenden Fall bedeutet dies, dass die Hizbullah-Führung in ihren Einflussbereichen ohne viel Aufwand vor allem ihre schiitische Klientel erreichen und somit auch ihre Anweisungen – für diejenigen, die sich durch diese gebunden fühlen – relativ problemlos kommunizieren sowie deren Erfüllung kontrollieren kann. Ein gutes Beispiel hierfür ist das durch die Hizbullah seit Bürgerkriegsende verhängte Verbot für ihre Anhängerschaft, ihre Waffen zur Austragung innerlibanesischer Konflikte einzusetzen. Trotz der festgestellten Disziplin ihrer Mitglieder ist es fraglich, ob die bis heute ausnahmslos gebliebene Befolgung dieses Verbotes ohne die durch die relative territoriale Einheit der schiitischen Siedlungsräume gegebenen Kontrollmöglichkeiten der Hizbullah – sprich vor Ort kontinuierlich sichtbar zugegen zu sein – erreichbar gewesen wäre.

Im Falle von Konkordanzdemokratien als politischem Rahmen – wie im Libanon gegeben – erwies sich des Weiteren ein sozio-ökonomischer Angleichungsprozess zwischen den Gruppen – so wie er von der Hizbullah forciert und gefördert wird, während von staatlicher Seite auch seit Ende des Bürgerkriegs nur wenig Anstrengungen unternommen wurden – als besonders relevant.[488]

Zum Faktorenbündel (B), dem „Internationalen Druck", hält Schneckener fest, dass ein solcher unter konkordanzdemokratischen Strukturen als

---
[487] Siehe Hanf, 1990, S. 57.
[488] Schneckener, 2002 (1), S. 275, 475.

zwingende Voraussetzung für das Zustandekommen von Pazifizierungsprozessen betrachtet werden muss. Für die Situation der Hizbullah ist daher erstens auf die wichtige Rolle Syriens bei der Konsolidierung des Taif-Abkommens sowie zweitens auf die Bemühungen deutscher Diplomatie zu sprechen zu kommen. In beiden Fällen erwies sich die Einmischung als ausschlaggebend für friedenspolitische Etappenerfolge. Im ersten Fall für die Beendigung des zweiten libanesischen Bürgerkrieges und im zweiten für die Aufnahme von indirekten Verhandlungen zwischen Israel und der Hizbullah. Dabei hat die Partei durch ihre Forderungen nach Entlassungen auch von nicht mit der Hizbullah affiliierten Libanesen und nach der Übergabe von Plänen über die Lage verbliebener israelischer Landminen im Libanon auch Stellvertreterfunktionen für den libanesischen Staat übernommen.

Grundsätzlich ist eine externe Einmischung aber immer mit Vorbehalt zu betrachten, da sie sich auch äußerst negativ auswirken kann. Das wurde nicht nur durch die Internationalisierung des libanesischen Bürgerkrieges als einem der maßgeblichen Katalysatoren für dessen Genese anschaulich demonstriert. Es offenbart sich auch deutlich in der aktuellen innerlibanesischen Konfliktsituation, die teilweise ähnliche Züge aufweist wie die Situation kurz vor dem letzten Bürgerkrieg. Vor allem im Umgang mit der sensiblen Frage der Be- oder Entwaffnung der Hizbullah sollte dies in Betracht gezogen werden.

In dem Zusammenhang macht es nun Sinn, Faktorenbündel (F), also die „Beteiligung aller Konfliktparteien", vorzuziehen und bereits an dieser Stelle abzuhandeln. Denn ohne eine Einbeziehung der Hizbullah in den potenziellen Prozess ihrer Entwaffnung – und darüber sind sich die fachkundigen Wissenschaftler einig – scheint der Erfolg illusorisch. Nicht ohne Grund weist Schneckener daher unter expliziter Inklusion paramilitärischer Gruppen darauf hin, dass als relevante Akteure für Verhandlungsprozesse im Speziellen jene gelten müssen „die Teil des Problems sind."[489]

Faktorenbündel (C), das bei Schneckener „Verhältnis Mehrheit-Minderheit" heißt, müsste in diesem Zusammenhang eher „Verhältnis zwischen den Gruppen" lauten. Hierbei kommen vor allem die hinlänglich diskutierten, wechselnden Identitäten und überlappenden Mitgliedschaften der Hizbullah stabilisierend zum Tragen. Ebenso positiv sind ihre aktive Bewältigung bestehender Feindbilder – im eigenen Lager sowie innerhalb anderer Gruppen – durch ihre Anstrengungen im Bereich der innerlibanesischen und interwie intrakonfessionellen Dialogführung zu verbuchen. Problematisch stellt sich hier allerdings die allgemeine Spannungslage im Nahostkonflikt dar, zu

---
[489] Siehe ebd, S. 480.

welcher die Hizbullah in ihrer Funktion als eine der relevanten Konfliktparteien nach wie vor einen erheblichen Teil beiträgt.

Das Verhalten und die institutionelle Beschaffenheit der Hizbullah-Führung, bei Schneckener abgedeckt durch Faktorenbündel (D), „Verhalten der Eliten", stellen sich ebenfalls als begünstigend im Sinne innerlibanesischer Stabilität dar. So zeigt sich diese, wie dargestellt, kooperations- und im Falle Israels zumindest verhandlungsbereit und -fähig. Sie ist spätestens seit dem Hizbullah-internen Beginn von al-Infitah öffentlich präsent und politisch greifbar. Ferner besitzt sie die Fähigkeit, sich innerhalb der eigenen Gruppe durchzusetzen und Spoiler, also gruppeninterne Störenfriede, beispielsweise Extremisten, entweder zu marginalisieren oder aber auszuschließen. All dies ist zwingend, da – laut Schneckener – ohne ein Mindestmaß an Kooperationsbereitschaft der Eliten, „selbst der Versuch einer Konfliktregulierung schlechterdings nicht vorstellbar" sei.[490]

Auch bei Faktorenbündel (E), „Regelbefolgung und Status-quo-Orientierung", spielt das Verhalten der Eliten eine wichtige Rolle. Zusätzlich kommt es hier aber auch auf das Betragen der jeweiligen Gruppe in ihrer Gesamtheit an.[491] Grundsätzlich geht es darum, inwieweit die betroffenen Konfliktparteien das gegebene konkordanzdemokratische Modell, also den Status Quo, anerkennen und vor allem nicht einseitig aufkündigen. Änderungen am politischen System können zwar vorgenommen werden, was in einigen Fällen sogar dringend nötig werden kann – dies jedoch ausschließlich mit dem Einverständnis aller betroffenen Fraktionen.

Nun stellen die aktuellen Forderungen der Hizbullah und ihrer Verbündeten – vor allem Amal und Michel Aouns Freie Patriotische Bewegung –, die u.a. die Aufstockung schiitischer Repräsentanz in der Regierung beinhalten, einen problematischen Faktor dar. Einerseits kündigt die Hizbullah zwar nicht einseitig den Status Quo auf, andererseits fordert sie aber gravierende Veränderungen des politischen Systems sowie prinzipiell die Einführung einer Mehrheitsdemokratie, was im Hinblick auf die hohe und wachsende Zahl des schiitischen Bevölkerungsanteils weder völlig unbegründet noch besonders selbstlos erscheint. Entscheidend ist, dass sich die verschiedenen, nicht mit der Hizbullah verbündeten Fraktionen des Landes – ob berechtigt oder unberechtigt, ist dabei irrelevant – hierdurch bedroht fühlen. Und obgleich die Hizbullah sich bei ihren Forderungen bisher keiner unlauteren Mittel im Sinne der Verletzung demokratischer Normen bedient hat und dies auch im Hinblick auf die Erfahrungen der Vergangenheit unwahrscheinlich scheint, so trägt die Art und Weise ihres aktuellen Vorgehens

---

[490] Siehe ebd, S. 478.
[491] ebd., S. 479.

doch eindeutig zur Aufheizung der innenpolitischen Situation und zu einer Polarisierung der Bevölkerung bei. Hier sind neben dem beschriebenen Generalstreik vor allem groß angelegte Massenkundgebungen im und um das Beiruter Regierungsviertel zu nennen, durch die Arbeit der Regierung teilweise nahezu zum Stillstand kam. Insofern birgt jenes aktuelle Vorgehen – unabhängig von der Legitimität der Forderungen – wesentliche Konfliktpotenziale für den Libanon.

Mildernd zu berücksichtigen ist allerdings, dass es einer oppositionellen Bewegung in einer Demokratie – erst recht, wenn sie wie im gegebenen Fall die Mehrheit der Gesamtbevölkerung repräsentiert – gestattet sein muss, auch gegen die Bedenken und Interessen der Regierenden ihren Forderungen im Rahmen der durch das System vorgesehenen Mittel Gehör zu verschaffen. Die Kontrolle der Wahrung einer größtmöglichen Nähe des Volkswillens einerseits und der tatsächlichen Regierungspolitik andererseits ist eine der wichtigsten Funktionen einer systemloyalen Regierungsopposition.[492] Das Problem liegt also nicht in der Frage nach der Legitimität des Vorgehens der Opposition. Es liegt vielmehr im Spannungsfeld zwischen der oppositionellen Strategie und der fragilen Beschaffenheit des konfessionellen politischen Systems des Libanon sowie den Auswirkungen der jüngeren externen Einflussnahme auf einzelne Repräsentanten. Vereinfacht ausgedrückt, ist es unter den gegebenen Umständen als konfliktträchtig zu bezeichnen, auf die Wahrnehmung hier einschlägiger, durch das System prinzipiell garantierter Rechte zu bestehen, so wie die Opposition es derzeit tut.

Bleibt noch Faktorenbündel (G), das „Verhältnis von Konfliktregulierung und politischer Kultur", abzuhandeln. Primär von Relevanz ist, inwieweit das Prinzip der Machtteilung – hier wiederum das konkordanzdemokratische System des Libanon – zu einem Bestandteil der politischen Kultur des Landes geworden ist. Im Libanon stellt sich die diesbezügliche Situation allerdings zwiespältig dar. Einerseits kann man durchaus sagen, dass das politische System des Landes sich mittlerweile zu einem Teil der politischen Kultur entwickelt hat. Das zeigt sich beispielsweise in dem opportunistischen Verhalten libanesischer Fraktionen bei der Konsolidierung von Wahlbündnissen oder an den klientelistischen Strukturzwängen, denen sich sämt-

---

[492] Als die drei Hauptfunktionen einer parlamentarischen Opposition werden bei Pötzsch sowie bei Gutjahr-Löser und Hornung „Kritik, Kontrolle und politische Alternative" angeführt. Des Weiteren heißt es bei Letzteren: „Als wichtigste Funktion erscheint uns die Aufgabe der Opposition, sich den Wählern als die 'politische Alternative' von morgen anzubieten.". Siehe Gutjahr-Löser, Peter; Hornung, Klaus (Hrsg.): Berichte und Studien der Hans-Seidel-Stiftung e.V. Band 23. Politisch-Pädagogisches Handwörterbuch, München, Olzog Verlag, 1980, S. 244f. Vgl. Pötzsch, Horst: Die deutsche Demokratie, Bonn, Bundeszentrale für politische Bildung, 2003, S. 69.

liche öffentlichen Akteure mehr oder weniger zu unterwerfen haben, wollen sie keinen politischen Selbstmord begehen. Andererseits sind viele Libanesen, allen voran die Schiiten, trotzdem unzufrieden mit den herrschenden Zuständen. Dies stellt zwar keinen Widerspruch dar, denn für die Existenz einer politischen Kultur ist deren Akzeptanz in der Gesellschaft keineswegs eine zwingende Voraussetzung. Um eine nachhaltig stabilisierende Wirkung im Sinne der Aufgabenstellung zu entfalten, sollte so eine Akzeptanz jedoch in möglichst hohem Ausmaß vorhanden sein. Positiv sind erneut die vielseitigen innerlibanesischen, teilweise institutionalisierten Dialog-Bestrebungen der Partei Gottes aufzuführen, die sich durchaus als eigenes kleines Konfliktbewältigungssystem beschreiben lassen, das mittlerweile ebenfalls zu einem Teil der politischen Kultur des Libanon geworden ist.

Wir haben gesehen, dass die Hizbullah heute mannigfaltige Rollen vor allem auf lokaler und nationaler, aber auch auf regionaler und teilweise internationaler Ebene einnimmt. Seit ihrer ursprünglichen Formierung, die in Reaktion auf die zweite große israelische Invasion des Libanon von 1982 geschah, hat die Hizbullah einen signifikanten Integrationsprozess in die Gesellschaft und das politische System des Libanon vollzogen. Hiermit direkt verbunden, verlief ihr interner Transformationsprozess (die Hizbullah selbst spricht, wie gesagt, von al-Infitah) von einer einst streng geheim operierenden, transnational-islamisch orientierten und islamistischen Bürgerkriegsfraktion zu einer weitgehend offenen, primär nationalistischen, zugleich noch immer islamistischen, libanesischen Mainstreampartei (der Prozess der Libanonisierung) mit weit reichenden Kompetenzen und Aufgabenbereichen. Im Zuge dieser Prozesse hat die Organisation es geschafft, sich interner Störenfriede, die nicht bereit waren, den eingeschlagenen Integrationskurs mitzumachen bzw. diesen zu boykottieren gedachten (vor allem die al-Tufayli-Fraktion), zu entledigen, ohne ihre Basis zu verlieren.

Trotz ihrer strategischen Zusammenarbeit mit Syrien und Iran sowie der religiösen Unterwerfung unter den Wali-al-Faqih stellt die Hizbullah einen von diesen Mächten autonomen libanesischen Akteur dar, der eigene Interessen bzw. die seiner facettenreichen libanesischen Klientel verfolgt.

Hinsichtlich ihres Kampfes gegen Israel hat sie kontinuierlich ihre Ressourcenverfügbarkeit steigern können und simultan die Art und Weise ihrer Kriegsführung professionalisiert. Die umstrittenen Selbsttötungsattentate schieden während der letzten Jahre als eingesetztes Mittel komplett aus. Überdies haben wir gesehen, dass die Hizbullah für Israel einen berechenbaren Gegner darstellt, der keineswegs unmotiviert und willkürlich, sondern in der Regel einem klar erkennbaren und erklärten Schema folgend zuschlägt, was zudem international überwacht wird und insofern nicht allzu viel Raum für Spekulationen lässt.

Signifikante Stabilisierungspotenziale für den Libanon weist die Organisation vor allem in ihren Rollen als nationallibanesische Partei, als Vermittler und Brücke, als privates Wirtschaftsunternehmen sowie – unter Beachtung einiger Beschränkungen – in ihrer hier als „Staat im Staat" bezeichneten Rolle auf. Nicht zu unterschätzende Konfliktpotenziale beherbergt die Hizbullah in ihrer Rolle als Terrororganisation. Ob nun aufgezwungen oder nicht, ist nur von untergeordneter Bedeutung für die Sicherheitslage ihrer Heimat. Ambivalent verhält es sich derweil mit den Potenzialen ihrer Rolle als Konfliktpartei im Kampf gegen Israel.

Das Verhältnis der Hizbullah zur Demokratie lässt sich in etwa folgendermaßen zusammenfassen: Die Organisation akzeptiert die Demokratie als sub-optimales, wenngleich brauchbares Element zur Durchsetzung gewisser egalitärer Prinzipien und zum Erreichen eines Mindestmaßes an sozialer Gerechtigkeit. Dass die Hizbullah die aus ihrer Sicht als ideal betrachtete Idee der Errichtung einer islamischen Theokratie im Libanon quasi als permanenten Vorschlag an ihr Umfeld weiterhin hochhält, widerspricht dem keineswegs. Durch ihre in Wort und Tat nachzuvollziehende politische Einordnung in das politische System des Libanon unter zeitgleicher Postulierung ihrer Vorbehalte scheint ihr Bekenntnis – wenngleich weniger aus ideologischen Motiven, sondern vielmehr aus der politischen Überzeugung, dass dies den einzig realistischen Weg zur Erreichung möglichst vieler eigener Ziele darstellt – eher glaubwürdig.

Insofern dass – neben rein opportunistischen Erwägungen – offensichtlich auch selbstlose Motive, wie die Erreichung sozialer Gerechtigkeit und die Befriedung der libanesischen Nachkriegsgesellschaft, eine wichtige Rolle zu spielen scheinen, lässt sich schlussfolgern, dass die Hizbullah ihre Anpassung an die libanesische Demokratie – unter hierfür zu vollziehenden Abstrichen bei den eigenen Idealvorstellungen – ehrlich meint.

Eben aufgezeigte Problematiken, wie vor allem der Standpunkt der Organisation zum Personenstandsrecht sowie Teile ihrer Rhetorik gegenüber dem Judentum, sind keinesfalls zu bagatellisieren, stellen aber derzeit keine gravierende Bedrohung für die Demokratie und die Sicherheitssituation des Libanon dar. Derartige Ausnahmen im sonst eher moderaten Auftreten der Organisation sind offensichtlich als verbliebene Relikte aus ihrer Gründungszeit zu verbuchen. Und wenngleich sie sich sicherlich nicht binnen kürzester Zeit in Nichts auflösen werden, so lässt der Integrationskurs der Hizbullah doch darauf schließen und hoffen, dass auch diese Bereiche über kurz oder lang nicht davon verschont bleiben werden, einer theologisch-philosophischen und praktischen Revision unterzogen zu werden, was auch die vorgeschlagene Handlungsempfehlung wäre. Letztlich kann dies nur im Interesse der Organisation selbst liegen, denn jede verbleibende Problematik gibt ihren Feinden – unter Zuhilfenahme des ohnehin kritischen Blicks der westlichen Öffentlichkeit auf den Islamismus im Allgemeinen und auf die Hizbullah im Speziellen – starke Argumente gegen ihre Glaubwürdigkeit in die Hand.

Ausblick und Perspektiven

„*Wahad Lubnan* – *Es gibt nur einen Libanon! Der Libanon sollte eine Einheit werden*"[493]

Sergeant der libanesischen Polizei (anonym) im Südlibanon, 2007

Die Geschehnisse im Libanon seit dem Sommerkrieg 2006 machen deutlich, dass man hier trotz vieler positiver Entwicklungen noch weit von einer nachhaltigen Friedenskonsolidierung entfernt ist. Derzeit besteht sogar zum ersten Mal seit Ende des letzten Bürgerkrieges wieder die akute Gefahr einer neuerlichen innerlibanesischen Gewalteruption, deren Folgen für die libanesische Zivilbevölkerung, die Wirtschaft und die Ökologie des Landes sicherlich katastrophal wären. Dies insbesondere im Hinblick darauf, dass der Libanon trotz der relativen innenpolitischen Harmonie seit 1992 zu keiner Zeit in diesem Sinne Friedenzeiten durchlebt hat, sondern, wie dargelegt, in regelmäßigen Abständen unter feindlichen Invasionen und sonstigen Militäroperationen zu leiden hatte.

Insofern liegt es auf der Hand, dass jedwede externe Einflussnahme auf den Libanon bzw. einzelne libanesische Interessengruppen oder auch konkret auf die Hizbullah, nur in höchst sensiblem Maße und nur unter mit ausreichend vorhandenen Kenntnissen über Politik und Kultur des Landes vonstatten gehen darf. Die eigenen Partikularinteressen einflussnehmender Akteure, die nicht zu den direkt beteiligten Konfliktparteien zählen, sollten bei einer ehrlich gemeinten, auf Befriedung und Demokratisierung des Libanon ausgelegten Strategie möglichst in Gänze außer Acht gelassen werden. Ansonsten laufen solche Akteure – wie am Beispiel der USA aufgezeigt – schnell Gefahr, als Multiplikator der aktuellen Konfliktsituation zu fungieren anstatt etwas für deren Beendigung oder Abmilderung beizutragen.

Für die Bereitstellung indirekter Gesprächskanäle zwischen der Hizbullah und Israel (und theoretisch auch der USA) würde der Verf. am ehesten die Bundesrepublik nominieren. Die deutsche Diplomatie hatte sich in der Vergangenheit bereits die notwendige Fachkompetenz, die Erfahrungen und das Vertrauen beider Seiten erarbeitet. Zudem kann sie echte Erfolge vorweisen, wie den Gefangenenaustausch von 2004.

In diesem Zusammenhang ist von großer Bedeutung, wie weit die offizielle und öffentlich nachzuvollziehende deutsche Außenpolitik einen solchen Kurs unterstützt. Hier ist das Verhalten der Bundesregierung während des Sommerkrieges, in dem sie sich gegen eine sofortige Einstellung der Kampf-

---
[493] Siehe Interview des Verf. Und M. Büscher mit anonym (1), Tyros, 15.01.2007, S. 5.

handlungen positionierte, als tendenziell kontraproduktiv zu verbuchen. Auch eine spätere Aussage von Bundeskanzlerin Merkel, der Bundeswehreinsatz im Rahmen der UNIFIL-Friedenstruppe solle der Sicherheit Israels dienen, muss als wenig hilfreich registriert werden und wurde aufgrund der mitschwingenden Parteinahme heftig von Hasan Nasrallah kritisiert.[494]

Es wird sich erst herausstellen müssen, inwieweit die Anstrengungen der vergangenen Jahre beeinträchtigt sind bzw. ob man von deutscher Seite dort ansetzen können wird, wo man bereits angekommen war. Mit Sicherheit ist aber noch nicht alles verloren, denn die Gesprächsbereitschaft seitens der Hizbullah ist nach wie vor erklärtermaßen gegeben.[495] Ferner wirkt begünstigend, dass im Libanon eine eher positive, wenngleich äußerst klischeehafte Grundwahrnehmung der Deutschen vorherrscht, die nicht zuletzt aus gängigen Stereotypen wie Fleiß, Ordentlichkeit und Zuverlässigkeit resultiert. Dadurch hat die Bundesrepublik de facto einen entscheidenden Vorteil gegenüber anderen westlichen Staaten, wenn es darum geht, friedenspolitische Funktionen im Libanon und der Region zu erfüllen. Dieser Vorteil sollte als Chance begriffen und genutzt werden.

Es gilt daher, möglichst keine zu lange Pause in den diplomatischen Beziehungen zwischen Deutschland, Israel und der Hizbullah aufkommen zu lassen und sich mit Nachdruck auf bewährte Art und Weise für eine Wiederaufnahme der indirekten Verhandlungen einzusetzen. Erste Ziele könnten die Herbeiführung eines weiteren Gefangenenaustauschs sowie eine Klärung der Shebaa-Kontroverse sein, um so den Weg für weiterführende, nachhaltige Friedensverhandlungen zu ebnen.

Es lässt sich leider nicht nachweisen, dass die Wissenschaft, die teilweise bereits seit längerem neben den unbestreitbar negativen Auswirkungen der Hizbullah-Präsenz für den Libanon auch auf das, aus friedenspolitischer Perspektive gesehen, positive Potenzial dieser Organisation verweist, bisher viel Einfluss auf die relevanten nichtlibanesischen Entscheidungszentren gehabt hätte.[496] Dennoch würde es den Sinn von Politikberatung ad absurdum führen, würde sie vor solchen, in einigen Fällen rein kommunikativen und dis-

---

[494] FAZ.Net (o. Verf): Hizbullah-Führer Nasrallah kritisiert Bundeskanzlerin Merkel, 22.09.2006. Vgl. Bundesministerium des Innern (Hrsg.): Verfassungsschutzbericht 2006. Vorabfassung, Berlin, BMI, 2006, S. 213.

[495] Ibrahim Moussawi, Chefredakteur einer Hisbollah-Wochenzeitung, erklärte anlässlich eines Libanonbesuches von Bundeskanzlerin Angela Merkel am 02.04.2007, bei welchem diese sich zwar nicht mit Vertretern der Hizbullah, wohl aber mit Nabih Berri, dem Vorsitzenden der Amal getroffen hat: „Mir würde es nicht gefallen, wenn Kanzlerin Merkel sich nur anhören würde, was die Opposition zu sagen hat. Ich möchte, dass sie mit beiden Augen hinschaut und mit beiden Ohren zuhört und dass sie dann sieht, was wirklich passiert – anstatt nur das zu glauben, was man ihr von außen einflüstert." Siehe Kühntopp, Carsten: Merkel besucht den Libanon. Hohe Ansprüche an „Freund Deutschland", Amman, tagesschau.de, 02.04.2007.

kursiven, überwiegend aber wohl durch Macht- und Sicherheitsinteressen konstituierten Hürden widerstandslos kapitulieren. Schließlich beschrieb schon der bekannte Soziologe Max Weber die Beschäftigung mit Politik, präziser Politik als Beruf, hinsichtlich des Erreichens gesteckter Ziele als „starkes langsames Bohren von harten Brettern mit Leidenschaft und Augenmaß zugleich"[497] Insofern erscheint es sinnvoll, mindestens ebenso geduldig und beharrlich wie leidenschaftlich danach zu streben, der festgestellten Diskrepanz zwischen wissenschaftlicher Politikberatung und Realpolitik entgegenzuwirken.

Nun bezieht sich die vorliegende Arbeit nahezu ausschließlich auf die Hizbullah als einen der wichtigsten Akteure sowohl in der aktuellen innerlibanesischen Auseinandersetzung als auch des Nahostkonflikts im Ganzen. Sie soll somit auch dazu beitragen, diese komplexe Organisation, ihr allgemeines Auftreten und gegebenenfalls ihre Handlungen besser einschätzen zu können und akkurate Optionen für einen friedenspolitisch Erfolg versprechenden Umgang mit ihr aufzuzeigen.

In diesem Sinne wird auf der allgemeinen Ebene dafür plädiert, die aufgezeigten vielseitigen, und massiven Stabilisierungspotenziale, welche die Hizbullah für den Libanon birgt, nicht aufgrund der zwar signifikanten, dennoch proportional eher spärlich gesäten vorhandenen Konfliktpotenziale ungenutzt zu lassen. Vielmehr sollten die Entscheidungsträger im Libanon und der Region die Hizbullah stärker einbinden und in sämtliche Verhandlungen mit einbeziehen. Verbleibende Konfliktpotenziale, wie vor allem die Bewaffnung der Organisation, könnten auf diesem Wege schrittweise angegangen und auf lange Sicht bestmöglich abgestellt werden.

Wenn man sich die facettenreichen lokalen, regionalen und internationalen Kontakte und die demonstrierten Dialogbemühungen und -erfolge der Hizbullah vor Augen führt, wird deutlich, was für eine unersetzliche Brückenfunktion sie hinsichtlich der gesellschaftsspaltenden Bürgerkriegsvergangenheit des Libanon und des derzeitigen Antagonismus zwischen judeo-christlich geprägter und islamischer Welt sowie deren jeweiliger interner

---

[496] So u.a. Deeb, 2006, S. 115-125; Palmer-Harik, 2004, S. 69-79, 81-94. Für den deutschsprachigen Raum hat Rosiny bereits 1996 in seinem bisher umfangreichsten Werk zum Thema, Islamismus bei den Schiiten im Libanon, viele der in dieser Arbeit nachgewiesenen, friedenspolitisch nutzbaren Stabilisierungspotenziale – in ihrem damaligem, entsprechend noch nicht so weit wie heute fortgeschrittenen Entwicklungsstadium – der islamischen Bewegung im Libanon bzw. der Hizbullah herausgearbeitet. Zugleich hat er auf plausibler Argumentation beruhende Prognosen zu deren weiteren Genese geliefert, die sich mittlerweile großenteils bewahrheitet haben. Siehe Rosiny, 1996, S. 317ff.

[497] Weber, Max: Politik als Beruf, in: Schriften 1894-1922. Ausgewählt von Dirk Kaesler, Stuttgart, Alfred Kröner Verlag, 2002, S. 555.

Divergenzen, dabei speziell zwischen Sunniten- und Schiitentum, übernehmen könnte und zum Teil bereits übernimmt.

Insofern wäre es sogar im Bereich des Vorstellbaren, dass die Hizbullah, wie bereits angedeutet, auf lange Sicht eine aktive Vermittlerrolle bei einer weiter reichenden Annäherung zwischen Okzident und Orient bzw. zwischen einigen der diesen regionalen Größen zuzuordnenden Parteien einnehmen könnte. Das würde natürlich die Bereitschaft zumindest mancher skeptischeren, einflussreichen Akteure des Nahostkonflikts und der Weltpolitik zur Verhandlung und Kooperation mit der Hizbullah voraussetzen.

Kurzfristig ist eine solche Option zwar offenkundig als utopisch einzustufen, eine beginnende Auseinandersetzung mit der Idee, eine islamistische Organisation überhaupt in derartige internationale Verantwortung mit einzubeziehen, scheint trotzdem förderlich, wenn nicht erforderlich.

Zeitleiste

1920 Frankreich erhält ein Völkerbundsmandat über den Großraum Syrien inkl. der vormals osmanischen, halbautonomen Provinz Mont Liban und trennt letztere unter Zuschlag der ehemals phönizischen Küstenstädte Tripoli, Beirut, Sidon und Tyros, der Bekaa-Ebene sowie diverser Randgebiete und Kommunen völlig von Syrien ab. In dem neu entstandenen Gebiet ruft die französische Mandatsmacht am 1. September den Groß-Libanon aus, der in etwa dem Libanon in seinen heutigen Staatsgrenzen entspricht.

1926 Die Republik Libanon wird proklamiert.

1943 Unabhängigkeit des Libanon.

1948 Ben Gurion, Vorsitzender des Jüdischen Nationalrats, ruft in Palästina den Staat Israel aus. In der Folge strömen tausende palästinensische Flüchtlinge auch in den Libanon.

1948/1949 Der Libanon beteiligt sich am ersten israelisch-arabischen Krieg, in der Folge herrscht Waffenstillstand zwischen Israel und dem Libanon (bis heute existiert kein Friedensvertrag).

Ca. 1958[498] In Nadjaf, Irak, entsteht die Partei des islamischen Rufs, die in der Folge als Nukleus sowie als maßgeblicher Katalysator des modernen, primär schiitischen Islamismus fungiert.

1958 Erster libanesischer Bürgerkrieg.

1958-1964 Präsidentschaft Fuad Chihabs.

1959 Musa al-Sadr kommt in den Libanon und übernimmt den Posten des Muftis von Tyros.

1964-1970 Präsidentschaft Charles Helous.

1967 Musa al-Sadr gründet den Hohen Schiitischen Rat als erste anerkannte, effektive, politische Interessenvertretung libanesischer Schiiten auf Staatsebene; Sechs-Tage-Krieg: Israel besetzt die jordanische Westbank, das ägyptische Gaza sowie die syrischen Golan-Höhen.

1968 Die PLO unternimmt erste Guerilla-Aktionen gegen Israel, ausgehend von libanesischem Terrain.

1969 Im Kairo-Abkommen wird die Präsenz der PLO im Libanon und der palästinensische Widerstand gegen Israel, ausgehend von libanesischem Boden, legitimiert.

---

[498] Ein genaues Gründungsdatum der Partei des islamischen Rufs lässt sich nicht eindeutig verifizieren. Die hier von Sankari übernommene Angabe des Jahres 1958 erscheint jedoch glaubhaft. Vgl. Sankari, 2005, S. 73f.

1970 Beginn des jordanischen Bürgerkriegs (1970/71). Die PLO verlegt ihre Machtbasis von Jordanien in den Libanon; Israel unternimmt seine erste größere Militäroperation auf libanesischem Terrain, um gegen palästinensische Kämpfer vorzugehen.

1970-1976 Präsidentschaft Suleiman Franjiehs.

1974 Imam Musa al-Sadr gründet die Bewegung der Beraubten.

1975 Ausbruch des zweiten libanesischen Bürgerkriegs; Amal entsteht als bewaffneter Arm der Bewegung der Beraubten.

1976 Syrien interveniert im Libanon zugunsten der überwiegend christlichen Milizen gegen die PLO und erhält in der Folge ein Mandat der Arabischen Liga, als Ordnungsmacht im Libanon zu fungieren.

1976-1982 Präsidentschaft Elias Sarkis'.

März 1978 In der Operation Litani besetzt Israel einen breiten Grenzstreifen des Libanon als Sicherheitszone; Ankunft von UNIFIL-Truppen zur Durchsetzung der UN-Resolution 425.

31.08.1978 Imam Musa al-Sadr verschwindet unter bis heute ungeklärten Umständen während eines Besuchs in Libyen.

01.02.1979 Ayatollah Khomeini kehrt aus dem französischen Exil in den Iran zurück. Sieg der Islamischen Revolution über das Schah-Regime.

01.06.1979 Proklamation der Islamischen Republik Iran.

11.04.1980 Hinrichtung Baqir al-Sadrs im Irak unter Saddam Hussein.

1980-1988 1. Golfkrieg: Irak gegen Iran.

1981 Israel annektiert die bereits 1967 besetzten syrischen Golan-Höhen.

Juni 1982 Israel startet seine zweite große Libanon-Invasion (Operation Frieden für Galiläa); ein Kontingent iranischer Revolutionswächter kommt im Libanon an; eine Gruppe von islamisch orientierten Mitgliedern um den einflussreichen Sayyid Husayn al-Musawi spaltet sich von Amal ab und begründet die Islamische Amal mit Sitz in der Bekaa-Ebene. In der Folge erste militärische Aktivitäten schiitischer Mudjaheddun.

05.07.1982 Entführung vier iranischer Offizieller durch die rechtsgerichtete Phalange im Libanon. Beginn der libanesischen Geiselkrise, in deren Zuge bis 1992 mindestens 87 westliche Staatsbürger im Libanon gekidnappt und in vielen Fällen umgebracht werden.

August 1982 Die Multinational Forces werden in Beirut stationiert. Arafat und die meisten Kämpfer der PLO (ca. 10.000) werden ins tunesische Exil evakuiert.

14.09.1982 Ermordung des designierten Präsidenten Bashir Gemayel.

15.09.1982 Israel marschiert in Westbeirut ein und besetzt somit zum ersten Mal eine arabische Hauptstadt.

16-19.09.1982 Von christlichen Milizen – unter Duldung der israelischen Militärführung – verübtes Massaker in den Palästinenserlagern von Sabra und Chatilla.

29.09.1982 Abzug Israels aus Westbeirut.

11.11.1982 Der erste dokumentierte Selbsttötungsanschlag im Libanon wird durchgeführt und zerstört das militärische Hauptquartier der Israelis in Tyros.

1982-1988 Präsidentschaft Amin Gemayels.

18.04.1983 Anschlag gegen US-Botschaft in Beirut (mutmaßlich verübt durch Islamischer Jihad)

25.07.1983 Israel leitet einen Teilrückzug ein.

04.09.1983 Islamistische Kampfverbände besetzen in einer unblutigen Aktion eine Armeekaserne in Baalbek.

23.10.1983 Spektakuläre Selbsttötungsanschläge gegen US-amerikanische und französische Kontingente der Multinational Forces in Beirut (mutmaßlich verübt durch Islamischer Jihad).

04.11.1983 Der Hizbullah zuzuschreibender Selbsttötungsanschlag gegen das israelische Hauptquartier in Tyros.

05.11.1983 Beginn einer anhaltenden drastischen Einschränkung der Bewegungsfreiheit für Libanesen und Palästinenser in der israelischen Besatzungszone.

Ende 1983 Serie von durch Islamisten verübten Bombenanschlägen gegen Alkohol verkaufende, von Christen unterhaltene Geschäfte in Westbeirut.

06.02.1984 Muslimische Milizen und Teile der libanesischen Armee nehmen unter der militärischen Führung der Amal Westbeirut ein.

16.02.1984 Ermordung Shaykh Raghib Harbs durch Israel.

16.03.1984 William Buckley, Chef der CIA-Delegation in Beirut, wird entführt und in der Folge umgebracht.

März 1984 Komplettabzug der Multinational Forces aus dem Libanon.

20.09.1984 Selbsttötungsanschlag gegen die US-Botschaft in Ostbeirut.

16.02.1985 Die Hizbullah veröffentlicht ihren Offenen Brief und erklärt hierin offiziell ihre Gründung.

18.02.1985 Israel ruft Besatzungspolitik der „eisernen Faust" aus. Verschärfte Repressalien in der Besatzungszone.

Seit 1985 Kämpfe zwischen Amal und Hizbullah.

08.03.1985 Mutmaßlich durch die CIA geplanter Bombenanschlag gegen Ayatollah Muhammad Husayn Fadlallah misslingt, dennoch kommen 80 Passanten durch die Detonation ums Leben.

Mai 1988 Hizbullah besiegt und vertreibt Amal aus Westbeirut.

Seit 26.05.1988 Kämpfe zwischen Amal und Hizbullah. Syrien interveniert zu Gunsten der Amal.

Seit Januar 1989 Amal-Hizbullah-Verhandlungen in Damaskus.

14.07.1989 Treffen libanesischer und palästinensischer, islamistischer und nationalistischer Kräfte aus dem Libanon im Iran anlässlich des 40. Todestages Ayatollah Khomeinis.

22.10.1989 Proklamation des Taif-Abkommens, eines Friedensplans, der signifikante Verfassungsänderungen mit sich bringt und zudem Syriens fortlaufende Präsenz im Libanon auf vorerst unbestimmte Zeit festlegt; General Michel Aoun beginnt aufgrund der Syrien betreffenden Regelung des Taif-Abkommens einen Befreiungskrieg gegen die syrischen Truppen im Libanon, wobei er zugleich die überwiegend maronitische Milizen-Konkurrenz eindämmt und sich bis ca. Mitte 1990 in den christlich dominierten Gebieten weitgehend durchsetzen kann.

05.11.1989 In einer Parlamentssitzung werden die in Taif beschlossenen Gesetzesänderungen offiziell in die Verfassung übernommen und René Muawad zum neuen Staatspräsidenten gewählt.

22.11.1989 René Muawad wird durch die Detonation einer Sprengladung ermordet.

1989-1991 Shaykh Subhi al-Tufaylis Amtszeit als erster Generalsekretär der Hizbullah.

Ende 1989-1998 Präsidentschaft Elias Hrawis (1995 wird seine Amtszeit bis 1998 verlängert).

1990 Der Irak unter Saddam Hussein besetzt und annektiert Kuwait; heftige Kämpfe zwischen Amal und Hizbullah im Südlibanon; im Oktober wird General Aoun durch syrische Truppen besiegt und ins französische Exil abgeschoben. Der Bürgerkrieg gilt hiermit als beendet.

05.11.1990 Unterzeichnung eines Waffenstillstandsabkommen zwischen Amal und Hizbullah unter syrisch-iranischer Schirmherrschaft. Einstellung der Feindseligkeiten.

1991 Die libanesische Armee zieht in ehemals von Milizen beherrschte Gebiete des Libanon ein. Das libanesische Parlament verabschiedet ein Amnestiegesetz bzgl. sämtlicher libanesischer Bürgerkriegsverbrechen; Sayyid Abbas al-Musawi wird Generalsekretär der Hizbullah.

28.01.1992 Die Hizbullah wird durch das libanesische Innenministerium als Partei lizensiert.

16.02.1992 Sayyid Abbas al-Musawi wird durch ein israelisches Kommando gezielt ermordet.

18.02.1992 Sayyid Hasan Nasrallah wird einstimmig zum Nachfolger Musawis als Generalsekretär der Hizbullah gewählt.

17.03.1992 Anschlag gegen israelische Botschaft in Argentinien (ein mutmaßlich durch die Hizbullah verübter Racheanschlag für die Ermordung Musawis).[499]

Juni 1992 Mit der Freilassung der letzten damals noch verbliebenen westlichen Geiseln endet die libanesische Geiselkrise.

23.08.-06.09.1992 Parlamentswahlen im Libanon unter Beteiligung der Hizbullah. Rafik Hariri wird Premierminister.

05.11.1992 Israelisches Attentat gegen Hasan Nasrallah schlägt fehl.

Juli 1993 Israelische Militäroffensive „Operation Verantwortungsübernahme" im Libanon. Hizbullah leistet bis zum nahezu kompletten Abzugs Israels aus dem Libanon im Jahr 2000 Widerstand gegen die israelischen Armee und die SLA; im mündlichen Juli-Verständnis einigen sich die Hizbullah und Israel erstmals auf Maßnahmen zur Begrenzung der Gewalt gegen die Zivilbevölkerung.

1994 Der rechtsgerichtete ehemalige Milizenführer Samir Gagea wird zu mehreren lebenslangen Haftstrafen verurteilt.

April 1996 Israelische Militäroffensive „Operation Früchte des Zorns"; im April-Verständnis zwischen der Hizbullah und Israel wird das Juli-Verständnis von 1993 erneuert und diesmal auch schriftlich festgehalten. Ein internationales Monitoring-Komitee überwacht die Einhaltung der Übereinkünfte.

14.03.1998 Erster Einsatz der von der Hizbullah aufgebauten, multikonfessionellen Libanesischen Brigaden des Widerstandes gegen die Besatzung. Diese unterstehen dem militärischen Kommando der Hizbullah, ohne dass ihre Kämpfer sich der Ideologie der Gruppierung zu unterwerfen hätten bzw. Partei-Mitglieder wären.

24.11.1998-2007 Präsidentschaft Emilé Lahouds (2004 wird seine Amtszeit bis 2007 verlängert)

---

[499] Rosiny, 1996, S. 355.

Mai 2000 Israel zieht nahezu komplett aus dem Libanon ab. Das Gebiet der umstrittenen Shebaa-Farmen bleibt jedoch besetzt; die Hizbullah übernimmt mit staatlicher Legitimation die Sicherung der israelisch-libanesischen Grenze für den Libanon.

29.01.2004 Nach deutscher Vermittlung kommt es zwischen Israel und der Hizbullah zu einem umfangreichen Gefangenenaustausch.

02.09.2004 Die UN verabschieden die Resolution 1559, die den Abzug aller ausländischen Streitkräfte aus dem Libanon und die Entwaffnung aller noch bewaffneten Milizen fordert.

03.09.2004 Amtszeitverlängerung des syrientreuen Präsidenten Lahoud bis November 2007.

20.10.2004 Rafik Hariri tritt als Premierminister zurück.

Februar/April 2005 Präsident Assad zieht alle syrischen Truppen aus dem Libanon ab.

14.02.2005 Rafik Hariri wird durch eine Bombenexplosion gezielt ermordet.

08.03.2005 Großdemonstration der Hizbullah und ihrer Alliierten gegen ausländische Einflussnahme im Libanon (gemeint sind vor allem die USA) und zum Gedenken an Rafik Hariri.

14.03.2005 Großdemonstration der antisyrischen Koalition gegen ausländische Einflussnahme im Libanon (gemeint ist vor allem Syrien) und zum Gedenken an Rafik Hariri.

07.05.2005 General Michel Aoun kehrt aus seinem französischen Exil zurück in den Libanon.

Juni 2005 Nach Parlamentswahlen stellt die Hizbullah zwei Minister und beteiligt sich somit zum ersten Mal an der Regierung. Beginn des Bündnisses zwischen Hizbullah, Aouns Freier Patriotischer Bewegung und Amal. Fuad Siniora wird Premierminister.

18.07.2005 Samir Gagea wird amnestiert und stößt zum Bündnis der Regierungstreuen um Fuad Siniora hinzu.

02.03.2006 Gründung eines nationalen Versöhnungskomitees unter Beteiligung der Führer aller wichtigen politischen Strömungen des Libanon.

12.07.2006 Hizbullah-Kämpfer nehmen zwei israelische Soldaten fest und töten acht weitere. Das Scharmützel ereignet sich im israelisch-libanesischen Grenzgebiet, wobei beide Seiten darauf bestehen, es handelte sich um das jeweils eigene Territorium. In der Folge startet Israel die Militäroffensive „Gerechter Lohn" (sog. Sommerkrieg).

14.08.2006 UN-Resolution 1701 tritt in Kraft. Diese fordert u.a. eine sofortige Waffenruhe zwischen Israel und der Hizbullah. Ende des Sommerkrieges 2006.

04.11.2006 Sämtliche schiitischen Minister, also je zwei der Amal und der Hizbullah sowie ein der Hizbullah zugeneigter, treten zurück.

06.11.2006 Ein dem Präsidenten Lahoud nahestehender christlicher Minister tritt zurück. In der Folge erklären Präsident Lahoud, die Hizbullah, Amal und die Freie Patriotische Bewegung die Regierung Siniora für verfassungswidrig.

21.11.2006 Pierre Gemayel wird ermordet.

23.01.2007 Die Freien Patriotischen Bewegung, Hizbullah und Amal rufen zu einem landesweiten Generalstreik auf. Es kommt es zu schweren Zusammenstößen zwischen Anhängern der Regierungstreuen und der Opposition.

20.05.-02.09.2007 Kämpfe zwischen der libanesischen Armee und einer sunnitischen islamistischen Gruppierung, „*Fatah al-Islam*" (mit mutmaßlichen Verbindungen zu Al-Qaida), in Tripoli und im palästinensischen Flüchtlingslager *Nahr al-Bared*. Die Hizbullah stellt sich politisch hinter die Armee, kritisiert aber den Einsatz von Waffengewalt.

02.09.2007 Die Armee erobert die letzten Stellungen der Fatah al-Islam. Die Auseinandersetzung kostete unbestätigten Angaben zufolge rund 400 Menschen das Leben und zwang über 30.000 Zivilisten zur Flucht.[500]

23.11.2007 Emilé Lahoud tritt regulär als Präsident ab, ohne dass zuvor ein Nachfolgekandidat bestimmt wurde. Als letzte Amtshandlung übergibt Lahoud die Verantwortung für die Sicherheit und die Stabilität des Landes an die Armeeführung.

12.02.2008 Imad Fayez Mughniyyah wird in Damaskus durch eine Autobombe getötet. Die Hizbullah-Führung gibt unmittelbar darauf seine Zugehörigkeit zur Partei und seine Führungsposition im Islamischen Widerstand bekannt.

---

[500] Vgl. Zeit Online: Armee vertreibt Al-Qaida-Kämpfer, 03.09.2007; Tagesspiegel.de: Libanon. Fatah-al-Islam-Chef doch nicht tot, 10.09.2007.

Quellen- und Literaturnachweise

Bücher

Alagha, Joseph: The Shifts in Hizbullah's Ideology: Religious Ideology, Political Ideology, and Political Program, Amsterdam, Amsterdam University Press/ISIM Dissertations, 2006.

Antes, Peter: Der Islam als politischer Faktor, Bonn, Bundeszentrale für politische Bildung, 1997.

Bundesministerium des Inneren (Hrsg.): Verfassungsschutzbericht 2003, Berlin, BMI, 2003.

Bundesministerium des Inneren (Hrsg.): Verfassungsschutzbericht 2005, Berlin, BMI, 2005.

Bundesministerium des Inneren (Hrsg.): Verfassungsschutzbericht 2006. Vorabfassung, Berlin, BMI, 2006.

Bundeszentrale für politische Bildung (Hrsg.): Menschenrechte, Dokumente und Deklarationen, Bonn, BPB, 1999.

Chami, Joseph G.: Days of Tragedy. Lebanon 75/76, Beirut, Arab printing Press (o.J.).

Corm, Georges: Europa und der Nahe Osten. Modernisierung oder Barbarei?, Bad Honnef (Paris), Horlemann Verlag, 1997 (1991).

Diaz, Tom und Newman, Barbara: Lightning Out of Lebanon. Hezbollah Terrorists on American Soil, New York, Presidio Press, 2006 (2005).

Fischer-Barnicol, Hans A.: Die Islamische Revolution: Die Krise einer religiösen Kultur als politisches Problem, Stuttgart/Berlin/Köln/Mainz, Kohlhammer Verlag, 1980.

Geiss, Imanuel (Hrsg.): Geschichte im Überblick. Daten, Fakten und Zusammenhänge der Weltgeschichte, Reinbek bei Hamburg, Rowohlt Verlag, 2006 (1986).

Gutjahr-Löser, Peter; Hornung, Klaus (Hrsg.): Berichte und Studien der Hans-Seidel-Stiftung e.V. Band 23. Politisch-Pädagogisches Handwörterbuch, München, Olzog Verlag, 1980.

Hamzeh, Ahmad Nizar: In the path of Hizbullah, New York, Syracuse University Press, 2004.

Hanf, Theodor: Koexistenz im Krieg: Staatszerfall und Entstehen einer Nation im Libanon, Baden-Baden, Nomos Verlagsgesellschaft, 1990.

Heine, Peter: Terror in Allahs Namen. Extremistische Kräfte im Islam (Bundeszentrale für politische Bildung Schriftenreihe Band 449), Bonn, BPB/Freiburg im Breisgau, Verlag Herder, 2004.

Hoffman, Bruce: Terrorismus. Der unerklärte Krieg, Frankfurt a.M., Fischer Verlag, 2003 (1998).

Informationszentrum Dritte Welt/Freiburg (Hrsg.): Der Palästina-Konflikt und was wir damit zu tun haben, Freiburg i. Br., Prolit Vertriebs GmbH, 1983.

Jaber, Hala: Hezbollah. Born with a vengeance. Inside the world's most secretive and deadly organisation, New York, Columbia University Press, 1997.

Jorisch, Avi: Beacon of hatred. Inside Hizballah's Al-Manar Television, Washington, Washington Institute for Near East Policy, 2004.

Kinder, Hermann und Hilgemann, Werner (Hrsg.): DTV-Atlas Weltgeschichte. Band 2. Von der Französischen Revolution bis zur Gegenwart, München, DTV GmbH & Co. KG, 2002 (1966).

Krell, Gerd: Weltbilder und Weltordnung. Einführung in die internationalen Beziehungen, Baden-Baden, Nomos Verlagsgesellschaft, 2000.

Meier, Andreas: Politische Strömungen im modernen Islam. Quellen und Kommentare, Bonn,   Bundeszentrale für politische Bildung, 1995.

Neumann, Peter: IRA. Langer Weg zum Frieden, Hamburg, Rowohlt Verlag, 1999.

Nohlen, Dieter: Handbuch der Dritten Welt. Band 6. Nordafrika und Naher Osten, Bonn, Verlag J. H. W. Dietz, 1993.

Nohlen, Dieter: Kleines Lexikon der Politik, München, C.H. Beck Verlag, 2002 (2001).

Norton, Augustus Richard: Hezbollah. A Short History, Princeton, Princeton University Press, 2007.

Nugent, Neill: The Government and politics of the European Union, Palgrave, 2003.

Palmer-Harik, Judith: Hezbollah. The changing face of terrorism, London/New York, I.B. Tauris & Co. Ltd, 2004.

Paret, Rudi: Der Koran. Übersetzung von Rudi Paret, Stuttgart, Kohlhammer Verlag, 2004 (1979).

Paret, Rudi: Der Koran. Kommentar und Konkordanz von Rudi Paret, Stuttgart, Kohlhammer Verlag, 2005 (1980).

Perthes, Volker: Geheime Gärten. Die neue arabische Welt, Berlin, Siedler Verlag, 2002.

Pötzsch, Horst: Die deutsche Demokratie, Bonn, Bundeszentrale für politische Bildung, 2003, S. 69.

Qassem, Naim: Hizbullah. The Story from Within, London, Saqibooks, 2005.

Ranstorp, Magnus: Hizb'allah in Lebanon. The Politics of the Western Hostage Crisis, New York, St. Martin's Press, 1997.

Ruthven, Malise: Der Islam. Eine kurze Einführung, Stuttgart, Reclam, 2000 (1997).

Rosiny, Stephan: Islamismus bei den Schiiten im Libanon. Religion im Übergang von Tradition zur Moderne (Studien zum Modernen Islamischen Orient, Band 8), Berlin, Das Arabische Buch, 1996.

Saad-Ghorayeb, Amal: Hizbu'llah. Politics & Religion, London, Pluto Press, 2002.

Sankari, Jamal: Fadlallah. The Making of a Radical Shi'ite Leader, London, Saqibooks, 2005.

Schneckener, Ulrich (1): Auswege aus dem Bürgerkrieg. Modelle zur Regulierung ethno-nationalistischer Konflikte in Europa, Frankfurt a.M., Suhrkamp Verlag, 2002.

Shay, Shaul: The Axis of Evil. Iran, Hizballah, and the Palastinian Terror, Transaction Publishers, New Brunswick/London, 2005.

Steinbach, Hofmeier und Schönborn (Hrsg.): Politisches Lexikon Nahost Nordafrika, München, C.H. Beck'sche Verlagsbuchhandlung, 1994 (1979).

Von Baratta, Mario (Hrsg.): Der Fischer Weltalmanach 2003, Frankfurt a. M., Fischer Taschenbuch Verlag, 2002.

Weber, Max: Schriften 1894-1922. Ausgewählt von Dirk Kaesler, Stuttgart, Alfred Kröner Verlag, 2002.

Wettig, Hannah C.: Aufbruch in Libanon. Auf dem Weg zur Zedern-Revolution: Reportagen aus Beirut, Berlin, Vorwärtsbuch, 2005.

Artikel und Aufsätze

Albert, Ernst (Übers.): Aus dem Schlußbericht der Kommission zur Untersuchung der Vorkommnisse in den Flüchtlingslagern in Beirut – Die Verantwortung für das Massaker, in: Beiträge zur Konfliktforschung, Nr. 2, Köln, Markus-Verlagsgesellschaft mbH, 1983, S. 129-164.

Al-Sayyid, Mustapha Kamel: The other Face of the Islamist Movement, Carnegie Endowment for International Peace, Democracy and Rule of Law Project, Global Policy Program, Nr. 33, Januar 2003.

Brown, Nathan J.; Hamzawy, Amr; Ottaway, Marina S.: Islamist Movements and the Democratic Process in the Arab World: Exploring the Gray Zones, Carnegie Endowment for International Peace/Herbert-Quandt-Stiftung, Paper Nr. 67, März 2006 (Internet: http://www.carnegieendowment.org/files/CP67.Brown.FINAL.pdf).

Carnegie Endowment for International Peace/Fundación para las Relaciones Internacionales y el Diálogo Exterior: Arab Political Systems: Baseline Information and Reforms – Lebanon, Washington D.C./Madrid, 2006 (Internet: www.carnegieendowment.org/arabpoliticalsystems, 06.05.2007, 21:20 Uhr).

Choucair, Julia: Lebanon: Finding a path from Deadlock to Democracy, Carnegie Endowment for International Peace, Paper Nr. 64, 2006.

Deeb, Lara: Deconstructing a 'Hizbullah Stronghold', in: The MIT Electronic Journal of Middle East Studies, Vol. 6, Sommer 2006, S. 115-125.

Dunne, Michele; Choucair, Julia: Arab Reform Bulletin, Vol. 4, Nr. 2, März 2006, S. 6 (Internet: http://www.carnegieendowment.org/publications/index.cfm?fa=view&id=18128&prog=zru, 13.06.2007, 13:09 Uhr).

Fattouh, Bassam und Kolb, Joachim: The Outlook for Economic Reconstruction in Lebanon after the 2006 War, in: The MIT Electronic Journal of Middle East Studies, Vol. 6, Sommer 2006, S. 96- 114.

Fuller, Graham E.: Islamists in the Arab World: The Dance around Democracy, Carnegie Endowment for International Peace, Democracy and Rule of Law Project, Nr. 49, September 2004.

Hamzawy, Amr: The Key to Arab Reform: Moderate Islamists. Carnegie Endowment for International Peace, Policy brief, Nr. 40, August 2005.

Hamzawy, Amr: Im Schatten des Libanonkriegs. Verlierer ist die Demokratie, in: Daily Star, 22.08.2006, (o. S.), (Übers. von Braun, Ilja: Internet: http://qantara.de/webcom/show_article.php?wc_c=468&wc_id=598, 06.05.2007, 16:32 Uhr).

Hamzeh, Ahmad Nizar: Islamism in Lebanon: A Guide, in: MERIA (Middle East Review of international Affairs) Journal, Vol. 1, Nr. 3, September 1997.

Heine, Peter: Islamismus – Ein ideologiegeschichtlicher Überblick, in: Bundesministerium des Inneren (Hrsg.): Texte zur inneren Sicherheit: Islamismus, Berlin, BMI, 2004 (2003), S. 7-18.

Jung, Dietrich: Globale Sicherheitspolitik und staatliche Herrschaft. Die aktuelle Entwicklung im Mittleren Osten seit dem 11. September 2001, in: Informations- und Medienzentrale der Bundeswehr (Hrsg.): Reader Sicherheitspolitik. Die Bundeswehr vor neuen Herausforderungen, Bonn, Streitkräfteamt, 15. Juli 2003, S. 89-104.

Khalatbari, Babak: Länderstudie. Syrien, Düsseldorfer Institut für Außen- und Sicherheitspolitik, 2004, (Internet: http://www2.dias-online.org/files/-laenderberichte /Syrien_2004.pdf, 02.05.2007, 19:24 Uhr).

Kramer, Martin: Hizbullah: The Calculus of Jihad, in: Marty/Appleby (Hrsg.): Fundamentalisms and the State: Remaking Polities, Economies, and Militance/The Fundamentalism Project, vol. 3, Chicago, University of Chicago Press, 1994, S. 539-556.

Kramer, Martin: Imad who?, Middle East Strategy at Harvard (MESH), Olin Institute: Weatherhead Center for International Affairs, 14.02.2008, (Internet: http://blogs.law.harvard.edu/mesh/ 2008/02/imad _mughniyah _who/, 18.03.2008, 19:22 Uhr).

Krämer, Gudrun: Islam, Menschenrechte und Demokratie: Anmerkungen zu einem schwierigem Verhältnis, Bertha Benz Vorlesung 20, Ladenburg, Gottlieb Daimler- und Karl Benz-Stiftung, 2003.

Leenders, Reinoud; Ghazal, Amal; Hanssen, Jens: Introduction, in: The MIT Electronic Journal of Middle East Studies, Vol. 6, Sommer 2006, S. 6-8.

Makdisi, Karim: Israels 2006 War on Lebanon. Reflections on the international Law of Force, in: The MIT Electronic Journal of Middle East Studies, Vol. 6, Sommer 2006, S. 9-26.

Malik, Habib C.: Is there still a Lebanon?, MERIA (Middle East Review of International Affairs) Journal, Vol. 2, Nr. 1, März 1998.

Middle East Media Research Institute (Hrsg.): Chomsky meets with Hizbullah Leaders in Lebanon, Washington, Middle East Media Research Institute,

15.05.2006 (Internet: http://www.spme.net/cgi-bin/articles.cgi?ID=490, 16.05.2007, 17:37 Uhr).

Michel, Fritz: Zu dem Schlußbericht 1983 der Kommission zur Untersuchung der Geschehnisse in den Flüchtlingslagern in Beirut, in: Beiträge zur Konfliktforschung, Nr. 2, 1983, S. 123-128.

Mohns, Erik und Khalilian, Maryam: Friedenskonsolidierung im Libanon (Seminarprotokoll), München, Ludwig-Maximilians-Universität München/ Geschwister-Scholl-Institut für Politische Wissenschaft, Januar 2004 (Internet: http://www.forschungsstelle-dritte-welt.de/Dokumente/paper/WS04_-KriPr_HS/Libanon.pdf, 24.09.2006, 16:20 Uhr).

Mohns, Erik: Die Hizbollah – Chancen und Hindernisse bei der Transformation einer Guerilla in eine politische Bewegung in der libanesischen Nachkriegsgesellschaft (Arbeitspapiere zu Problemen der internationalen Politik und der Entwicklungsländerforschung Nr. 38.), München, Ludwig-Maximilians-Universität München/Geschwister-Scholl-Institut für Politische Wissenschaft, Forschungsstelle Dritte Welt, 2005 (Internet: http://www.forschungsstelle-dritte-welt.de/Dokumente/AP/AP_38_Mohns.pdf, 24.09.2006, 18:43 Uhr).

Münch-Heubner, Peter L.: Zwischen Konflikt und Koexistenz: Christentum und Islam im Libanon (Aktuelle Analysen 28), München, Hans Seidel Stiftung e.V. – Akademie für Politik und Zeitgeschehen, 2002.

Ottaway, Marina S.: Woman's Rights and Democracy in the Arab World, Carnegie Endowment for International Peace, Democracy and Rule of Law Project, Middle East Series, Nr. 42, Februar 2004.

Ottaway, Marina S.: Islamists and Democracy: Keep the Faith, Carnegie Endowment for International Peace, in: The New Republic, 6. u. 13.06.2005, Vol. 232, Issues 4716 u. 4717 (Internet: http://www.carnegieendowment.org/publications/index.cfm?fa=view&id=17037, 23.10.2006, 17:45).

Ottaway/Salem/Dunne/Choucair/Brown/Perkovich/Hamzawy: Crisis in the Middle East, Carnegie Endowment for International Peace, Middle East Program, 2006.

Perkovich, George: Iran is not an Island: A strategy to Mobilize the Neighbors, Carnegie Endowment for International Peace, Policy brief, Nr. 34, Februar 2005.

Perkovich, George: Iran's Lebanon Card, Carnegie Endowment for International Peace, Yale Global Online, 24. August 2006 (Internet: http://www.-

carnegieendowment.org/publications/index.cfm?fa=view&id=18651, 23.10..2006, 17:36 Uhr).

Ranstorp, Magnus: Hizbollah's Command Leadership: Its Structure, Decision-Making and Relationship with Iranian Clergy and Institutions, in: Frank Cass (Hrsg.): Terrorism and Political Violence, Vol. 6, No. 3, London, 1994, S. 303-339.

Ranstorp, Magnus: The Strategy and Tactics of Hizballah's Current 'Lebanonization Process', in: Frank Cass (Hrsg.): Mediterranean Politics, Vol. 3, No. 1, London, 1998, S. 103-134.

Ranstorp, Magnus: Responses to "Imad who?" (Kramer, 2008) Nr. 3, 17.02.2008 (Internet: http://blogs.law.harvard.edu/mesh/2008/02/imad_mughniyah_who/, 18. 03. 2008, 19:35 Uhr).

Rosiny, Stephan: The Tragedy of Fatima Al-Zahrā'" in the debate of two Shiite Theologians in Lebanon, in: Brunner/Ende/Schulze (Hrsg.): The Twelver Shia in modern Times. Religious Culture & Political History. Social, Economic And Political Studies of the Middle East and Asia, Vol. 72, Leiden/Boston/Köln, Brill Verlag, 2001, S. 207-219.

Rosiny, Stephan: Hizb Allah – An Islamic Way to Modernity?, in: Makrides/Rüpke (Hrsg.): Religionen im Konflikt. Vom Bürgerkrieg über Ökogewalt bis zur Gewalterinnerung im Ritual, Münster, Aschendorf, 2005, S. 128-145.

Rosiny, Stephan: As-Sayyid Muhammad Husain Fadlallah: Im Zweifel für Mensch und Vernunft, in: Amirpur/Ammann (Hrsg.): Der Islam am Wendepunkt, Freiburg, 2006, S. 100-109.

Rosiny, Stephan: Religiöse Freigabe und Begrenzung der Gewalt bei der Hizb Allah im Libanon, in: Oberdorfer, Bernd und Waldmann, Peter (Hrsg.) (noch ohne Titel, unveröffentlicht), Berlin, 2006.

Rosiny, Stephan: Das ist reine Propaganda. Krieg im Nahen Osten: Was will die Hisbollah, Herr Rosiny? Interview gegenüber Daniel Bax, in: taz. Die Tageszeitung, 09.08.2006.

Saad-Ghorayeb, Amal: Hizbollah's Outlook in the Current Conflict. Part 1: Motives, Strategy, and Objectives Carnegie Endowment for International Peace, Policy Outlook, Middle East Programme, August 2006.

Saad-Ghorayeb, Amal: Hizbollah's Outlook in the Current Conflict. Part 2: Accommodating Diplomacy and Preparing for the Postwar Context, Carnegie Endowment for International Peace, Policy Outlook, Middle East Programme, August 2006.

Saad-Ghorayeb, Amal; Ottaway, Marina: In Their Own Words: Hizbollah's Strategy in the Current Confrontation, Carnegie Endowment for International Peace, Policy Outlook, Democracy & Rule of Law Program, Januar 2007.

Salem, Paul: Lebanon: Avenues for Reform after the Devastation, Carnegie Endowment for International Peace, Arab Reform Bulletin, Vol. 4, Issue 7, September 2006.

Schneckener, Ulrich (2): Politiken der Anerkennung. Modelle zur Konfliktregulierung in ethnisch pluralen Gesellschaften (Aufsatz zu o.g. Buch), Frankfurt a.M., 2002.

Schweer, Thomas: Vorwort, in: Der Koran. Vollständige (und übersetzte) Ausgabe München, Heyne Verlag, 2003 (1992), S. 5-15.

Steinberg, Guido: Der Islamismus im Niedergang?, in: Bundesministerium des Inneren (Hrsg.): Texte zur inneren Sicherheit: Islamismus, Berlin, BMI, 2004 (2003), S. 19-42.

Zisser, Eyal: Hizballah in Lebanon: At the crossroads, in: MERIA (Middle East Review of International Affairs) Journal, Vol. 1, Nr. 3, September 1997.

Zittrain-Eisenberg, Laura: Israel's Lebanon Policy, in: MERIA (Middle East Review of International Affairs) Journal, Vol. 1, Nr. 3, September 1997.

Zittrain-Eisenberg, Laura: Do Good Fences Make Good Neighbors?: Israel and Lebanon After the Withdrawal, in: MERIA (Middle East Review of international Affairs) Journal, Vol. 4, Nr. 3, September 2000.

Offizielle Dokumente und Stellungnahmen

Bolton, John R.: Beyond the Axis of Evil: Additional Threats from Weapons of Mass Destruction, The Heritage Foundation Lectures, 06.05.02 (Internet: http://www.heritage.org/Research/NationalSecurity/HL743.cfm, 02.05.2007, 20:01 Uhr).

Botschaft des Staates Israel in Berlin (Homepage): Hezbollah. Profil der libanesischen schiitischen Terrororganisation. Stand: Juni 2003 (Internet:

http://berlin.mfa.gov.il/mfm/web/main/document.asp?DocumentID=3719-9&MissionID=88, 13.12.2006, 19:01 Uhr.)

Bundesamt für Verfassungsschutz (Hrsg.): Islamismus: Entstehung und aktuelle Erscheinungsformen, Köln, Bundesamt für Verfassungsschutz, März 2006.

EU-Council of Ministers (EU-Rat) (Hrsg.): Council Common Position 2006/380/CFSP vom 29 Mai 2006, in Official Journal of the European Union L144, EU, Brüssel, 31. Mai 2006 (Internet: http://eur-lex.europa.eu/ LexUriServ/site/en/oj/2006/l_144/l_14420060531en00250029.pdf, 15.10.2006, 14:25 Uhr).

Fadlallah, Sayyid Ayatollah Muhammad Husayn: On Woman & Family. Questions and Answers About Woman, von: The web site of the religious authority Sayyed Muhammed Hussein Fadlallah (Internet: http://english.bayynat.org.lb/WomenFamily/q&a.htm, 03.12.2006, 12:18 Uhr).

Fadlallah, Sayyid Ayatollah Muhammad Husayn: On Woman & Family. The choice of the partner, von: The web site of the religious authority Sayyed Muhammed Hussein Fadlallah (Internet: http://english.bayynat.org.lb/WomenFamily/index.htm, 03.12.2006, 11:46 Uhr).

Farah, Samir: Kurzberichte aus der internationalen Entwicklungszusammenarbeit. Fatah al-Islam und die politische Krise im Libanon, Beirut/Berlin, Friedrich Ebert Stiftung – Referat Naher/Mittlerer Osten und Nordafrika, 01.06.2007, S. 1ff.

Hackensberger, Alfred: Die Hisbollah zeigt sich gelassen. Die politische Situation im Libanon vor dem UNIFIL-Einsatz, in: Das Parlament, Nr. 38, Berlin, Bundeszentrale für politische Bildung, 18.09.2006, S. 3. (Internet: http://www.bundestag.de/cgibin/druck.pl?N=parlament, 08.05.2007, 21:00 Uhr).

Hizbullah (Hrsg.): Nass al-Risala al-Maftuha allati wajahaha Hizballah ila-l-Mustad'afin fi Lubnan wa-l-Alam (The Hizballah Programme. An Open Letter) (Gekürzte, übersetzte Fassung), Beirut, Hizbullah-Kommunique/al-Safir, 16.02.1985 (Internet: http://www.ict.org.il/Articles/Hiz_letter.htm#note, 09.03.2006, 21:43 Uhr).

Hizbullah (Hrsg.): The Electoral Program of Hizbullah. 1996, Beirut, Al-Manar TV, 20.06.1996 (Internet: http://almashriq.hiof.no/lebanon/300/3-20/324/324.2/hizballah/hizballah-platform.html, 11.05.2007, 13:31 Uhr).

Hizbullah (Hrsg.): H.E. Sayyed Nasrallah Speech in Full: History will mark martyr Moghnieh blood as the start of the fall of "Israel", 14.02.2008, (Internet: http://english.hizbollah.org/essaydetails.php?eid=2366&cid=231, 19.03.2008, 22:40 Uhr).

Human Rights Watch (Hrsg.): Fatal Strikes. Israel's Indiscriminate Attacks Against Civilians in Lebanon, Volume 18, No.3 (E), August 2006 (Internet:http://hrw.org/reports/2006/lebanon0806, 30.11.2006, 12:32 Uhr).

International Crisis Group (Hrsg.) (1):Israel/Hizbollah/Lebanon: Avoiding renewed Conflict, Beirut/Jerusalem/Amman/Brüssel, Middle East Report Nr. 59, 01.11.2006 (Internet: http://www.crisisgroup.org/home/index.cfm?id=4484&l=1, 11.11.2006, 16:24 Uhr).

International Crisis Group (Hrsg.) (2): Lebanon at a Tripwire, Beirut/Jerusalem/Amman/Brüssel, Middle East Briefing Nr. 20, 21.12.2006 (Internet: http://www.crisisgroup.org/home/index.cfm?id=4586&l=1, 02.05.2007, 20:34 Uhr).

Israelisches Informationszentrum (Hrsg.): Israel, der Konflikt und Frieden. Antworten auf oft gestellte Fragen, Jerusalem, Keter Publishing Ltd., 2003.

Karmon, Ely: Hezbollah America Latina: Strange Group or Real Threat?, International Institute for Counter-Terrorism, Herzliya, 14.11.2006 (Internet: http://www.instituteforcounterterrorism.org/index.php?sid=119&lang=en&act=page&id=3539&str=Hezbollah%20venezuela, 24.05.2007, 14:49 Uhr).

Lebanese Army Website: Army Ceremony. The 60th anniversary of the Lebanese army. An altruism summarizing time, 01.08.2005 (Internet: http://www.lebarmy.gov.lb/PrintArticle.asp?id=8387, 07.05.2008, 10:50 Uhr).

Lebanese Army Website: Orientation Bulletin, Nr. 04/ 2007, 11. 07. 2007 (Internet: http://www.lebarmy.gov.lb/article.asp?cat=3&ln=en, 07.05. 2008, 11: 29 Uhr).

Lebanese-forces.org (Hrsg.): Biography (of Samir Gagea), (o.Ort), Lebanese Forces, 1995-2006 (Internet: http://www.lebanese-forces.org/hakim/biography.htm, 18.12.2007, 02:22 Uhr).

Moqawama.org (Hrsg.): Sayyed Nasrallah: „Problem in North can be solved politically in a way that protects Lebanese army, Palestinian brothers", 26.05.2007 (Internet: http://www.moqawama.org/english/_amen222.php?filename=20070526152448026, 01.07.2007, 17:04 Uhr).

Sicherheitsrat der Vereinten Nationen (UN-Security Council) (Hrsg.): Resolution 425 (1978) on Israel-Lebanon, beschlossen durch den UN-Sicherheitsrat in seiner 2074. Sitzung vom 19.03.1978 (Internet: http://www.un.org/documents/sc/res/1978/scres78.htm, 07.06.2007, 00:16 Uhr).

Sicherheitsrat der Vereinten Nationen (UN-Security Council) (Hrsg.): Resolution 1559 (2004) on Lebanon, beschlossen durch den UN-Sicherheitsrat in seiner 5028. Sitzung vom 02.09.2004 (Internet: http://daccessdds.un.org/doc/UNDOC/GEN/N04/498/92/PDF/N0449892.pdf?OpenElement, 29.04.2007, 19:50 Uhr).

Sicherheitsrat der Vereinten Nationen (UN-Security Council) (Hrsg.): Resolution 1701 (2006) on Lebanon, beschlossen durch den VN-Sicherheitsrat in seiner 5511. Sitzung vom 11.08.2006 (Internet: http://domino.un.org-/UNISPAL.NSF/9a798adbf322aff38525617b006d88d7/3e1d31ccd699d-f0c852571cb0052d40b!penDocument, 08.05.2008, 11:37 Uhr).

United Nations (Online): Peace & Security: UN Security Council: Resolutions 1946-2007 (Internet: http://www.un.org/Docs/sc/unsc_resolutions.html, 22.05.2007, 00:07 Uhr).

United Nations Regional Information Centre for Western Europe (UNRIC): Charta der Vereinten Nationen (Internet: http://www.unric.org/UN_Charter/8/, 18.05.2007, 02:10 Uhr).

Yousef, Ahmed (Hamas): Pause for Peace, in: The New York Times, Gaza/New York, 01.11.2006 (o. S.).

Zeitungen und Zeitschriften

Al-Manar TV (Online): Will Hezbollah hand 'Israel' its 6th defeat?, 24.03.2007 (Internet: http://www.manartv.com.lb/NewsSite/NewsDetails.aspx ?id=13981&searchText= nasrallah, 21.05.2007, 14:32 Uhr).

Al-Manar TV (Online): Hezbollah and Amal Movement ministers resign from Lebanon cabinet, 12.11.2006 (Internet: http://www.manartv.com.lb/NewsSite/NewsDetails.aspx?id=6253&searchText=ministers, 03.05.2007, 17:03 Uhr).

Al-Manar TV (Online): Lebanon's speaker says cabinet meetings 'unconstitutional', 15.11.2006 (Internet: http://www.manartv.com.lb/NewsSite/NewsDetails.aspx?id=6503&searchText=ministers, 03.05.2007, 17:48 Uhr).

Al-Manar TV (Online): MP General Aoun: Strike completely successful,

24.01.2007 (Internet: http://www.manartv.com.lb/NewsSite/NewsDetails.aspx?id=10047&searchText=general %20strike, 04.05.2007, 02:18 Uhr).

Al-Manar TV (Online): Sayyed Nasrallah: Lebanon is at new juncture, 10.03.2007 (Internet:http://www.manartv.com.lb/NewsSite/NewsDetails.aspx?id=13061&searchText=olmert, 06.05.2007, 15:54 Uhr).

Al-Manar TV (Online): Lebanon rivals welcome French talks proposal, 08.06.2007 (Internet: http://www.manartv.com.lb/NewsSite/NewsDetails.aspx?id=18615&language=en, 09.06.2007, 10:47 Uhr).

Al-Manar TV (Online): USS Cole off Lebanon Coast; Show of Support to Whom?, 29. 02. 2008, (Internet: http://www.almanar.com.lb/NewsSite/NewsDetails.aspx?id=36677&searchText=warships, 24.03.2008, 21: 53 Uhr).

Augstein, Rudolf (Hrsg.): Länder-Dossier: Libanon, in: Spiegel spezial. Das Magazin zum Thema. Allahs blutiges Land. Der Islam und der Nahe Osten, Hamburg, Spiegel Verlag Rudolf Augstein GmbH & Co. KG, 2003, S. 44 f.

Avnerny, Uri: Olmerts Wahrheit, ZNet Deutschland, 10.03.2007 (Internet: http://www.zmag.de/artikel.php?print=true&id=2037, 01.05.2007, 13:38 Uhr).

Awarekeh, Hanan: President's Departure Leaves Lebanon in Void, Al-Manar TV (Online), 24.11.2007 (Internet: http://www.almanar.com.lb/NewsSite/NewsDetails.aspx?id=29817&searchText=Lahoud, 23.03.2008, 20:51 Uhr).

BBC News (Online): Middle East. Profile: Michel Aoun, (o.O.) 13.06.2005 (Internet: http://news.bbc.co.uk/2/hi/middle_east/4086828.stm, 04.11.2006, 19:23 Uhr).

BBC News (Online): Lebanese presidency ends in chaos, 23. 11. 2007 (Internet: http://news.bbc.co.uk/go/pr/fr/-/2/hi/middle_east/7110202.stm, 22.03.2008, 21:30 Uhr).

Benn, Aluf: Report: Interim findings of war won't deal with personal failures, in Haaretz, 08.03.2007 (o.S.) (Internet: http://www.haaretz.com/hasen/spages/834572.html, 06.05.2007, 14:36 Uhr).

Bickel, Markus: Assad bleibt im Libanon am Drücker, in: taz. Die Tageszeitung, 28.04.2006 (o.S.).

Bickel, Markus: Wir hätten sie gar nicht erst gefangen, in: taz. Die Tageszeitung Nr. 8060,

Beirut, Contrapress Media GmbH, 29.08.2006, S. 11 (Internet: http://www.taz.de/pt/2006/08/29/a0097.1/textdruck, 12.11.2006, 12:27 Uhr).

Blanche, Ed: A new kind of conflict, in: The Middle East, Nr. 370, Beirut, IC Publications, August/September 2006, S. 19.

Cerha, Birgit: US-Zerstörer löst Kriegsangst im Libanon aus. USS Cole soll Beiruts prowestliche Regierung schützen - und macht die Lage noch explosiver, Frankfurter Rundschau Online, 07.03.2008 (Internet: http://www.fronline.de/in_und_ausland/politik/aktuell/?em_cnt=1299703, 28.03.2008, 18:29 Uhr).

Cochrane, Paul: Legenden im Libanon-Krieg. Jenseits aller Grenzen, in: Frankfurter Allgemeine Zeitung (F.A.Z.) Nr. 187, 14.08.2006, S. 34. (Internet: http://www.faz.net/s/RubB30ABD11B91F41C0BF2722C308D40318/Doc-E2881C4E1F07E4D72AF4ED938457644DE-ATpl-Ecommon-Scontent.html, 30.10.2006, 13:17 Uhr).

Daily Star: Hizbullah has enough arms to defend country, Nasrallah aide scoffs at border supervision, Beirut, 17.04.2007 (Internet: http://www.moqawama.org/english/_statments.php?filename=2007041714413804, 27.06.2007, 01:34 Uhr).

El-Gawhary, Karim: Libanons Ex-Premier bei Anschlag getötet, in: taz. Die Tageszeitung, 15.02.2005 (o.S.).

El-Gawhary, Karim: Hisbollah soll zivilen Anzug tragen, in: taz. Die Tageszeitung, 03.06.2005 (o.S.).

El-Gawhary, Karim: Mehlis-Report belastet Syrien schwer, in: taz. Die Tageszeitung, 14.12.2005 (o.S.).

El-Gawahary: Hisbollahs Macht, Israels Ohnmacht, in: taz. Die Tageszeitung, 14.07.2006, S. 1.

El-Gawhari, Karim: Politische Spannungen in Beirut. Zerbrechliche Normalität, in taz. Die Tageszeitung, 13.02.2008 (Internet: http://www.taz.de/1/politik/nahost/artikel/1/zerbrechliche-normalitaet/?src=TE&cHash=80f-4240627&type=98, 23.03.2008, 17:45 Uhr).

Goksel, Timur: I think "Israel" was behind the assassination of Moghnieh. Interview gegenüber Mohamad Shmaysani von Al-Manar-Online, 22.02.2008 (Internet: http://english.hizbollah.org/essaydetails.php?eid=-2612&cid=214, 20.03.2008, 17:30 Uhr).

FAZ.Net (o. Verf): Hizbullah-Führer Nasrallah kritisiert Bundeskanzlerin Merkel, 22.09.2006 (Internet: http://www.faz.net/s/RubDDBDAB-

B9457A437BAA85A49C26FB23A0/Doc-E11E51335DF554E05BD45C-CE786B738B3-ATpl-Ecommon-Scontent.html, 25.05.2007, 13:56 Uhr).

Fisk, Robert: Hizbollah warn that Lebanon will see more violence, in: The Independent (Online), 25.01.2007 (Internet: http://news.independent.co.uk/world/fisk/article2183870.ece, 04.05.2007, 01:34 Uhr).

Fisk, Robert: Please spare me the word 'terrorist', in: The Independent (Online), 03.02.2007 (Internet: http://news.independent.co.uk/world/fisk/article2211576.ece, 06.05.2007, 20:41 Uhr).

Fisk, Robert: US power games in the Middle East, in: The Independent (Online), 19.03.2007 (Internet: http://news.independent.co.uk/world-/fisk/article2371575.ece, 03.05.2007, 19:38 Uhr).

Ghandour, Thaer: Libanon: Noch ein Minister zurückgetreten, in: Der Tagesspiegel Online, 14.11.2006 (Internet: http://www.tagesspiegel.de/politik/archiv/14.11.2006/2896440.asp, 03.05.2007, 14:35 Uhr).

Gore, Rick: Wer waren die Phönizier?, in: National Geographic, Oktober 2004, S. 104-127.

Gresh, Alain: Libanons Demokratie ohne Demokraten, in: Le Monde diplomatique Nr. 7686, 10.06.2005 (o.S.).

Haaretz.com (Online) (o.Verf.): Italien PM: Mideast peace not possible with Lebanon in crisis, Beirut, 25.12.2006 (Internet: http://www.haaretz.com/hasen/spages/804923.html, 03.05.2007, 13:27 Uhr).

Heumann, Pierre: Schüsse auf deutsche Marine: Videobeweis soll Israel der Lüge überführen, in: Spiegel-Online, Tel Aviv/Berlin, 27.10.2006 (Internet: http://www.spiegel.de/politik/ausland/0,1518,445123,00.html, 12.05.2007, 16:24 Uhr).

Hoelzgen, Joachim: Libanon-Mission. Hisbollahs Hightech-Waffen gefährden Deutsche Marine, Hamburg, Spiegel-Online, 15.09.2006 (Internet: http://www.spiegel.de/politik/ausland/0,1518,437149,00.html, 20.05.2007, 21:39 Uhr).

Husseini, Abdel: Die Botschaft der Gottespartei, in: taz. Die Tageszeitung, 08.02. 2006 (o.S.).

International Herald Tribune: Iran's foreign minister at funeral in Lebanon of slain Hezbollah commander Mughniyeh, 14.02.2008 (Internet: http://www.iht.com/articles/ap/2008/02/14/africa/ME-GEN-Lebanon-Iran-.php, 18. 03. 2008, 18:49 Uhr).

International Herald Tribune: Hezbollah becoming more visible in West

Bank after assassination of its military chief, 13.03.2008 (Internet: http://www.iht.com/articles/ap/2008/03/13/africa/ME-GEN-Palestinians-Hezbollah.php, 18. 03. 2008, 18: 44 Uhr).

International Herald Tribune: Israel on high alert as end of Mughniyeh mourning period draws near, 16.03.2008 (Internet: http://www.iht.com/articles/ap/2008/03/16/africa/ME-GEN-Israel-Alert.php, 18.03.2008, 20:04 Uhr).

Jerusalempost.com: Iran issues Mughniyeh memorial stamp, 10.03.2008 (Internet: http://www.Jpost.com/servlet/Satellite?pagename=JPost%2FJPArticle%2FShowFull&cid=1205162814675, 20.03.2008, 00:51 Uhr).

Kaminski, Jörg: Präsident Lahoud aus dem Amt geschieden. Armee soll Machtvakuum füllen, Beirut, tagesschau.de, 24.11.2007 (Internet: http://www.Tagesschau.de/ausland/libanon24.html, 23.03.2008, 21:35 Uhr).

Kühntopp, Carsten: Merkel besucht den Libanon. Hohe Ansprüche an „Freund Deutschland", Amman, Tagesschau.de, 02.04.2007 (Internet: http://www.tagesschau.de/aktuell/meldungen/0,OID6575156_REF1,00.html, 25.05.2007, 12:46 Uhr).

Kühntopp, Carsten: Gewalt zwischen Armee und Palästinensern. Kämpfe im Libanon: Wer steuert die Fatah al Islam?, Beirut, tagesschau.de, 22.05.2007 (Internet: http://www.tagesschau.de/ausland/meldung29552.html, 28.03.2008, 18:38 Uhr).

Ladki, Nadim: Truce goes into effect to end war, Reuters, 14.08.2006 (Internet: http://today.reuters.com/news/articlenews, 20.09.2006, 12:05 Uhr).

Musharbash, Yassin: Wie die Hisbollah gezähmt werden soll, in: Spiegel-Online, Rom, 26.07.2006 (Internet: http://www.spiegel.de/politik/ausland/0,1518,428751,00.html, 25.05.2007, 12:21 Uhr).

News.ch: Libanon soll neuen Präsidenten wählen, 05.09.2007 (Internet: http:// www.news.ch/print/286281/detail.htm, 23.03.2008, 18:03 Uhr).

NZZ Online: Im Libanon soll General Michel Suleiman Präsident werden. Ende des wochenlangen Tauziehens-Verfassungsänderung notwendig, 04. 12. 2007 (Internet: http://www.nzz.ch/nachrichten/international/libanongeneralmichel_suleimanpraesident1.593269.html, 23.03.2008, 18:27 Uhr).

Rapoport, Meron: Italian FM says Mughniyah killing in Damascus was act of 'terror', Haaretz.com, 22.02.2008 (Internet: http://www.haaretz.com/hasen/spages/956997.html, 20.03.2008, 13: 15 Uhr).

Reuters, Christoph: Südlibanon. Jenseits des gelobten Landes, in: Geo Nr. 4, 2001, S. 180-204.

Sahm, Ulrich W.: Ein Mord mit blutiger Vorgeschichte, in: Weser Kurier Nr. 275, 23.11.2006, S. 4.

Shadid, Anthony; Ibrahim Alia: Bombing Kills Top Figure in Hezbollah. Commander Linked To Anti-U.S. Attacks, Washington Post, 14. 02. 2008 (Internet: http://www.washingtonpost.com/wp-dyn/content/article/2008/-02/13/AR2008021300494.html, 20.03.2008, 12:52 Uhr).

Shadid, Anthony: Hezbollah Chief Warns Israel of Wide War, Washington Post, 15. 02. 2008 (Internet: http://www.washingtonpost.com/wp-dyn/content/article/2008/02/14/AR2008021400506.html, 20.03.2008, 16:27 Uhr).

Sirois, Marc J.: Man and myth: Making sense of Imad Mugniyeh, Daily Star, 15.02.2008, Internet: http://www.zawya.com/story.cfm/sidDS150208-_dsart10, 18.03.2008, 20:47 Uhr).

Sirois, Marc J.: Hizbullah's valor is best served by discretion for now, Daily Star, 19. 03. 2008 (Internet: http://www.dailystar.com.lb/article.asp?edition_ID=1&article_ID=90053&categ_id=2, 20.03.2008, 16:20 Uhr).

Spiegel-Online: Israelische Truppen dringen in den Libanon ein, Beirut, 12.06.2006 (Internet: http://www.spiegel.de/politik/ausland/0,1518,-426302,00.html, 08.05.2007, 20:31 Uhr).

Spiegel-Online: Nahostkrieg. Hisbollahchef droht, Israel rückt vor, Beirut/New York, 10. August 2006 (Internet: http://www.spiegel.de/politik/ausland/0,1518,43096 5,00.html, 11.11.2006, 13:12 Uhr).

Stern, Yoav: Nasrallah: Mughniyah's blood will lead to elimination of Israel, Haaretz.com, 14.02.2008 (Internet: http://www.haaretz.com/hasen/spages/-954278.html, 21.03.2008, 22:07 Uhr).

Tagesspiegel Online: Geberkonferenz. Milliardenhilfe für den Wiederaufbau, Paris, 25.01.2007 (Internet: http://www.tagesspiegel.de/politik/nachrichten/geberkonferenz/89672.asp, 18.05.2007, 02:57 Uhr).

Tagesspiegel Online: Nahostkonflikt. Israel verteidigt Einsatz von Streubomben, NewYork, 25. Juli 2006 (Internet: http://www.tagesspiegel.de/politik/nachrichten/nahost/69101.asp, 17.11.2006, 15:32 Uhr).

Tagesspiegel Online: Libanon. Fatah-al-Islam-Chef doch nicht tot, 10.09.2007 (Internet: http://www.tagesspiegel.de/politik/international/nahost/Libanon-Terrorismus;art2662,2376661, 23.03.2008, 23: 29 Uhr).

Urquhart, Conal: Computerised weaponry and high morale, in: The

Guardian, Metulla, 11.08.2006 (o.S.) (Internet: http://www.guardian.co.uk/israel/Story/0,1842276,00.html, 21.05.2007, 15:41 Uhr).

Wiedemann, Erich: Libanon: Reichtum auf Pump, in: Augstein, Rudolf (Hrsg.): Spiegel spezial. Das Magazin zum Thema. Allahs blutiges Land. Der Islam und der Nahe Osten, Hamburg, Spiegel Verlag Rudolf Augstein GmbH & Co. KG, 2003, S. 123-125.

Zand, Bernhard: Libanon. Kampf der Marionetten, in Augstein, Rudolf (Hrsg.): Der Spiegel Nr. 46, Hamburg, Spiegel Verlag Rudolf Augstein GmbH & Co. KG, 2006, S. 156-158.

Zeit Online: Frankreich wirft Israel Scheinangriff vor, Hamburg, 9.11.2006 (Internet: http://www.zeit.de/online/2006/46/Israel-Frankreich-UNIFIL-Zwischenfall?page=all, 11.11.2006, 17:11 Uhr).

Zeit Online: Alte Lösung, neue Hoffnung, Hamburg, 29.03.2007 (Internet: http://www.zeit.de/online/2007/14/arabische-liga-gipfel, 22.05.2007, 00:34 Uhr).

Zeit Online: Armee vertreibt Al-Qaida-Kämpfer, 03.09.2007 (Internet: http://www.zeit.de/online/2007/36/ende-nahr-al-bared, 23.03.2008, 23:25 Uhr).

Internetseiten

(Genauere Pfadangaben finden sich ggf. in der Literaturliste)

http://www.dm.net.lb/almanar.com (Hizbullah-TV-Sender Al-Manar)

http://www.manartv.com.lb (Hizbullah-TV-Sender Al-Manar)

http://almashriq.hiof.no (Kultur und Politik der Levante)

http://english.aljazeera.net (TV-Sender Al-Jazeera)

http://wwwlb.aub.edu.lb (American University of Beirut)

http://www.bayynat.org.lb (Ayatollah Muhammad Fadlallahs)

http://berlin.mfa.gov.il (Israelische Botschaft in Berlin)

http://www.carnegieendowment.org (Carnegie-Stiftung)

http://www.crisisgroup.org (International Crisis Group)

http://www.dailystar.com (Tageszeitung The Daily Star, Libanon)

http://www.dias-online.org (Institut für Außen- und Sicherheitspolitik)

http://www.giga-hamburg.de (Deutsches Orient-Institut)

http://www.haaretz.com (Tageszeitung Haaretz, Israel)
http://www.heritage.org (Heritage Foundation)
http://www.hizbullah.org (Hizbullah)
http://www.iht.com (Tageszeitung International Herald Tribune)
http://www.lebanese-forces.org (Lebanese Forces)
http://www.lebarmy.gov.lb (Libanesische Armee)
http://www.lcps-lebanon.org (Lebanese Center for Policy Studies)
http://www.memri.org (Middle East Media Research Institute)
http://meria.idc.ac.il (MERIA Middle East Review of International Affairs)
http://web.mit.edu/cis/www/mitejmes/intro.htm (MIT Electronic Journal of Middle East Studies).
www.moqawama.org (Islamischer Widerstand [der Hizbullah])
http://www.palaestina.org (Generaldirektion Palästinas in Berlin)
http://www.presidency.gov.lb (Libanesischer Staatspräsident)
http://www.independent.co.uk (Artikel des Journalisten Robert Fisk)
http://www.instituteforcounterterrorism.org (International Institute for Counter-Terrorism)
http://www.un.org (Vereinte Nationen [UNO])
http://www.unric.org (United Nations Regional Information Centre for Western Europe [UNRIC], Belgien)
http://www.washingtonpost.com (Tageszeitung The Washington Post)

Interviews

Interview des Verf. und Matthias Büscher mit anonym (1) (Nationalität: Libanesisch; Wohnort: Tyros; Beruf: Sgt. bei den Lebanese Police Forces; Einsatzort: Bint Jabail; Konfession: Schiitisch), Tyros, 15.01.2007.

Interview des Verf. und Matthias Büscher mit anonym (2) (Nationalität: Libanesisch; Wohnort: Baalbek/Beirut; Beruf: Taxifahrer; Einsatzort: Beirut; Konfession: Schiitisch), Baalbek, 20.01.2007.

Interview des Verf. und Matthias Büscher mit anonym (3) (Nationalität: Libanesisch; Wohnort: Baalbek; Beruf: Kameratechniker; Einsatzort: Baalbek; Konfession: Schiitisch), Baalbek, 20.01.2007.

Interview des Verf. mit anonym (4) (Nationalität: Libanesisch; Wohnort: Beirut; Beruf: freier Publizist/Researcher; Einsatzort: Naher und Mittlerer Osten; Konfession: k.A), Beirut, 31.01.2007.

Glossar

Al-Jama'h al-Islamiyyah die „Islamische Gemeinschaft"; Eigenname einer islamistischen Organisation mit Ursprüngen in Ägypten.

Al-Jazeera wörtl.: „Die Insel"; Eigenname eines großen arabischen TV-Nachrichtensenders.

Al-Jihad al-Islami fi Filistin der „Islamische Jihad für Palästina"; Eigenname einer radikalen und militanten, palästinensischen islamistischen Bewegung.

Al-Manar wörtl.: „Der Leuchtturm"; Eigenname eines großen arabischen TV-Senders (der Hizbullah).

Al-Mithaq al-Watani der (libanesische) „Nationalpakt"; Eigenname.

Al-Muqawamah al-Islamiyyah der „Islamische Widerstand"; Eigenname des Militärapparates der Hizbullah.

Al-Qaida wörtl.: „Die Basis"; Eigenname einer sunnitischen, extremistischen, islamistischen Organisation.

Al-Quwa al-Hassa "Special Forces"; Eigenname eines Computerspieles der Kategorie „Ego-Shooter" (herausgebracht von der Hizbullah).

Al-Tayyar al-Islami der "Islamic Current"; Eigenname einer Art institutionalisierten Konferenz hauptsächlich islamistischer Fraktionen; initiiert durch die Hizbullah.

Amal wörtl.: „Hoffnung"; Eigenname einer wichtigen schiitisch-libanesischen Bewegung und Partei; Akronym für „afwaj al-muqawamat al-lubnaniyya" („Bataillone des libanesischen Widerstandes").

Amn al-Hizb (der) „Parteisicherheitsdienst" (der Hizbullah); Eigenname

Ashoura traditionelle Feierlichkeiten der Schiiten zum Gedenken an das Märtyrertum des dritten Imams Husayn, Enkel des Propheten Muhammads.

Aya wörtl.: „Zeichen"; Koranvers.

Ayatollah wörtl.: „Zeichen Allahs"; hoher schiitisch-islamischer Würdentitel.

Chador traditionelles, (urspr. iranisches) islamisches Frauengewand.

Dahiyeh besonders ärmlicher, überwiegend schiitisch besiedelter Vorort Beiruts; Hochburg der Hizbullah.

Da'wah wörtl.: „Ruf"; Konzept des „Rufes des Islam" als Weg zum Islam.

Fatwa islamrechtlich legitimes Edikt/Meinungsäußerung, ausgesprochen durch einen hohen Geistlichen.

Fuqaha islamischer Rechtsgelehrter.

Grand Liban Groß Libanon; Bezeichnung des Gebiets (in etwa) des heutigen Libanon zur französischenMandatszeit (1920-1943).

Hajj die traditionelle Pilgerfahrt nach Mekka.

Hamas wörtl.: „Eifer"; Eigenname einer wichtigen, palästinensischen islamistischen Bewegung und politischen Partei; Akronym für „Harakat al-Muqawamah al-Islamiyyah" („Bewegung des Islamischen Widerstandes").

Harakat Bewegung.

Harakat al-Mahrumin (die) „Bewegung der Beraubten"; Eigenname einer wichtigen, schiitisch-libanesischen, politischen Bewegung; heute Amal zuzurechnen.

Harakat Amal al-Islamiyyah (die) „Islamische Amal";der islamische, weg gebrochene Flügel Amals.

Hawzat al-Ilmiyyah der „Zirkel des Lernens"; schiitisch-theologisches Seminar in Nadjaf, Irak.

Hizb Partei.

Hizb al-Da`wah al-Islamiyyah „Partei des islamischen Rufes"; islamistische Bewegung mit Ursprüngen im Irak.

Hizb Allah (hier Hizbullah) wörtl.: „Partei Gottes"; Konzept aus dem Koran; Eigenname der Organisation im Zentrum dieser Untersuchung.

Hizb al-Shaytan Partei des Teufels; Konzept aus dem Koran.

Ijtihad die legitime Interpretation islamischer Gesetzgebung durch hierzu qualifizierte Geistliche.

Imam religiöse Führer im Islam; bei den Schiiten: die einzig rechtmäßigen Nachfolger des Propheten.

Infitah wörtl.: „Öffnung/Offenheit"; Hizbullah-interne Bezeichnung für die eigene Öffnungspolitik.

Intifada Aufbegehren/Aufstand/Erhebung.

Islamiyyah islamisch.

J'afari Gerichtshöfe der staatlich beauftragten, schiitischen Judikative im Libanon.

Jihad heilige Anstrengung; islamisches Konzept.

Jihad al-akbar (die) „größere heilige Anstrengung"; islamisches Konzept.

Jihad al-asgahr (die) „kleinere heilige Anstrengung"; islamisches Konzept.

Jihad al-Bina` „Heilige Anstrengung für den Wiederaufbau"; Eigenname eines karitativen Suborgans der Hizbullah.

Khums (der) „Fünft"; Abgabe des Fünftel des Jahreseinkommens gläubiger Muslime an einen hohen Kleriker ihrer Gemeinde.

Majlis Rat.

Majlis al-Markazi „Zentralrat" (Instanz der Hizbullah); Eigenname.

Majlis al-Shura „Kommandorat" (höchste Instanz der Hizbullah); Eigenname.

Majlis al-Tanfizi „Exekutivrat" (Instanz der Hizbullah); Eigenname.

Marja' hoher Titel schiitischer Geistlichkeit.

Marja' al-Taqlid hoher Titel schiitischer Geistlichkeit; wird von Gläubigen als individuelle „Quellereligiöser Imitation" ausgewählt.

Mont Liban Bezeichnung der halbautonomen Provinz des Osmanischen Reichs (bis 1922) im Gebiet des Libanongebirges.

Mossad israelischer Auslandsgeheimdienst.

Mufti islamischer Rechtsgelehrter mit der Befugnis, Fatwas zu erteilen; höchster sunnitisch-islamischer Rang.

Mudjaheddun salopp: „Gotteskrieger"; muslimische Individuen, die sich im Jihad befinden.

Mujtahid hoher Titel schiitischer Geistlichkeit.

Mustad`afin (die) Beraubten.

Mustakbirin (die) Arroganten.

Pasdaran (die) „Revolutionswächter"; Eigenname einer iranischen Elitetruppe.

Phalange rechtsgerichtete, maronitisch-libanesische Partei (und ehem. Miliz), mit weit reichender Infrastruktur und einer zentralen Rolle im libanesischen Bürgerkrieg.

Koran (der heilige) Koran.

Ramadan (der heilige) Fastenmonat im Islam.

Risalah al Maftuha Kurztitel des „Offenen Briefes" der Hizbullah zu ihrer Öffentlichwerdung.

Saida die libanesische Hafenstadt Sidon.

Sayyid islamischer Titel, der auf eine Abstammung von der Linie des Propheten verweist.

Shiat Ali (die) Partei Alis; in der Kurzform: Shia (davon abgeleitet: [die] Schiiten).

Shahadah das Glaubensbekenntnis im Islam; der Märtyrertod bzw. das Märtyrertum im Zuge des Jihads.

Shahid Märtyrer.

Scharia islamische Gesetzgebung.

Shaykh religiöser Lehrer/Stammesvorstand.

Spoiler ein zumeist militanter, gruppeninterner „Störenfried"; Konzept aus der Friedens- und Konfliktforschung.

Sunna wörtl. Gewohnheit; die in islamischen Schriften überlieferten, normativen Lebensgewohnheiten des Propheten Muhammads; Konfessionsbezeichnung des sunnitischen Islams (gegenüber dem schiitischen).

Sur die libanesische Hafenstadt Tyros.

Sura Sure; ein mehrere Verse umfassender Abschnitt des Korans (in etwa: Korankapitel).

Surat al-Baqara die zweite (und längste) Koransure: „Die Kuh".

Surat al-Ma'ida die fünfte Koransure: „Der Tisch"; Ursprung der Bezeichnung Hizbullah (Partei Gottes).

Tajamu'a al-Ulama' al-Muslimin „Verband der muslimischen Geistlichen"; Eigenname.

Troika aus drei Personen bestehende (politische) Führungsgruppe; gängige Bezeichnung für das entsprechende libanesische Modell.

Ulama islamische Geistliche und/oder Theologen.

Umma (die) islamische Gemeinde/Gemeinschaft/Bevölkerung.

VEVAK iranischer Geheimdienst

Wali al-Faqih der nach Khomeinis Lehre höchste schiitische (bzw. nach dieser Sichtweise zugleich islamische) rechtsgelehrte Theologe, mit starker Weisungsbefugnis gegenüber anderen hohen schiitischen Würdenträgern.

Watan (die) Nation.

SMIO – Studien zum modernen islamischen Orient

Band 5
Naim, Laila: **Die Probleme der Übersetzung moderner deutscher Literatur in die arabische Sprache.**
Untersucht und demonstriert anhand des Romans „Der Untertan"
von Heinrich Mann. Berlin 1994. Br. 230 S.
ISBN 3-86093-127-X

Band 7
Bakhtiar, Mansour: **Das Schamgefühl in der persisch-islamischen Kultur.**
Eine ethnopsychologische Untersuchung.
Berlin 1994. Br. 180 S.
ISBN 3-86093-037-7

Band 8
Rosiny, Stephan: **Islamismus bei den Schiiten im Libanon.**
Religion im Übergang von Tradition zur Moderne.
Berlin 1996. Br. 355 S.
ISBN 3-86093-113-X

Band 9
Mohr, Irka-Christin: **Muslime zwischen Herkunft und Zukunft.**
Islamischer Unterricht in Berlin.
Berlin 2000. Br. 174 S.
ISBN 3-86093-273-X

Bei Fragen zur Produktsicherheit wenden Sie sich bitte an:
If you have any questions regarding product safety,
please contact:

Walter de Gruyter GmbH
Genthiner Straße 13
10785 Berlin
productsafety@degruyterbrill.com